KB233772

통일 이후 통일을 생각한다

통일 이후 통일을 생각한다

통일 이후 통일을 생각한다

김학준
박명림
김영윤
임홍빈
김재용
민경찬
이종재

일송기념사업회 편

푸른역사

한림대학교 한림과학원 일송기념사업회는 한림대학교 설립자 고故 일송一松 윤덕선尹德善 선생의 유지를 기리기 위해 2009년부터 매해 가을 학술대회를 개최하기로 했습니다. 일송 선생은 늘 한국의 앞날을 걱정하고 우리 사회의 병폐를 광정하는 데 평생 고민하셨습니다.

일송 선생은 "한국의 형체는 허물어졌어도 한국의 정신은 멸하지 않고 존속해 언젠가는 그 형체를 부활시킬 때가 온다"는 박은식朴殷植 선생의 경구를 자주 인용하면서 올바른 역사인식의 중요성을 강조하셨습니다. 또한 선생은 언제나 초가집 처마 밑에서 밖의 세상을 모르고 읊조리는 제비와 같은 좁은 시야를 하루 속히 탈피하고 국제적인 안목을 지녀야 한다고 말씀하셨습니다. 세계적인 수준에서 우리의 올바른 역사의식을 갖추라는 선생의 이 같은 당부는 오늘날 우리가 시급히 풀어야 할 시대적 과제이기도 합니다.

이에 일송기념사업회는 "한국 사회, 어디로 가야 하나"를 장기 주제로 삼고 이 주제에 부응하는 연차 주제를 매년 선정해 일송학술대회를 개최키로 했습니다. 교육, 역사, 학문, 통일, 문화, 삶과 가치, 인간과 자연과 같은 우리 사회의 근본 문제들을 한국의 역사와 전통, 그리고 미래의 바람직한 발전 방향과 밀접히 연계해 검토하기로 했습니다.

일송학술대회는 이들 문제를 일회적인 학술모임의 차원을 넘어서 한반도에서 인간적이고 한국적인 삶을 영위하기 위해 우리의 시각에서 조망할 것입니다. 또한 시대의 문제를 총체적으로 파악하고 그 대안을 숙고했던 위대한 실학자들의 학문 정신을 계승해 새로운 한국석 학문 전빔典範을 세우도록 노력하겠습니다. 이를 위해 국내의 석학들을 비롯한 중견, 소장 학자들을 두루 초빙하여 거시적인 안목에서 성찰하고 실사구시實事求是의 정신에 입각한 방향 제시를 모색하고자 합니다.

일송기념사업회 운영위원장

김용구

'통일 논쟁'의 회고와 교훈

1945년 8월 한반도가 남북으로 분단된 이후 오늘에 이르기까지 남한 사회에서는 남북통일에 대해 참으로 많은 논쟁이 전개됐다. 그 논쟁은 시대의 흐름에 따라 변화가 있었으나, 대체로 다음과 같은 여섯 가지 내용으로 전개되었다.

첫째, "한반도의 분단은 한반도가 (또는 한민족이) 하나의 독립된 주권국가로 존속하는 것을 불가능하게 하며, 따라서 통일된 한반도가 가장 적합한 정치적·경제적 단위다. 한민족의 고통은 모두 분단으로부터 연유한다."

이러한 고정관념 아래, 통일은 한민족의 고통을 치료하는 만병통치약으로 간주됐다. 여기서 통일지상주의가 성립됐다.

같은 맥락에서, 1950년대와 1960년대에는 남농북공南農北工의 논리가 지배했다. 그리고 농업 위주의 남한과 공업 위주의 북한이 상호보완해야 남북 모두가 살 수 있다는 논리에서 남북협력론과 남북통일론이 전개됐다.

둘째, "한민족은 단일민족으로 성립됐던 만큼 한반도는 단일민족으로 통일을 성취해야 한다.”

여기서 통일 논쟁은 규범성을 띠게 됐으며, 통일 문제는 이러한 규범성에 지배를 받게 되었다. 통일 논쟁의 이러한 성격은 통일지상주의와 연결되면서 통일을 신성불가침의 과제로 만들어 놓았다. 그리고 ‘통일’에 부여된 신화성은 국민들로 하여금 통일 문제에 관해 이중적 태도를 갖게 만들었다. 바꿔 말해, 내심으로는 “통일을 서두르는 것이 과연 바람직한 것인가”라는 의문을 가지면서도 겉으로는 그러한 의문을 제기하지 못한 채 통일지상주의를 지지하게 만든 것이다.

셋째, “한민족의 분단은 강대국 권력정치의 소산이다. 다시 말해서, 한민족은 강대국의 권력정치에 희생됐다.”

이 ‘희생자 심성victim mentality’은 다른 표현으로는 ‘강대국 병증big power syndrome’으로 나타났다. 강대국들의 야합에 의해 또 언제 한반도가 희생될지 모른다는 의구심, 또 강대국들의 합의에 의해서만 한반도가 통일될 수 있다는 의타심이 여전히 선명하게 남아 있는 풍조가 그것을 반영한다. 한민족 중 일부가 한반도중립화론에 매력을 느끼는 까닭이 여기에 있다.

넷째, 통일 문제는 언제나 전국민적 관심의 대상이 되어 왔다. 따라서 통일 논쟁은 끊임없이 계속되는 지구성持久性을 가졌다. 자연히 통일 논쟁은 대립적·갈등적 요인들을 안은 채 전개됐다.

다섯째, 통일 문제는 감성적이고 선정적인 성격을 내포해 왔다. 따라서 통일 논쟁에는 이성적인 논리보다 감정적인 주장이 우세한 경향을 보였다. 거기서 한 걸음 더 나아가, 영웅주의 또는 순교자 정신 등이 개입됨으로써 통일운동 자체가 격정적으로 흐른 경향이 때때로 나타났다.

여섯째, 통일 논쟁에는 언제나 이데올로기적 요인들이 개입됐다. 한민족의 역사에 관류하는 평등지향적 이상주의, 그리고 그것의 연장으로서의 사회주의에 대한 동경은 통일 논쟁을 이념화시켰다.

통일 이후 통일을 생각한다

대한민국은 단독국가로서의 생존 가능성이 확실해지고 국제적 위상이 확고해진 데 반해 북한 정권은 체제가 불안정해지면서 생존 가능성조차 불투명해졌다. 이에 따라 통일 논쟁에도 적잖은 변화가 일어났다. 남북상호보완주의, 통일지상주의, 통일에 대한 조급성, 통일에 대한 감상적 접근도 약화됐다.

최근의 경향은 통일에 대한 합리적·논리적·이성적 계산이 우세함을 보여준다. 최근의 한 여론조사에 의하면 특히 청년층이 통일 연기론을 적극적으로 지지하고 있음을 알 수 있다. 이제 대한민국은 한반도를 둘러싼 열강의 동향을 예의주시하면서, 통일정책의 성격과 방향을 현실적으로 정립해야 할 것이다. 그리고 그 핵심적인 과제는 김정일 정권의 붕괴를 유도하는 정책을 집행할 것이냐 아니면 김정일 정권의 존속을 유지하는 정책을 집행할 것이냐의 선택, 또는 그 사이의 어떤 타협적 제3, 제4의 길의 선택이다.

김학준

두 한국의 변혁·통일·통합: 삼중 복합 과정의 모색

— 역사적·비교적·이론적 시각에서의 성찰

박명림

두 한국의 변혁·통일·통합: 삼중 복합 과정의 모색
— 역사적·비교적·이론적 시각에서의 성찰

문제 제기

역사적 지평에서 볼 때 한국 문제는 곧 본질적으로 국제 문제였다. 근대 이후 그것은 언제나 동아시아 국제관계 및 지역질서 재편, 지역 갈등과 평화의 중심 진앙요소의 하나인, 이른바 지역 요충이었다. 냉전시대 한국의 분단과 통일—한국전쟁을 포함해—문제의 경우 기원, 등장, 봉인 단계의 결정적 국면에서 작용한 국제요인의 영향력은 압도적이었다. 특히 분단의 기원은 거의 전적으로 국제질서 변동의 산물이었다.

그럼에도 불구하고 우리는 국제요인이 내화內化 및 고착 과정에서 작용하는 내부·국내·민족요인의 촉매성과 방향성—한국 문제의 긍정적·부정적 전개로의, 또는 국제요인 극복과 악화 쌍방향 모두로의—의 무게와 비중을 결코 간과해서는 안 된다. 국제질서와 요인이 내부로 삼투滲透하는 데는 국내 상황과 요인이 결정적이라는 점이다. 정반대의 결과를 초래한 두 사례를 보자.

역사적으로는 내부 통합 여부에 따른 국가 수호 및 국권 상실로 극적으로 대비되는 제1차 동아시아 국제전쟁(1592~1598, 임진왜란)과 한말(1876~1910)의 반대적 경험을 통해, 그리고 비교적으로는 국내요인의 역할에 따라 국제 문제에서 정반대 방향으로 내적 귀결을 보여준 서독과 남베트남의 사례를 통해 내부·국내·민족요인의 중요성을 거듭 확인할 수 있다. 서로 다른 두 경험에 대한 국제 차원의 고구는 한국에게 중요한 역사적 반면교사가 되기에 충분하다.[1]

유사한 조건에도 불구하고 제1차 동아시아 국제전쟁 시기의 한국은 생존했고 한말에는 실패했으며, 서독은 성공했고 남베트남은 실패했다. 전자는 종적인 비교이며, 후자는 횡적인 비교이다. 시간과 공간의 종횡 비교를 통해 알게 되는 정반대의 결과에는 여러 요인들이 개입되어 있지만 중요한 변수 하나는 특정 사회의 내부 통합 문제였다는 점은 의심의 여지가 없다.

이 글은 국제 문제인 한국의 통일 문제를 내부의 통일unification·통합integration·변혁transformation의 삼중 복합 과정, 또는 상호 교차 과정을 통해서 접근한다. 이미 암시했듯이 통일, 통합, 변혁의 정도와 순서가 매우 중요하다는 것이 이 논문의 핵심 주장 중 하나이다. 내부의 준비와 대응이야말로 국제요인이 통일 문제에 대해 작용하는 정도, 강도, 방향, 결과를 결정적으로 좌우하는 요소이기 때문이다. 따라서 제1차 동아시아 국제전쟁은 시기적으로 너무 먼 사례이므로 비교의 현실적, 이론적 준거의 하나로 독일의 사례를 삼는다. 독일은 통일 이전 서독의 내부 통합과 동독의 내부 변혁을 거쳐 상호 통합과 변혁의 연장으로서의

통일 이후 통일을 생각한다

통일을 이루었고 통일 이후의 (재)변혁 및 (재)통합을 추구하고 있기 때문이다.[2]

이 글의 기본 전제는 통일을 '목적'으로서가 아니라 '과정'으로서 인식하고 접근한다는 점이다. 즉, 통일은 일정한 통합 과정의 '귀결'로서의 의미를 갖는 동시에 새로운 통합을 향한 '출발'의 의미를 함께 한다. 귀결로서의 통일(과정)의 출발은 다시 남북 각각의 내부 통합과 변혁이다. 그러할 때 한국에서 통일은 삼중의 복합 문제이자 복합 과정을 의미한다. 또 그렇게 접근해야 한다.

다시 말해서 보편적 가치를 지향하게 되는 내부 통합과 내부 변혁이 통일보다 우선한다. 이때 통합이 필요한 주체는 남한이며 변혁이 필요한 주체는 북한이다. 또 통일 이전에 보편가치라는 측면에서 최대한의 통합과 변혁이 이루어지지 않는다면 평화적 방법을 통한 통일은 불가능할 것이다. 설사 통일을 이룬다고 해도 통일 이후 통합을 위해 막대한 대가를 치러야 한다.

논의를 전개하기 앞서 한 가지 전제할 점은 변혁, 통일, 통합 세 요소·층위·변화 사이의 단계나 관계의 문제이다. 이 문제는 두 차원에서 이해하고자 한다. 하나는 일반적으로 이해되는 이 셋 사이의 선후나 인과, 단계의 차원이며, 다른 하나는 관계와 융합, 공진의 차원이다. 두 차원을 함께 고려해야 향후 한국의 통일 문제는 그 논의와 실천 과정이 더욱 정교하고 세련될 수 있을 것이다.

출발의 기본 조건과 요인—내부 변혁

통일 문제에서 가장 먼저 고려해야 할 요소는 내부 준비가 통일과 통일 이후 통합을 위한 가장 핵심적인 기본 조건의 하나라는 점이다. 남한의 내부 경제 및 민주 발전의 정도가 남북관계 및 통일정책 변화의 결정적 기반으로 작용했음은 널리 알려진 사실이다. 즉 통일 이전의 조건에서 통일 과정 및 통일 이후의 경로와 상황은 상당 정도 예측 가능하다. 이것은 이른바 민주화 이전의 조건과 경로pre-democratic conditions 속에 이미 민주화 이후 민주주의 체제의 성격이 거의 결정된다는 민주주의 이론의 한 변형된 적용이라고 할 수 있다. 다시 말해서 통일 이후의 상황post-unification situation은 통일 이전의 조건pre-unification condition에 결정적으로 좌우된다.

그럴 때 첫 번째 과정은 남한 및 북한 내부에서 통합과 변혁이 각각 독자적으로 진행되는 단계를 말한다. 일반적인 추론과는 달리 남북 통일 문제의 시작은 남북 사이가 아니라 거의 남북 각각의 내부 상황에 달려 있다. 다시 말해서 남한과 북한 각각의 내부 변화 없이 통일을 추구하고 달성하는 것은 불가능하다.

먼저 남한의 경우 민주화 이후 점점 분열되고 있는 내부의 진보와 보수, 좌파와 우파의 통합이 필요하다. 남한 내부가 현재와 같이 진보-보수 분열, 남남 갈등South-South conflict으로 인한 '보수 남한'과 '진보 남한'이라는 두 한국, 또는 두 남한two South Koreas으로 분열되어서는 북한 및 통일 문제에 대한 국민적·사

통일 이후 통일을 생각한다

회적 합의를 이루기 어렵다. 통일 문제 이전에 사회 통합과 국민적 통일성은 민주주의의 기본 요소이기도 하다.[3] 사회 통합이 이루어지지 않고서는 능력 있는 민주주의를 유지하고 민족정책을 추구하는 것은 거의 불가능하다. 따라서 남북통일·남북 통합의 전제조건 중 하나는 북한 및 통일 문제에 대한 남한 통합이다. 종족과 이념과 언어를 포함한 여러 요소로 분열될 때에 민족 문제는 언제나 내부를 이념적으로 가르는 가장 날카로운 요소 중 하나가 되기 때문에 역설적으로 내부 통합은 민족 문제 해결을 위한 필수요건의 하나가 된다.

그러나 남한과 북한 내부의 요인이 모든 요인인 것처럼, 또는 유일요소인 것처럼 강조되어서는 안 된다. 남북 모두에게 통일은 일정 정도 작위作爲와 부작위不作爲의 결합이기 때문이다. 이를테면 북한의 정책 방향은 특정 정책을 포함한 남한 작위의 산물인 동시에, 남한의 작위가 작동하지 않는 영역인 북한 자신의 독자적 선택의 결과이다. 북한의 국익에 사활적인 요소는 남한과는 관계없는 그들 단독 요소의 산물일 경우도 적지 않다. 따라서 북한에게 남북관계와 통일 문제는 남한의 북한에 대한 관계라는 층위와 북한 자체의 독자적인 층위라는 이중성을 가질 수밖에 없다. 이 점에서 남한의 대응이 갖는 복합성이 존재한다.

2010년대 들어 통일 문제에 직결되는 가장 대표적 두 사례인 북핵 문제 악화와 북한의 세습 문제를 보자. 보수 이명박 정부 아래에서 북핵 문제와 세습 문제는 남한과의 연계도 존재하지만, 보다 근본적으로는 하나의 근대국가로서 북한 자신의 생존과 발전을 위한 내부 논리의 산물이다. 이 둘을 보면 남북관계와 통일 문제에 결정적 영향을 끼친 북한의 핵심적 선택은 기실 남한의 대북정책의 성격―보수냐 진보냐, 강경정책이냐 온건정책이냐 ―과 직결된 것은 아니라는 점이다. 다시 말해서 북핵 문제와 세습 문제는 남한 정부의 대북정책이 보수적이냐 진보적이냐, 강경하냐 온건하냐에 직접적으로 좌우되지 않는다. 북핵 문제는 남한의 보수 정부 아래에서 시작되어 보수 정부-진보 정부-진보 정부-보수 정부를 거치며 독자적인 자기 동학을 갖고 지속적으로 악화되고 있기 때문이다.

다른 하나는 온건한 대북정책을 전개한 진보 정부에서의 사례이다. 김대중 정부 시기에 등장한 북한의 핵심 국가전략인 선군주의military-first policy는 결코 대북 압박정책을 사용하던 남한 정부에 대한 대응이 아니었다. 선군주의는 북한의 건국 이래 국제 사회와 남한 정부의 가장 온건한 대북정책이라고 할 수 있는 클린턴-김대중 조합 아래에서 등장했다. 즉 가장 온건한 햇볕정책과 군사제일주의를 내세운 선군주의의 불편한 만남이었다.

보수와 진보의 두 정부 아래에서 각각 나타나고 있는 국내정치와 남북관계의 현실이 주는 이론적 시사는 명백하다. 즉 민족과 통일 논리의 사정射程과 영역에 존재하는 남북관계의 상호 동학과, 독립적인 근대국가로서 국익을 위해 독자적으로 정의하며 추구하고 있는 북한 자체의 논리와 동학을 구별하고 대응할 줄 아는 혜안이 필요하다는 점이다.

즉 북한이 생존, 지속, 발전을 위한 국가전략으로서 스스로 선

통일 이후 통일을 생각한다

택하는 사안과 방향들이 남북관계·통일 문제에 결정적인 영향을 끼치고 있음을 인지해야 한다는 것이다. 북한 내부 선택의 남북관계로의 상승과 전이를 말한다. 여기서 주목할 점은, 독일의 통일을 '흡수통일' 테제를 넘어 새롭게 해석하는 문제이다. 즉 동서 통일 이전에 동독 자체의 내부 변혁이 먼저였다는 점에서 독일 통일은 흡수통일 이전에 자원自願통일이며, 무력통일이 아니라 평화통일이며, 독재통일이 아니라 민주통일이었다. 또 동독 시민이 주도한 아래로부터의 통일이었다는 점도 중요하다. 즉 독일 통일은 민주 변혁에 따라 통일을 추구하게 된 동독 시민의 요구를 서독 정부가 수용하는 방식이었다.

따라서 한반도에서도 남한과 통합하기 위한 전제조건으로서 민주주의를 향한 북한의 내부 변혁이 중요한 요소가 된다. 노태우 정부와 김대중 정부 시기에서 드러나듯 남한이 내부 민주화로 인해 대북 온건정책을 선택한 경로를 볼 때 북한의 민주화는 남북 근접화와 통일, 평화를 위한 핵심요소이기 때문이다.[4] 특히 두 한국처럼 격렬한 상호 상멸 전쟁을 치르고 체제를 형성한 채 장기간 적대관계를 유지해온 상태에서 변혁 없는, 통합 없는 통일은 어떤 거대한 부정적 유산이나 제2의 재앙을 초래할지도 모른다. 따라서 이때 말하는 내부 변혁은 북한 사회가 내부로부터 인권, 민주주의, 자유, 개방, 평화, 평등과 같은 인류 보편적인 가치를 확산시키는 변화를 의미한다. 동독의 내부 변혁이 통일에 우선한 사례에서 보듯, 북한 내부의 변혁 없이 평화통일은 불가능하다.

북한의 자발적 변혁은 남과 북이 사회 체제에서 접근하는 남북 통합을 위한 중요한 전제요소인 동시에, 북한 사회가 독재와 반인권 군사주의, 억압과 폐쇄를 넘어 민주주의, 인권, 평화, 자유, 개방, 평등과 같은 인류의 보편가치를 수용하는 이중발전을 의미한다. 즉 북한의 변혁은 남북관계 및 내부 차원에서 각각 의미를 갖는 이중적인 성격을 가진다. 때문에 북한의 변혁은 남한과 북한이 인류 보편적 가치를 수용함으로써 상호 근접하게 되는 필수 요소이자, 평화통일의 중대한 전제요건이 된다. 남한과 북한은 통일 이전에 얼마나 보편가치를 향해 서로 근접하느냐에 따라 통일 과정에서의 평화성과 통일 이후 체제 성격이 결정될 것이다. 여기에서 상호 간에 거리를 좁힌다는 것은 가치의 근접화와 접근을 말하는 것이지, 남북 국력과 발달 수준의 접근과 대등화를 뜻하는 것은 아니다.

통일을 위한 북한 내부의 변혁 가능성을 가늠하기 위해서는 역逆3대 변혁역량을 고려해야 한다. 3대 변혁역량이란 구체적으로 북한 내부의 변혁역량, 남한의 북한 변혁역량, 국제 사회의 북한 변혁역량을 가리킨다. 다시 말하자면 3대 통일역량이자 평화역량이라고 할 수 있다. 결론부터 말해 이 셋의 이상적인 역할 분담 없이는 남한과 북한의 통일은 어렵다. 그러나 북한 체제 향방의 최종적 결정은 세 역량 중 역시 북한 내부의 역량에 달려 있다. 북한 변혁의 궁극적 담지자는 북한 사회 자신이며, 위로부터 또는 아래로부터의 방식 어느 것이든 내부로부터 발전해야 한다.

서구와 제3세계의 민주화는 물론 같은 사회주의 국가였던 동독, 중국, 소련, 동구의 변혁 사례를 보면 리더십 이니셔티브건

통일 이후 통일을 생각한다

민중 이니셔티브건 내부조건의 구축이야말로 첫 번째이자 가장 중요한 변혁요인이다. 밑으로부터의 리더십 교체를 단행한 후 민주혁명과 통일을 달성한 동구의 사례는 말할 필요도 없고, 덩샤오핑鄧小平으로의 리더십 교체 없이는 앞선 권력과 노선의 부정을 통한 개혁과 개방이 불가능했던 중국의 사례를 유념할 때, 북한의 권력 세습이 보편가치와 남북 근접으로부터 더욱 멀어지는 현실은 통일을 위한 내부역량 성숙에 대한 가장 분명한 반증이 된다.

두 번째, 남한의 북한 변혁역량은 접촉·교류·협력·지원·비판·견제의 결합을 통해 북한에 장기적으로 투입되어야 한다. 정부, 시장과 기업, 문화와 학술, NGO, 종교, 방송 등이 여기에 포함된다. 이와 같은 북한의 변혁을 위한 남한의 대북 접촉은 과정으로서의 통일 개념을 상정한다면 북한의 보편화를 통한 남북 근접화를 위해 필수적이다. 접촉과 근접화를 통한 변화는 그 자체가 통일 과정이자 통합 과정이며, 통일 이후의 남북 통합 비용을 결정적으로 경감시키는 통합 준비 행위이기 때문이다. 따라서 근접화는 남북 내부의 반통일적·비보편적·반평화적·반민주적·반공화적 요소의 상호 축소를 통한 변혁 과정을 의미한다.

우리가 현재와 같은 극렬한 퍼주기 논쟁과 극단적인 정책 선회를 중단해야 할 근거는 여기에 있다. 서독과 대만의 사례에서 볼 수 있듯이 지원과 공존, 상호 발전은 분단국가 사이의 적대 완화와 근접화, 통합, 통일로의 접근에 필수적일 뿐만 아니라 가장 유용한 방법의 하나이기 때문이다. 우리는 종종 서독의 동독 지원 및 대만의 중국 투자 규모가 남한의 지원 및 투자와는 비교할 수도 없이 크다는 점을 잇는다. 접근을 통한 변화, 근접화를 통한 의사 통합pseudo-integration을 추구했던 통일 이전의 서독 사례는 제외하더라도, 냉전시대부터 현재에 이르기까지 대만의 지속적이면서도 대규모의 중국 투자 및 경제 교류 또한 한국의 북한 투자와는 비교할 수조차 없다. 게다가 중국의 통일정책이 북한에 비해 더 온건하며 허약하다고 할 수도 없다. 중국과 대만의 국력 격차는 더 말할 필요도 없다. 그러나 상호 근접화의 결과는 오늘날 어떠한가? 독일은 흡수통일이 되었고, 양안兩岸의 경제 교류와 통합의 정도, 적대의 완화는 남북관계와는 비교 자체가 불가능하다.

그러나 통일 당사자 간의 상호 교류를 추구할 때 우리는 다음과 같은 한 가지 점을 분명히 인식해야 한다. 바로 동독과 중국의 사례가 보여주듯 적대를 완화시키고 보편가치를 확산하는 방향으로 내부 변혁을 가능케 할 지원과 교류이어야 한다는 점이다. 그 점에서 탈냉전 이후 20년의 교류협력에도 불구하고 오늘날 북한이 인권과 민주주의와 자유, 평등, 개방과 같은 보편가치와는 반대방향으로 역진현상을 보이는 것은 남북 근접화와 통일-통합을 위해 부정적 요인을 증대시킬 뿐이다. 과거의 남한은 지원과 교류를 추진하면서도 북한으로 하여금 보편가치를 수용할 수 있도록 안내하고 유도하는 능력과 수단을 반드시 사용했어야 했다.

국가책략의 관점에서도 온건 대북정책에 근거해 지원과 교류협력을 추진하더라도 북한 체제의 반보편 반평화·반인권·반민주·반개방 요소를 축소하고 제거하는 방향으로 협상과 교환을

통일 이후 통일을 생각한다

수반했어야 했다. 교류협력 자체를 반대할 필요는 없지만, 이러한 방향으로 끌고가기 위한 협상과 교환 능력 또는 철학과 정책이 결여된다면 그것은 중대한 한계를 안고 있음에 틀림없다. 지원과 교류협력을 통한 관여engagement의 증대는 영향력의 증대로 연결된다는 국제관계의 일반이론에 비추어 김대중 정부 이래의 대북 온건정책이 이러한 보편가치를 확산시키는 영향력의 증대로 연결되지 않은 점은 바로 위와 같은 철학과 능력의 결여 때문에 초래된 현실이라고 할 수 있다.

따라서 이명박 정부 들어 북한 지원과 교류협력의 방법과 절차를 수정하려 하지 않고 지원과 교류협력 자체를 중단하고 있는 것은 북한 변혁, 통일 준비, 통일 이후의 통합을 고려할 때 현책이라고 할 수 없다. 강경이냐 온건이냐 반북이냐 친북이냐의 이념적 양자택일의 접근이 아니라 북한에 대한 지원과 교류협력을 지속하되 보편가치를 지향케 하는 변혁과 변화를 유도하고 촉진할 수 있는 절차와 능력을 제고시키는 방향으로 실용적 전환이 필요했다는 점이다. 서독의 보수적인 콜Helmut J.M.Kohl 정부가 브란트Willy Brandt 이래의 동방정책을 수용한 것이 독일 통일 성공의 한 조건이었음을 유념할 필요가 있을 것이다.[5]

세 번째는 북한 변혁을 위한 국제 사회의 역할이다. 한국의 통일 문제는 본질적으로 국제 문제이며 한국 문제의 일부를 구성하는 북한 문제 역시 국제 문제로서 존재한다. 따라서 북한 문제는 국제 문제 및 동아시아 문제로서의 한국 문제의 연장이자 부분인 동시에 핵심으로서 접근해야 한다. 이때 중요한 점은, 북한 문제를 민족 문제를 넘는 지역 문제이자 국제 문제로서 파악하고 접근할 수 있는 국제전략이라고 할 수 있다. 미국과 중국, 일본, 러시아를 포함한 국제 사회로 하여금 개별적 국익의 관점에서나 국제적 보편가치의 측면에서 북한의 보편화·개방화·평화화·민주화·인간화를 향한 방향으로 협력해 연대할 수 있도록 유도해야 한다.

즉 북한 문제를 국제 문제로 접근한다는 점은 국제 사회가 북한을 개혁·개방·평화·민주주의를 포함한 보편적 국제행위자로서 안내하고 압박하는 차원을 포함한다. 때문에 한국이 북한에 영향력을 갖고 있는 국제 사회의 일부와 대립관계로 들어가는 것은 바람직한 선택이 아니다. 이를테면 미국과의 동맹을 강화하기 위해 중국과 대립관계가 된다면 북한의 변혁과 두 한국의 통일을 위해 오히려 부정적 결과를 초래하고 말 것이기 때문이다. 냉전적 사고나 미중 양자택일을 넘어 탈냉전과 G2시대의 지평에서 예리하게 촌탁해 정책 방향을 결정하고 추진하지 않으면 안 된다.

한말과 20세기 중반 국제질서 격변의 국면에 대한 대응 실패가 초래한 현실이 곧 망국과 분단이었던 경험을 깊이 사려하지 않는다면 현재의 통일 준비 국면에서 우리는 또 한 번의 국제적 실패를 반복할 수 있기 때문이다. 국제질서 변동에 대한 대응은 결코 친미, 친중이냐를 양자택일해야 할 노선투쟁의 문제가 아니다. 격변하는 국제질서와 한국 문제에 대한 국제 대응노선이 갈등한 궁극적 결과, 즉 망국으로 귀결된 한말의 친일, 친러, 친중, 친미

논란, 분단으로 종착된 제2차 세계대전 종전 이후 민족과 공산, 좌파와 우파로의 분열과 대립이 궁극적으로는 내부의 노선 갈등으로부터 초래되었다는 점을 유념할 때 국제 문제에 대응하는 본질이 어디에 어떻게 놓여 있는지는 자명한 것이다. 한국 문제와 북한 문제의 본질 및 역사궤적을 고려할 때 대북온건이냐 강경이냐를 포함해 친미냐 친중이냐, 민족공조 우선이냐 국제협력 우선이냐 하는 논란이 얼마나 이념적이며 반공동체적인지는 분명하다. 주변 대국들이 한국 및 북한 문제에 끼치는 영향력을 면밀하게 타산한 토대 위에서 그 크기에 합당한 지혜로운 조율이 절대적으로 필요하다.

내부 변혁의 연장과 단절, 또는 과정으로서의 통일

두 번째로 좁은 의미의 통일 과정은 남북관계 차원의 제도의 통일과 경계 해체, 사회 근접화를 말한다. 단순하게 말해 통일은 단일국가를 건설하는 것이다. 통일이 남북 내부 변혁의 연장인 동시에 분단 상황과는 일정한 제도적 단절을 갖는 국가 간 행위라는 측면을 갖는 것은 이러한 이유에서이다.

1948년 38선을 경계로 남과 북에 등장한, 그리고 1953년 정전협정 체결 이후 고착된 휴전선을 경계로 하는 대한민국과 조선민주주의인민공화국은 각각 하나의 근대국가이다. 고전적인 일민족 명제를 수용하더라도 두 개의 근대국가라는 언명은 중요한 점을 함축한다. 근대국가의 핵심적 구성요소를 설명하는 보편적이고 일반적인 틀에 비추어 볼 때 남한과 북한의 두 정체政體는 일반적인 국가이론들이 언명하는 국가성stateness/statehood의 핵심 요체인 주어진 영토에서의 폭력의 합법적 독점과 질서유지 능력, 국제공동체에서의 주권의 인정 문제를 모두 충족했다. 물론 근대국가의 3요소인 영토, 국민, 주권의 요소에서도 결여된 바 없었다. 따라서 비교적 관점에서 볼 때 중앙 권위구조를 갖는 두 정체를 근대국가가 아니라고 주장할 근거는 없다. 게다가 현재 두 국가는 엄연한 유엔 회원국으로서 국제적 합법성도 부여받고 있다.

물론 남한과 북한이 보편적·일반적 측면에서 근대국가라고 하여 이것이 곧 이 두 정체의 항구적·핵심적 성격을 드러내는 정의는 아니다. 곧 다른 하나의 요체는, '역사적 국가historic state' 에 반하는 분단국가로서의 존재이자 성격이다. 장구한 시기 동안 한국은 종족적 단위와 정치적 단위가 일치하는 예외적인 단일 민족 국가를 향유해 왔다. 두 분단국가의 등장은 그러한 전통과의 완전한 단절을 의미한다. 한국에서 통일 문제가 강렬한 민족주의와 연결된 소이는 이러한 역사적 연원을 갖는다.

국가 간 통일이 통일이 아닌 것과 근본적으로 다른 이유는 기존 국가권력의 소멸·해체 및 신설 국가권력의 형성·등장과 직결되어 있기 때문이다. 통일의 최종 심급은 궁극적으로 정치 문제, 그중에서 특히 권력 문제이다. 이른바 제도의 통일이나 권력의 통일을 말한다. 통일 문제가 결정적인 순간에 국가책략state-

통일 이후 통일을 생각한다

craft을 과단성 있고 능숙하게 처리해나갈 수 있는 국가리더십의 용기 있는 덕성virtu의 문제인 것은 이러한 이유 때문이다. 국가의 생성과 소멸에 관한 동서와 고금의 주요 사례와 이론들은 이 점에 관한한 예외가 없다. 따라서 통일 문제는 기저에서의 민중적 감상과 열망을 인정하더라도 현실의 달성 과정에서는 가장 냉혹한 근대국가와 권력의 영역을 의미한다.

통일 문제에 대한 진보–보수의 이념적 분화와 분열 못지않게 우려스러운 점은 양 진영 모두 국가 운영의 냉정한 책략의 측면에서 보여주고 있는 한계라고 할 수 있다. 이탈리아, 오스트리아, 독일의 통일 과정을 살펴보면 결정적인 순간에 보여주었던 그들의 리더십의 덕성과 능력이야말로 권력 문제로서의 통일 과정에서 가장 두드러지게 나타난다. 국가의 생존은 물론 국가 범위의 확장과 축소야말로 내부의 작은 정책 선택이나 예산 배분을 훨씬 뛰어넘는 정치리더십의 최종 본질에 해당되는 부문이다. 따라서 조금 어색한 표현이기는 하지만, 북한과 통일을 국가책략의 범위에 처음부터 포함시켜 사유하는 통일리더십의 등장 및 그것을 위한 훈련이 필요하다고 본다. 남한의 국가 운영 관점에서 통일 및 북한 문제를 사유할 때의 덕성 및 능력과, 통일과 북한 문제를 처음부터 자기 사고체계와 리더십의 전체에 포함시켜 접근하는 것은 차이가 크기 때문이다. 그런 점에서 현재의 정치리더십이 이 문제에서 보여주고 있는 한계는 국가와 통일 문제의 본질에 대한 사유의 결핍인 동시에 국가리더십의 궁극적 존재 이유에 대한 인식과 능력 부족에 기인한다고 할 수 있다.

두 한국의 변혁 ·통일 ·통합: 삼중 복합 과정의 모색 다음으로 남한과 북한의 통일, 통합 문제와 관련해 역사적·이론적으로 좀 더 정밀하게 검토해야 할 중요한 문제가 하나 존재한다. 민족주의적 견해와 담론에서는 불편하게 들릴지 모르지만 통일 이후의 통합 문제에 대해 예리하고 철저하게 대비해야 하는 이유 중 하나는 역사적 요인 때문이다. 우리는 이 점에 대해 오랫동안 주의를 기울이지도, 논의하지도 않았다. 그러나 이 문제는 한국 사회에서 자주 운위되던 어떤 문제보다 민족통일과 통합에 관한 한 더 근본적이며, 장구한 요인이라고 할 수 있다.

즉 남한과 북한은 순수 법리적으로 말해 지금까지 한 번도 단일 근대 국민국가를 건설한 적이 없다는 점이다.[6] 따라서 두 국민도 단일 근대국민인 적이 한 번도 없었다. 대한민국 국민과 조선민주주의인민공화국 국민은 일제 식민지, 대한제국, 조선왕조 시기를 포함해 단일민족인 적은 있었지만 단일 근대국민인 적은 없었다. 일제 식민지, 대한제국, 조선왕조 모두 근대국가라고는 볼 수 없기 때문이다. 물론 한국은 이른바 종족적 단위와 정치적 단위가 장구하게 일치해온, 그럼으로써 "정치적 단위와 민족적 단위가 합치해야 한다는 정치적 원칙"[7]이라는 민족주의의 일반적 명제를 예외적으로 장구하게 충족시켜온 역사적 국가historic state 임에는 의심의 여지가 없지만,[8] 그것이 곧 단일한 근대국가성을 구성하는 것은 전혀 아니었다.

대한민국 국민은 조선민주주의인민공화국의 국민인 적이 없었고 조선민주주의인민공화국 국민이 대한민국 국민인 적도 없었다. 한국전쟁 시기 동안 짧게 점령통치를 받아본 적은 있었지만

통일 이후 통일을 생각한다

그것은 상시적인 국민으로서의 존재는 전혀 아니었다. 따라서 사실상 남북한의 통일은 하나의 새로운 국가 건설state-making인 동시에 하나의 새로운 국민 형성nation-building이라고 할 수 있으며 그때의 국가와 국민은 사실상 최초의 단일 근대국가이자 최초의 단일 근대국민이 된다.[9] 단일국가 만들기 및 국민 만들기라는 점에서 두 한국의 통일은 문자 그대로 통일unifica tion이지 재통일reunification이라고 할 수는 없다. 근대국가의 구성요소에 비추어 보더라도 둘이 통일될 경우 단지 영토만 재통일될 뿐 두 국가와 두 국민은 처음으로 하나의 근대국가이자 근대국민으로 통일되는 것이기 때문이다. 한국에서 통일의 문제가 정치적 정체성, 헌법적 정체성의 문제뿐만 아니라 역사적 정체성의 문제까지 함유하게 되는 것은 이로부터 연유한다.

엄밀한 의미에서 개념적으로 말해 분단국가divided state라는 표현은 출발부터 원천적인 형용모순이랄 수 있다. 특정 정체는 공식적으로 분단되는 순간 서로 다른 두 개의 독립국가가 존재하는 것이기 때문에 '분단' '국가' 란 현실에서는 존재할 수 없기 때문이나. 그것은 국가의 본질과 정면충돌하는 표현이다. 아니면 민족과 국가를 동일시해, 일민족=일국가 신화에 빠져 민족 분단을 국가 분단으로 등치한 사유의 산물이라고 할 수 있다. 그러나 하나의 민족이 여러 국가를 만든 경우도 많으며, 하나의 국가가 여러 민족으로 이루어진 경우도 많다는 점에서 이는 일반적·보편적 경로와 맞지 않는 이해라 할 수 있다.

더욱이 전술했듯 두 한국은 1948년 이전에 하나의 근대국가로

존재해온 경험을 공유하고 있지 않았다. 하나의 민족으로 존재해
온 것은 사실이지만 그것이 하나의 근대국가를 건설한 경험을 갖
는다는 것과는 의미가 전혀 다르다. 즉 한민족은 분단될 수 있는
단일 근대국가를 향유한 적이 없었다. 두 한국이 의심의 여지 없
이 하나의 근대국가로서, 또는 적어도 하나의 국가로서 존재해왔
을 것임을 당연시해온 한국의 기존 역사 해석 및 담론과 이러한
해석은 일견 충돌할 수 있을 것이다. 그러나 두 한국이 하나의 근
대국가로 존재했던 경험을 공유하지 않았다는 설명은 의견이나
견해가 아니라 엄정한 객관적 사실의 영역에 속한다. 다시 강조
하지만 하나의 민족이 여러 근대국가를 형성한 경우도 여럿이지
만 동시에 하나의 국가가 여러 민족으로 구성된 사례 역시 허다
하다. 즉 일민족 일국가는 일반적이거나 보편적인 경로가 아닌
것이다.

　그런데도 어떻게 한국에서는 '분단' '국가' 라는 언술이 현실 영
역과 학문 영역에서 아무런 이의제기 없이 수용되어 왔는가? 그
것은 관념과 생활, 문화, 권력공동체로서의 민족의 분단을 국가
의 분단과 동일시한 결과였다. 동시에 민족과 국가, 종족공동체
와 정치공동체가 천 년 이상 일치해온 역사적 국가의 경험 때문
이었다. 나아가 통일을 추구하는 강렬한 민족주의적 열망과 희원
을 담는 표현이었다. 사실 한국의 경우는 분단의 원인이나 유형,
주체 모든 면에서 민족 분단이라기보다는 지역 분단, 또는 국제
분단이라고 할 수 있었다. 그러나 어쨌든 두 한국민들에게 두 근
대국가, 두 권력 실체의 등장은 천 년 이상을 지속해온 '민족국

통일 이후 통일을 생각한다

'가' 의 분열로 받아들여졌고 이는 두 한국을 의심의 여지 없이 분단국가로 이해하도록 안내했다.

그리하여 북한 국민은 국가의 이상적인 원천질서를 규정하는 헌법상으로는 대한민국 국민이지만, 실질적인 법률관계를 규율하는 국가보안법상으로는 이적단체 구성원이라는 기묘한 이중적 지위를 보지하게 되었다. 이 점은 과거 한국이 북한 국민·탈북자의 성격을 규정할 때부터 이미 존재해오던 곤혹스러움이다. 북한이 존속하는 가운데 탈북자들에 대한 지위 부여는 이론적으로는 적어도 네 가지 대안이 존재했다. 첫째, 그들을 헌법상의 대한민국 국민으로 인정하고 '귀국'·'귀환' 으로 볼 것인가? 둘째, 아니면 이적단체의 구성원으로 간주해 '항복'·'귀순' 으로 볼 것인가? 셋째, 또는 1945년 종전 이전 또는 1948년 건국 이전의 일제 식민지, 대한제국, 조선 국적 소지자로 간주해 대한민국 국민으로 전환시켜줄 것인가? 넷째, 그것도 아니면 대한민국 국민으로서의 정체성을 갖게끔 외국인들처럼 처음부터 전혀 새로운 국적 취득을 허용할 것인가?[10]

결국 한국은 탈북자들에 대해 현재 '북한 이탈 주민' 이라는 지극히 애매하고 불명확한 주체로 지칭하고 있다. 김영삼 정부와 당시 국회는 증가하는 탈북자들을 위해 법률을 제정할 당시에 '귀순 동포' 에서 '이탈 주민' 으로 변전된 '귀순 북한 동포(1993)'[11]와 '북한 이탈 주민(1997)'[12]이라고 규정을 바꾼 데에서 볼 수 있듯 이 문제에 대해 상당한 혼선과 전환을 보여준 바 있다. 먼저 1993년 의 법률은 귀순한 북한 동포를 "북한에서 대한민국으로 귀순한 동포"로 정의한다(제2조). 국민도 아니고 이적단체 구성원도 아닌 아무런 법적 규정이 없는 동족으로서의 동포인 것이다. 1997년의 규정은 1993년의 규정을 폐지하고 대체한 법률이다. 이때 '북한 이탈 주민'이란 "군사분계선 이북 지역(이하 "북한"이라 한다)에 주소, 직계가족, 배우자, 직장 등을 두고 있는 사람으로서 북한을 벗어난 후 외국 국적을 취득하지 아니한 사람을 말한다."(《북한 이탈 주민의 보호 및 정착 지원에 관한 법률》, 일부 개정 2010년 3월 26일. 법률 제10188호. 제2조 1항). 어떤 헌법적·국가적·법적 정체성도 없는, 더욱 포괄적인 그냥 '사람'인 것이다.

통일의 과정이 길어진다면 상당히 난해한 이 문제를 어떻게 돌파할 것인가? 권력의 통일 이전에는 높은 수준의 남북 통합을 말하기 어려운 점이 여기에 있다. 이 문제는 근대 단일국가와 국민의 경험을 공유했던, 동시에 통일을 향한 잠정조항을 헌법에 이미 삽입했던 독일과도 현저히 다르다. 즉 같은 분단국가였지만 통일과 통합을 향한 독일의 헌법적·정치적 지혜는 주목할 만하다. 정통성legiti-macy을 독점하면서도 동독의 국가성stateness을 법률상de jure이 아니라 사실상de facto 인정하는 분단독일의 이중적 지혜로,[13] 이른바 헌법상의 잠정조항, 단서조항을 말한다. 두 한국은 정치적·헌법적 정통성의 독점을 국가성의 배타성으로 오인하는 경직성을 보여주어 헌법상의 확정조항을 정치에서 실현하려 추구하며 그 결과 오히려 통일에서 멀어지는 선택을 했다.[14]

이제 우리는 비로소 통일국가의 수립 문제가 역사상 가장 잔인

통일 이후 통일을 생각한다

한 전쟁의 하나였던 한국전쟁의 시종요인이었다는 점을 이해하게 되며, 현금의 통일 문제에서도 전혀 간과해서는 안 된다는 점을 깨닫게 된다. 만약에 기존 권력의 종언을 통해 단일 국가권력을 창출해야 하는 문제가 아니라면 통일의 방법에서 우리가 전쟁을 두려워해야 할 이유는 배제된다. 즉 전쟁을 통해서라도 달성해야 할 목적으로서의 통일은 불필요하고 바람직하지도 않기 때문이다. 이는 궁극적으로 통일에 대한 저항은 국가권력의 유지를 위한 최후 수단, 즉 전쟁을 포함할 수 있다는 말이 된다. 국가의 소멸을 방지하기 위한 최후의 수단은 물리력의 동원이기 때문이다. 근대국가들의 국가이성을 고려할 때 민족적 이상을 포함한 다른 가치를 위해 국가를 평화적으로 양도한 권력은 사례를 찾기 어렵다. 이 점을 고려할 때 관념적으로 말해 최악의 경우 경성硬性통일은 전쟁을 통해서도 가능하다는 점이다. 통일 과정에서 평화는 반드시 관철되어야 하는 '절대명제' 이자 '정언명령' 이라고 할 때 양도를 강제할 조건을 창출함으로써만 가능한 평화통일을 위해 (내부)변혁이 필요한 소이는 이로부터 주어진다.

그러나 통일은 단순한 제도·체제·국가 차원의 경성요소hardware의 단기적 폐합만을 뜻하지는 않는다. 통일 자체가 기존 권력의 소멸과 형성의 의미를 담기 때문에 경성요소의 측면을 필수적으로 포함하며, 따라서 그것 없는 통일은 불가능하다고 하더라도 그러나 통일의 완성은 사회 또는 민족 통합이라는 연성요소software에 의해 결정된다. 베트남의 경우에서 보듯이 전쟁을 통한 경성요소만의 통일은 과정 자체에서 물리적 충돌이나 갈등을 포함

한 상당한 비용과 대가를 치르게 하거나, 통일 이후 정치적·경제
적·사회적·정신적으로 막대한 후유증을 남기지 않을 수 없다.

　문제는 경성요소 통일과 연성요소 통일 사이의 괴리 및 지체
현상을 최소화하는 것이다. 이는 통일 이후의 통합에 직결된다.
따라서 과정으로서의 제도·체제 통일의 차원에서 볼 때 남과 북
은 정치·경제·사회·문화의 영역에서 접근과 근접화appro-
ximation의 원리에 바탕해 국가통일과 국민통일(통합)의 병행, 또
는 이중통일 과정을 추구할 필요가 있다. 물론 그 통일과 통합은
남북 모두에서 민주주의, 인권, 자유, 평등, 복지와 같은 보편적
가치와 지향의 상승과 확산을 뜻한다.

통일 이후의 통합;
최초의 단일 근대국가 건설과 최초의 단일 근대국민 형성

　궁극적인 사회 통합이 없다면 통일은 경성요소의 통일에 한정
되고 말 것이다. 그러한 통일은 남한과 북한 국민이 하나로 통합
되지 못한 채 통일 이후에도 상당 기간 두 국민two nations, 두 사
회two societies를 유지하는 이른바 평행 사회parallel society가 되
고 말 것이다. 통일되었으되 통합되지는 않은 분단 국민인 것이
다. 그럴 경우 이념적으로는 현재의 두 남한에 북한까지 더해지
는 세 한국이 될 가능성도 존재한다.

　이미 우리는 두 번의 중요한 선례를 갖고 있다. 먼저 식민시기

의 친일과 항일, 민족과 공산의 분열과 분리 정도로도 해방 이후
얼마나 커다란 갈등과 심각한 후유증을 겪었는지 잘 알고 있다.
해방 이후의 내부 갈등은 거의 전적으로 해방 이전의 정치적 분
화와 이념적 분열의 계선을 따라 움직였기 때문이다.[15]

두 번째는 현재의 탈북자 문제이다. 탈북자들은 현재 2만 명을
육박할 정도로 증가 일로에 있다.[16] 그러나 이들이 남한 사회에
전혀 통합되고 있지 못한 현실은 통일 이후의 남한과 북한 사회
의 통합 정도에 대한 예징으로 삼기에 충분하다. 특히 대북 이념
경쟁에서의 승리 징표로 활용되기에 가장 좋은 사례인 통일 이전
의 북한 이탈–남한 선택 주민인 탈북자들조차 남한 사회에 융합
되지 못하고 있다는 점은 남한의 보수적 흡수통일 주장이 얼마나
공허한지를 잘 보여주고 있다. 탈북자의 통합 정도는 통일 이후
통합 능력과 방략의 한 징표일 수 있기 때문이다. 이 점과 관련해
남한 보수와 진보의 이중행태에 대해서는 뼈아프게 지적할 필요
가 있다.

먼저 보수 세력은 반공반북은 소리 높여 주장하지만 북한 주민
들의 마음을 얻을 수 있는 정책과 방법에 대해서는 아무런 고려
를 하고 있지 않다. 과거 극단적인 반공반북을 통해 국가를 형성
한 그들은 통일 이후 과연 마음의 문을 열고 북한 주민들을 포용
할 준비가 되어 있는가? 반면 진보는 통일과 평화는 소리 높여 외
치지만 탈북자들에 대한 지원과 연대의 손길은 내밀지 않고 있
다. 아니 외려 탈북자들을 평화와 통일의 장애요소로 보고 있는
것이 그들의 정직한 마음일 것이다. 그렇다면 그들이 말하는 통

일은 누구와의 어떤 통일을 말하는 것인지 묻게 된다. 탈북자는 미리 온 통일된 북한 주민의 모습이며 그에 대한 응대태도는 우리의 통일 이후 자세이자 마음의 선제적인 드러냄인 것이다.

통일 이후의 통합은 앞서 말했듯 전혀 새로운 국민의식과 정체성identity의 형성, 즉 최초의 단일국민 형성 과정이라고 할 수 있다. 때문에 통일은 그 자체가 통합의 과정인 동시에 통합을 향한 변혁을 의미한다. 한국에서 두 한국의 건설 과정은 상대를 배제하고 억압하는 과정과 병행되기 때문이다. 즉 두 한국의 건설은 상대와 점점 멀어지고 반대되는 이념으로 통합되는 이른바 부정적 통합negative integration이었던 것이다.[17] 부정적 통합으로서의 분단 국민 형성이었기 때문에 긍정적 통합으로서 통일 국민 형성으로 나아가기 위해서는 자기부정이 필수적이다.

최초 두 한국의 국민정체성 형성 과정은 상대요소의 배제와 척결이라는 일종의 국민적 이념적 정화 과정과 일치한다. 다른 나라들의 사례, 이를테면 문화적·인종적·종족적·종교적·혼성 사회의 국가 건설–국민 형성 과정에서 나타나는 인종 정화racial purification, 종교 정화religious purification 과정이 없는 대신 이미 문화적·인종적·역사적·언어적·종족적으로 동질 사회였기 때문에 국민일체성을 위해 남은 것은 오직 이념적 정화ideological purification의 문제였다. 동질사회였기 때문에 이념 하나를 둘러싼 갈등은 더욱 격렬했던 것이다. 상대와의 생사를 건 정당성 및 정체성 경쟁은 어쩌면 전형적인 냉전원수 만들기the making of the cold war enemy에 비유할 수 있을런지 모른다.[18]

　그렇다면 오히려 우리의 장구한 동질성이 이념적 갈등과 잔인성의 정도를 높였다는 가설을 설정할 수 있을지 모른다. 이는 서로 다른 독립된 국민정체성을 형성해가는 과정에서 과거의 오랜 단일민족 정체성을 파괴한 주체를 응징하고 절멸하려는 의지의 표출을 말한다. 즉 단일정체성을 파괴한 절반을 절멸하면 원래의 단일성oneness과 동질성homogeneity을 복원할 수 있다고 생각할 때 인간들은 내부의 파괴자에 대해 더욱 잔인해지기 때문이다. 특히 과거의 단일성과 동질성을 정상이자 파라다이스로 여길 때 절반의 상대로 인한 비정상과 다름없는 현재의 분열과 대결은 더욱 참을 수 없게 된다.

　따라서 동근원성同根源性(co-originality)이 파괴되면서 시작된 극도의 적대의식은 두 국민의 정체성을 설명하는 가장 중요한 요소라고 할 수 있다.[19] 그것은 마치 정통과 이단의 싸움만큼이나 격렬하다. 과거의 동질성과 동근원성을 파괴한 절반의 자기는 멀리 존재하는 오랜 타자가 아니라 자기에 대한 지금의 직접적인 파괴자이자 이단으로 간주되기 때문에 바로 그 상대를 절멸함으로써만 자기복원이 가능하다는 이상을 추구하게 된다. 그것은 이전의 자기의 절반이자 오늘의 정체성을 파괴하고 제거하려 드는 존재이기 때문에 타자와의 갈등보다 더 격렬하며 증오적이다. 전형적인 근린 증오, 근친 적대의 현상이라 할 수 있다.

　역사적으로 대표적 사례라 할 수 있는 이스라엘과 팔레스타인의 장구하고 처절한 대결은 동근원성과 근린성의 결합에서 오는 영구전쟁에 가깝다. 아이삭Isaac과 이스마엘Ishmael의 동근원성

두 한국의 변혁·통일·통합: 삼중 복합 과정의 모색

과 성시聖市 예루살렘을 둘러싼 근린성은 둘의 영구전쟁을 불러온 가장 중요한 요인이라고 할 수 있다. 우리는 예루살렘의 어원이 평화의 기초, 평화의 근원(Jeru+salem=Jerusalem)이라는 점을 잊고 있다. 예루살렘은 세속의 성시로 충분히 지상세계에서 평화를 향한 출발일 수 있었다.

만약 이스라엘과 팔레스타인이 동근원성과 근린성을 갖고 있지 않았다면 이들이 수천 년 동안 죽기살기로 싸워야 할 아무런 이유가 없었다. 즉 평화롭게 공존할 수 있었을 것이다. 반면 동근원성과 근린성을 공유하는 분리된 존재의 경우 타자의 정체성을 인정하는 순간 자기의 정체성은 부인된다. 동시에 그것은 정통성의 상실로 연결되며 존재의 이유도 사라지고 만다. 이러한 상태에서의 인정투쟁은 생사투쟁이 되었던 것이다. 역설의 역설이 아닐 수 없다.

두 한국은 기실 부정적 통합의 가장 전형적인 사례에 속한다. 게다가 동근원성과 근린성 역시 예외적으로 장구했다. 따라서 두 근대국가인 남한과 북한 각각의 통합의 정도와 상대와의 배제·적대·증오의 정도는 정확하게 비례했다. 남한과 북한은 내부 통합과 단결을 위해서라도 더욱더 상대에 대한 증오와 적대를 동원했다. 이러한 부정적 통합 과정에 의한 국가 건설 과정이었기 때문에 그것을 극복하기 위한 긍정적 통합은 더욱 필수적이다.

말을 바꾸면 통일은 남한과 북한 모두에게 상대를 포용하고 인정, 용인해야 한다는 점에서 근대국가 건설 과정의 역逆의 과정으로서의 자기부정이어야 한다. 국가 건설의 부정으로서의 통일·

통합 과정이라는 점에서 그것은 역逆국가 건설 과정counter state-mak-ing, 또는 국가 건설 과정 및 논리와의 충돌이라는 의미를 담고 있다. 북한과의 통일정책, 특히 북한을 인정하고 포용하려는 접근이 항상 격렬한 내부 논쟁을 초래하는 연유는 상대와의 생사 투쟁 과정에서 구축된 정통성이자 정당성 때문이다. 따라서 그 상대를 끌어안는 것을 의미하는 통일은 반드시 내부적으로 자기부정의 지형을 통과할 수밖에 없다. 통일 과정에서 동독의 자기부정의 정도가 약했던 것은 서독과 전쟁을 치르지 않았기 때문이었다.

그러나 남한과 북한은 통일을 위해 이미 인류 역사상 가장 잔인한 전쟁의 하나를 치른 바 있다. 통일을 달성하지 못한 채 재분단으로 귀결된 그 전쟁의 후유증은 실로 엄청났다. 따라서 통합의 차원에서는, 이 증오를 극복하는 과정을 통해 새로운 의식과 정체성을 창출하지 않고서는 통일은 더욱 커다란 재앙, 즉 제도 통일=국민 분열=내전으로 다가올 수도 있다. 한국에서 통일은 전후 체제의 극복 과정을 의미하며, 이는 곧 한국전쟁 유산의 극복 과정을 뜻한다. 전후 두 한국은 기본적으로 이 전쟁이 놓은 질시와 인식에 기반해 있었기 때문이다. 따라서 통일은 두 한국에게 상호 상멸의 역사를 극복하는 과정이라는 의미를 가진다.

이 점에서 두 한국의 통일은 전쟁을 치르지 않은 독일의 통일 및 통합 과정과는 근본적으로 상이할 수밖에 없다. 동족상잔의 절멸전쟁을 치렀다는 경험 하나만으로도 한국에서의 통일과 통합이 얼마나 어려운지를 알 수 있는 것이다. 한국에서 동근원성과 근린성 두 요소의 단기적 집중폭발, 즉 한국전쟁으로 인한 증오와 대결은 하늘을 찌를 정도였기 때문에 이 전쟁이 낳은 트라우마의 치유 없이 통일을 말한다는 것은 불가능하다. 그것은 또 다른 갈등과 내전의 가능성을 내장한 채 통일을 이루려는 것에 다름아니기 때문이다. 한국에서 통일의 과정이 반드시 치유의 과정을 포함해야 하는 연유는 이 때문이다. 따라서 먼저 남한에서 과거 저항세력에 대한 포용과 통합의 자세를 보여주어야 하는 이유는 장차 다가올 북한과의 통일을 위한 대비의 성격도 갖는다.

결국 자기정체성의 완화와 타자정체성의 수용은 정체성의 공유sharing로 연결된다. 이는 사회학과 정치학이 문제삼는 정체성과 연대solidarity의 단위unit에 관한 문제라고 할 수 있다. 단순히 두 국민정체성에서 한 국민정체성으로, 또는 국가정체성에서 민족정체성으로 단선적으로 나아가는 것이 아니라 둘을 어떻게 극복하는 동시에 결합하느냐의 문제인 것이다. 통일 이후의 통합은, 근대 이후 한국민들이 한 번도 성공한 바 없었던 최초의 단일 국민을 창출하기 위한 첫 번째 긍정적 통합positive integration의 계기가 되어야 하기 때문이다. 그리고 이러한 사회 통합·국민 통합은 다시 민주주의, 인권, 자유, 평등과 같은 보편가치의 합의와 착근의 성공 조건으로 작용할 것이다.

지금부터 우리는 그러한 보편가치에 대한 한반도 차원의 준비를 갖추어가야 할 것이다. 자주 운위되는 한반도 평화는 말할 것도 없고 더 나아가 한반도 복지, 한반도 인권, 한반도 사회 통합, 한반도 공공안전(치안), 한반도 보건, 한반도 교육 등을 정밀하게 탐색·준비해서 통일 이후를 준비해야 하는 것이다. 그래야만 실제로 통일이 이루어졌을 때 급격하게 대두될 복지, 인권, 국민 통합, 보건, 교육, 공공안전과 같은 문제들에 실패하지 않고 대비할 수 있을 것이다. 이러한 사전대비 없이 맞을 통일은 축복이 아니라, 거꾸로 통일의 과정이 남한의 허약한 내부 통합마저 해체할 위험이 있다는 점을 잊어서는 안 된다. 통일의 과정은 물론 통일 이후 통합의 성공 역시 통일 이전의 철저한 연구와 준비에 달려 있기 때문이다.

다시 강조하지만 우리가 통합에 대한 치밀한 준비와 대책 없이 본격적인 제도통일의 과정에 돌입한다면 통일이라는 말에 걸맞지 않게 숱한 문제들과 맞닥뜨릴 수 있고 나아가 남한과 북한을 해체하고 파괴할 수도 있다. 만약 통일된 민주 정부에게 민족 문제가 극단적인 사회 재분열로 연결되며 '해결 불가능한 문제unsolvable problem'로 상승되어 통일 정부의 문제 해결 수준을 넘어버리고 만다면 통일 정부 자체의 위기로 연결될 것이기 때문이다.[20]

따라서 우리는 통일 이후의 통합 문제에 대해 지금 적어도 세 가지 사례에 대해 심층 연구해 대비할 필요가 있다. 첫째는 한국전쟁 당시 잠시 통일을 이루었을 때 실제로 직면했던 문제들 및 남한과 북한 주민들의 반응에 대해 심층적인 자료수집과 연구에 착수해야 한다. 물론 두 한국과 미국의 당시 점령정책에 대한 분석도 필수적이다. 아직 생존해 있는 일부 체험인사들에 대한 증언 채록도 중요하다.[21]

둘째는 통일 이후의 베트남의 통합 및 갈등에 대한 심층 연구이다. 장기전을 치른 베트남에서는 통일 이후 통합을 위해 어떤 정책을 펼쳤고, 또 어떤 갈등과 후유증이 존재했었는지 연구해 우리의 미래를 위한 반면교사로 삼을 필요가 있다.

셋째는 독일의 사례이다. 현재로서 우리에게 가장 가까운 통합 사례로 다가오는 경험은 역시 독일 통일 및 독일 통합 문제이다. 통일 이전에 많은 노력을 기울였고, 동독 주민이 주도한 밑으로부터의 통일이었음에도 불구하고 통일 이후 독일은 지금에 이르기까지 20년 동안 많은 난제에 직면해 있다. 독일의 경험은 우리에게 통일 이전, 통일 과정, 통일 이후와 관련해 많은 지혜를 제공해주는 선례로 활용할 수 있다.

한 가지 덧붙이자면, 독일 통일의 과정이 곧 유럽 통합 과정과 중첩되었고, 통일독일 국민되기가 유럽(연합) 시민되기와의 병행이었듯, 한국 통일의 과정이 동아시아 통합 과정의 한 부분이자 촉매로 작용하고, 동시에 새로운 통일(한국) 국민되기가 동아시아(공동체) 시민되기와 맞물린다는, 하나의 복합정체성의 창출 과정이라면 더욱 좋을 것이다. 서독의 리더십은 독일 문제를 민족 문제를 넘는 유럽 문제이자 지역 문제로 접근한 혜안이 갖는 적실성을 보여주었다. 한국 통일 문제 역시 이러한 이중의 눈이 필요하다는 점은 새삼 강조할 필요도 없다. 한국 분단이 민족 분단이 아니라 지역 분단이자 국제 분단이었듯 한국 통일을 민족통일이 아니라 지역 통합과 지역 협력의 관점에서 접근하는 이중의 접근, 어쩌면 거기에 또 하나의 길이 있는지도 모른다.[22]

통일과 이후, 최상과 차선

통일 이전, 통일 과정, 통일 이후 모두 변혁과 통일과 통합은 상호 중첩적인 동시에 필수적으로 수반되어야 하는 삼중 요소라고 할 수 있다. 변혁의 과정에 통합이 증진되고 통합의 증진으로 통일이 숙성되며 그 결과로서 다시 통일 이후의 통합을 완성하는 경로를 상정하게 되는 것이다.

우리는 냉전 초기인 1950년대에 직접 전쟁을 치르면서까지 통일을 추구했었다. 냉전의 절정기인 1970년대엔 공산국가가 주도하는 통일을 목도한 바 있고 냉전의 최후 시점에서는 자유국가가 주도하는 통일을 목도한 바 있다. 그리고 이 두 통일 사례의 오랜 통합 과정도 후발주자로서 지켜보았다. 참혹한 전쟁을 치른 우리들 자신의 고통과 후발주자로서 갖게 되는 지혜를 살려 이제 우리는 이들 세 경험을 바탕으로 해 인류와 스스로에게 새로운 변혁, 통일, 통합 경로를 보여줄 혜안을 발휘해야 한다.

무엇보다도 통일의 전제조건으로서 남북 내부 차원에서나 제도적 통일 과정에서 변혁이 적으년 적을수록 통일 이후 통합을 위한 광범하고 포괄적인 사회 변혁 조치를 수행해야 한다. 그럴 경우 통일 이후의 한국 사회에는 상당한, 때로는 감당하기 어려운 난관과 갈등을 초래할 것이 분명하다. 분단상태나 통일 과정에서의 변혁이 적었기 때문에 통일 이후 진정한 통일과 통합 조치를 실행하지 않을 수 없을 때 그때서야 변혁 조치를 단행해야 하기 때문이다. 남한과 북한의 내부 변혁, 특히 북한의 내부 변혁이 통일과 통합의 전제조건으로 필수적인 연유는 여기에 있다. 동시에 보편적 가치를 가진 사회를 추구하는 현재의 내부 변혁과 남북 근접화가 사실은 가장 좋은 통일 및 통합 준비라는 것도 이러한 함의를 갖는다. 경제적으로 따져보아도 비용 또한 가장 적게 소모될 것이다.

이제 결론을 맺을 때이다. 우리가 최상의 조합을 추구한다면 그것은 '내부' 변혁→'남북' 근접화→통일→'통일 이후' 통합의 순서로 진행되어야 한다. 앞의 논의에 비추어 살펴보면 이것이 우리 앞에 놓여 있는 가장 이상적이고 바람직한 경로이자 조합임을 발견하게 된다.

차선의 순서는 변혁→통일→통합이라고 할 수 있다. 독일의 경우가 여기에 해당될 것이다. 현재 독일은 통일 이후 통합을 위한 새로운 변혁을 시도해오고 있다. 적어도 변혁 없는 통일은 매우 위험하고 때론 거의 불가능하며 또 다른 재앙으로 연결될지도 모른다. 그럴 때 통합의 어려움은 더 말할 필요도 없다.

세 번째로 통일→통합→변혁의 경우에도 우리는 어렵지만 적지 않은 비용을 치르며 적절한 현실적 경로를 모색할 수 있을지 모른다. 통일 이후 낮은 수준의 최소 통합을 이룬 뒤 함께 변혁을 향해 나아가는 것이다.

그러나 통일→변혁→통합의 순서가 될 경우 우리는 최악의 시나리오 또한 각오해야 할 것이다. 통일 이후의 변혁 과정에서 새로운 분쟁, 갈등 또는 전쟁을 통과해야 하는 과제에 직면하게 될 것이기 때문이다. 그리고 최후의 단계로 상정한 통합은 시도조

통일 이후 통일을 생각한다

차 해보지 못한 가운데 재분단과 재분열로 치달을 위험성을 안고 있다.

　오랜 망국과 분단에도 불구하고 국제질서를 활용해 국권 회복과 경제 성장-민주 발전을 이룬 집합적 경험을 오늘에 살려 우리 한국민들이 통일과 통합 문제에 있어서도 그에 못지 않은 지혜를 보여줄 수 있기를 소망해본다. 아니, 산업화와 민주화보다 훨씬 더 큰 지혜를 모으고 발휘할 수 있기를 기대한다.

1 전자에 대해서는 한명기, 《임진왜란과 한중관계》(서울: 역사비평사, 1999); 동북아역사재단, 《임진왜란과 동아시아세계의 변동》(서울: 경인문화사, 2010); 한일관계사연구논집 편찬위원회, 《동아시아 세계와 임진왜란》(서울: 경인문화사, 2010)를, 후자에 대해서는 Key-Hiuk Kim, *The Last Phase of the East Asian World Order; Korea, Japan, and the Chinese Empire,1860~1882* (Berkeley and Los Angeles; University of California Press,1980); 김용구, 《세계관 충돌과 한말 외교사, 1866~1882》(서울: 문학과지성사, 2004); 김용구, 《세계관 충돌의 국제정치학》(서울: 나남, 1997)을 참조.

2 이 문제에 대한 최근의 간략하고 포괄적인 안내는, 이기식, 《독일 통일 15년의 작은 백서》(고려대학교 출판부 ,2008); 김동명, 《독일 통일 그리고 한반도의 선택》(한울아카데미, 2010)을 참조.

3 Dunkwart A. Rustow, "Transition to Democracy: Toward a Dynamic Model," *Comparative Politics*, Vol. 2 (1970), pp. 350~352.

4 이 점은 이른바 민주평화democratic peace테제를 고려할 때 더욱 적확하다고 할 수 있다. 이에 대해서는 김석우, 〈민주적 평화와 안보협상〉, 《국제정치논총》 제37집 1호(1997), pp.83~107; Michael W. Doyle, *Ways of War and Peace* (New York: W · W · Norton and Company,1997); Bruce Russett, *Grasping the Democratic Peace: Principles for a Post-Cold War World* (Princeton: Princeton University Press, 1993); Michael Brown, *Sean Lynn-Jones and Steven Miller eds., Debating the Democratic Peace* (Cambridge: The MIT Press, 1996); Miles Kahler ed., *Liberalization and Foreign Policy* (New York: Columbia University, 1997)를 참조.

5 이 점에 대해서는 이동기, 〈보수주의자들의 '실용주의' 적 통일정책 — 1980년
대 서독 콜 정부의 동방정책 계승〉, 《역사비평》 83호 (2008년 여름), pp.
350~373을 참조.

6 이하의 논의는 동아시아 전통질서를 반근대 국제 체제/반근대 국제질서semi-
modern international order로 보고, 구성국가들을 반근대국가semi-modern
state로 해석하는 필자의 또 다른 견해와는 일정하게 긴장되나 이 문제에 대해
서는 추후 경험적·이론적으로 상론하고자 한다. 이에 대해서는 Myung-Lim
Park, "Metopia Through Mezzo Integration: Regional Order and Regional
Integration in East Asia — Some Peculiarities, Uniqueness, and Future
Vision", Paper Presented at the Association for Asian Studies Annual
Meeting 2010, Mar, 25~28, 2010. Philadelphia Marriott Downtown,
Philadelphia, USA. 필자가 이해하기에 동아시아 전통 및 근대질서에 대한 정
확한 경험적 분석과 이론적 해석은 한국 통일 문제를 이해하고 준비하는 데 결
정적으로 중요하다.

7 Ernest Gellner, *Nations and Nationalism* (Itacha and London: Cornell
University Press, 1983), p.1

8 Eric Hobsbawm, *Nations and Nationalism Since 1780* (Cambridge;
Cambridge University Press,1990), p.66

9 국민 형성에 대해서는 Bendix, Reinhard, *Nation-building and Citizenship;
Studies of Our Changing Social Order* (Berkeley and Los Angeles:
University of California Press, 1977)를 참조.

10 이 문제에 대한 심도 깊은 경험적·역사적 논의는 이철우·이호택, 〈韓人(한
인)의 분류, 경계 획정 및 소속의 판정의 정치와 행정〉, 한국 사회사학회, 서울
대 통일평화연구소, 한국학중앙연구원 현대한국연구소 공동주최 학술대회,
《민족공동체의 현실과 전망: 분단, 디아스포라, 정체성의 사회사》(서울대학교
호암교수회관, 2009년 9월 4~5일), pp.167~206을 참조.

11 〈귀순북한동포보호법〉, 1993년 6월 11일 제정. 법률 제4568호.

12 〈북한이탈주민의 보호 및 정착지원에 관한 법률〉(1997년 1월 13일 제정. 법률
제5259호.)

[13] 독일연방공화국 기본법 제23조를 말한다. "이 기본법은 우선 (서독 관할 지역 주 이름 명기)……제 주의 영역에 적용된다. 독일의 그밖의 영역에서는 그들이 가입 후에 효력을 발생한다." 장명봉, 《분단국가의 통일과 헌법》(서울: 국민대학교 출판부, 2001), p.196

[14] 이 점에 대해서는 졸고, 〈남한과 북한의 헌법제정과 국가정체성 연구: 국가 및 헌법특성의 비교적·관계적 해석〉, 《국제정치논총》 제49집4호(2009), pp. 235~263을 참조.

[15] 이 점에 대해서는 Bruce Cumings, *The Origins of the Korean War*, Vol.I: Liberation and the Emergence of Separate Regimes, 1945~1947, Vol.II: The Roaring of the Cataract, 1947~1950 (Princeton: Princeton University Press, 1981.1990). 서중석, 《한국현대 민족운동연구 1》, 《한국현대 민족운동 연구 2: 1948~1950》(서울: 역사비평사, 1991, 1996)을 참조.

[16] 통일부 공식통계에 따르면 2010년 7월 현재 탈북자는 총 19,391명에 달한다. 통일부 "북한이탈주민 입국현황".
http://www.unikorea.go.kr/CmsWeb/viewPage.req?idx=PG0000000365

[17] Hans–Ulrich Wehler, 이대헌 역, 《독일제2제국》(신서원, 1996), pp.173~180; Geoff Eley, "The British Model and the German Road: Rethinking the Course of German History before 1914," in David Blackbourn and Geoff Eley, *The Pecularities of German History; Bourgeois Society and Politics in Nineteenth–Century Germany* (Oxford; Oxford University Press,1984), p.142.

[18] 냉전원수 만들기 개념에 대해서는 Ron Robin, *The Making of the Cold War Enemy* (Princeton: Princeton University Press, 2001) 참조.

[19] 필자는 향후 두 한국의 동질성과 동근원성에 대한 사회심리학적·역사적 천착이 둘의 갈등, 적대, 통일, 통합 문제를 이해하고 해결하는 데 있어 매우 중요한 단서가 될 수 있다고 판단한다. 따라서 차제에 우리가 그동안 무의식적으로 간과했던 이 문제에 대해 한국 사회와 학계의 심도 깊은 공동연구를 제안하고 싶다.

[20] 이 점은 아래로부터 시사를 얻어 약간 변용해 인용했다. Juan J. Linz, *The*

통일 이후 통일을 생각한다

Breakdown of Democratic Regimes: Crisis, Breakdown, and Reequilibration (Baltimore; The Johns Hopkins University Press, 1978), pp. 49~55.

[21] 1950년 남한과 북한에 의해 일시 통일이 이루어졌을 때 나타났던 문제들에 대한 상세한 분석은 졸저, 《한국 1950: 전쟁과 평화》(서울: 나남, 2002), pp. 195~391, 549~647을 참조.

[22] 국제성과 지역성을 고려해 한국 문제에 접근하고 해결하려는 문제의식은 매우 중요하나 본고에서는 생략한다. 이에 대해서는 졸고, 〈동북아 공동체와 한반도 평화: 쌍방향 선순환 구조의 모색〉, 임혁백 · 이은정 공편, 《한반도는 통일독일이 될 수 있을까? — 베를린 장벽 붕괴 20년이 한반도 통일에 주는 교훈》(송정, 2010), pp.401~428을 참조.

통일 후 남북한 경제 통합

—독일 통일의 경험에서 보는 남북한
단일 노동시장 형성과 사유재산제 확립 과제

김영윤

통일 후 남북한 경제 통합
— 독일 통일의 경험에서 보는 남북한 단일 노동시장 형성과
사유재산제 확립 과제

문제 제기

한반도의 통일은 북한을 무너뜨려 통일하는 것이 아니다. 그러나 북한이 자체적으로 붕괴된다면 사정은 달라진다. 어쩌면 통일의 길로 들어갈 수밖에 없는 상황이 전개될 수도 있다. 그래서 통일의 기회가 도래했을 때 놓쳐서는 안 된다는 이야기가 나온다. 이는 그와 같은 상황이 전개되었을 때 시간적으로 빠른 통일을 해야 한다는 의미일 것이다.

작금 남한의 많은 사람들이 남북한 통일에 대해 이전보다는 훨씬 더 적극적으로 생각하게 되었디. 특히, 이명박 대통령이 2010년 8월 15일 광복절 경축사에서 '통일세'를 언급한 이후 더 그렇다. 통일될 경우 필요한 비용은 얼마나 될 것이며, 또 그것을 어떻게 조달해야 할 것인가에 대해서도 자연스럽게 논의가 이루어지고 있다. '통일세'와 같은 재원 조달의 수단을 이야기하는 것은 기본적으로 통일에 대한 대비, 어쩌면 북한의 급작스런 상황 발생에 따라 대처해야 한다는 의식 때문일 것이다. 이는 그만큼 통

일을 임박한 일로 보고 있음을 의미한다. 다시 말해 남북 간의 급진적인 통일, 일반적으로 북한의 붕괴에 따른 통일을 염두에 둔 것이다.

만약 그와 같은 급진적인 통일을 해야 할 상황이 되면, 북한 지역과의 통합을 위해 즉각 실행해야 하는 경제 분야의 긴급 대책과 제도적 차원의 과제가 있을 것이다. 예를 들어 북한 지역에서 나타날 수 있는 대규모 인구이동과 대량실업 문제에 대한 대책이 그러하다. 그렇지 않을 경우, 통일한국이 당면하게 될 부담은 기대했던 이상으로 커질 수 있다. 그밖에도 북한 지역에 시장경제 체제를 도입하기 위해 반드시 추진해야 할 사유재산제도의 확립과 제도적 과제도 있다.

이 글의 목적은 동서독과 같은 급진적인 방법에 의해 남북한이 자본주의 시장경제 체제로 단일화할 경우, 남북한이 이루어야 할 경제 통합의 과제를 독일 통일의 경험을 빌려 조망해 보는 데 있다. 특히, 급진적인 통일 시 당면하게 될 노동시장의 통합 문제와 제도적 통합에 있어 가장 중요한 과제인 사유화 문제를 중점적으로 고찰하고자 한다. 이 글은 통일에 따라 북한 사회주의 경제 체제가 남한의 시장경제 체제로 통합·대체되는 것을 상정하는 한편, 그것이 비교적 빠른 시간 내 이루어지는 것을 전제하고 있다는 점을 언급한다. 또한 독일 통일의 사례를 통해 주로 통일 초기에 발생하는 문제를 중심으로 조망하고자 한다. 이는 남북한 통일에서 참고할 수 있는 독일 통일의 시사점이 주로 통일 초기에 집중되었을 것으로 판단했기 때문이다.

통일 이후 통일을 생각한다

먼저 독일 통일의 과정과 통일에 따라 발생한 일반적인 경제 문제를 언급한 후, 남북한의 급진적인 통일 이후 전개될 경제 통합의 문제를 살펴보고 이에 대한 대책을 위 두 분야에 국한해 제시하고자 한다. 그외 경제 통합을 위한 과제로서 가격 자유화, 경제심리 문제를 비롯, 경제 통합을 실질적으로 가능하게 하는 산업 분야의 통합과 경제 통합의 수단이 되는 재원 문제로서의 통일 비용에 대해서는 지면 관계상 생략한다.

독일의 경험과 남북한 경제 통합 문제

1. 독일 통일에 따른 경제적 조치

1990년 7월 1일 제1차 〈동서독 화폐·경제·사회 통합에 관한 국가조약〉(이하 통합조약이라 약칭함)이 발효됨에 따라 동서독은 단일경제권을 형성하게 되었으며, 동독 지역의 경제질서도 사회적 시장경제 질서로 전환하게 되었다.

동서독이 정치 통합(1990.10.3)보다 화폐·경제 통합이 먼저 이루어진 것은 1989년 11월 9일 동서독 장벽이 무너진 이후 동독 주민의 집단적인 서독 이주가 증가하고, 동독의 정치 체제 붕괴에 따른 경제 위기와 사회적 긴장이 고조되자, 동독 주민을 동독 지역에 잔류시킬 수 있는 조치가 필요했기 때문이었다. 즉, 독일 통일을 위해서는 동독 주민의 어려운 생활사정을 감안하고, 동독의 사회주의 경제를 조속히 사회적 시장경제 구조로 전환시켜 경제 발전을 앞당기게 하는 것이 무엇보다도 중요했기 때문이다. 서독은 동독의 경제 수준을 끌어올리지 못할 경우 급증하는 동독 주민의 서독 이주를 억제할 수 없을 것으로 보았다. 이에 따라 동서독의 화폐 통합은 결과적으로 단기간에 걸쳐 이루어졌으며 이것이 곧바로 경제 통합으로 이어졌다.

동서독 정부는 단일경제권 형성을 위해 여러 가지 조치를 취했다. 가장 먼저 취한 조치는 통화 단일화였다. 동독 정부는 1990년 7월 1일부터 서독연방은행이 발행하는 지폐와 주화를 동독의 정식 화폐로 통용되도록 했다. 이에 따라 동독 지역에서 서독마르크화가 공식 지급·결제 및 가치 저장수단이 되었으며, 서독연방은행은 통화 단일화를 위한 실무를 관장하고 발권은행으로서 동독 지역에서의 금융정책에 관한 책임까지 맡게 되었다.

경제구조 조정과 관련된 조치도 취해졌다. 동서독은 동독의 경제가 서독의 경제와 동질화할 수 있도록 시장경제 원리를 도입하고, 민간이 주도하는 경제활동을 장려하는 한편, 국유자산의 사유화, 동독 잔여부채의 서독마르크화로의 전환, 베를린협정에 규정된 동서독 간 결제절차의 폐지, 동독 기업의 구조적 적응을 위한 재정 지원 등의 조치를 취해나갔다.

그밖에도 국가예산 및 재정과 관련된 조치도 취했다. 즉, 동독 지역 예산을 서독의 예산구조에 따라 수립하도록 했으며, 서독의 조세제도를 동독에 도입하고, 동독 지역에 대한 투자가 활성화할 수 있도록 조세와 금융 분야의 지원을 실시했다.

이상과 같은 경제 통합과 관련해 직면·해결해야 했던 문제들은 다음과 같다. 첫째, 사회주의 경제 체제가 사회적 시장경제로 전환하는 데 필요한 시간 설정, 즉 화폐 통합 속도와 관련된 문제가 있었고 둘째, 상이한 체제가 통합되는 시점에서 두 체제의 경제력을 어떻게 평가할 것인가 하는 경제 능력 비교 문제도 해결해야 했다. 셋째, 체제 전환과 관련해 동독이 서독의 체제를 도입하는 과정에서 필수적으로 해결해야 할 문제(가격 개혁, 산업구조 조정, 생산수단의 사유화, 시장경제를 위한 법적·제도적 보완 문제, 통일 비용 조달 문제 등)들과도 맞닥뜨렸다.

화폐 통합에 적용된 동서독 화폐 간의 교환비율은 임금이나 연금, 장학금과 같은 플로우Flow인 부분에 대해서는 1 대 1로 했다. 1 대 1 환율을 통해 동독 주민들은 이전보다도 훨씬 높은 수준의 소득을 창출할 수 있었다. 이를 통해 동독 주민들이 경제활동에 있어서 이전보다 훨씬 더 적극적인 동기를 부여받고, 근무의욕이 높아짐으로써 노동 생산성을 향상시킬 것으로 보았다. 그러나 1 대 1의 화폐 교환은 긍정적인 효과보다는 오히려 다음과 같은 문제, 즉 다른 재화의 가격 상승에 따른 인플레이션 유발, 동독 지역 수요 초과 현상에 따른 수요 견인물가 상승, 임금인상에 따른 동독 재화의 경쟁력 상실을 야기하는 등 부작용이 더 심했다.

한편, 시장경제 체제 구축 문제와 관련해서는 가격 개혁(가격 자율화) 문제와 재산권 반환 문제, 국영기업의 민영화 문제, 시장경제를 위한 법적·제도적 보완 문제 등이 대두되었다. 우선 가격 개혁 문제와 관련해 가격 자율화를 어떤 방법으로 실시할 것인가

하는 점이 가장 중요했다. 다시 말해 가격 자율화를 동시에 모든 분야에 실시할 것인가 아니면 단계적으로 실시할 것인가의 문제였다. 가격 개혁을 선별적·단계적으로 실시해야 한다는 입장은 가격 자율화로 인한 생필품이나 기본 서비스 가격 인상이 경제 전체에 큰 영향을 미치고 사회 불안을 야기할 수 있다는 판단에 근거했다. 반면, 가격 개혁을 일시에 전 부문에 걸쳐 실시할 수밖에 없다는 주장은 시장경제 체제에서는 모든 재화의 가격이 직간접으로 연계되어 있어 단계적인 추진 자체가 불가능하다는 판단에 근거했다. 독일 정부는 동독 경제가 서독에 편입됨과 동시에 급진적 가격 자유화의 방법을 동원, 1990년 7월 1일부터 각종 보조금제도를 폐지하고 체신·교통·집세·임대료·에너지 가격을 제외한 가격을 일시에 자율화했다.

소유재산권과 관련해서는 소유권 반환대상과 권리 규명을 명확히 할 수 없는 부분이 있었기 때문에 실시 초기부터 어려움이 많았다. 서독으로 이주한 동독 주민에 대한 재산권 보호와 관련, 동서독이 각각 다른 규정을 적용했기 때문에 재산권에 대한 명확한 판정을 내리기가 어려운 부분도 있었다. 또한 소유권이 불분명한 재산과 불법·부당하게 행사된 재산권에 대한 판정이 오해를 불러일으킬 수 있는 여지도 갖고 있었다. 신고대상 토지의 상환 방법, 보상에 필요한 가치 평가, 보상 기준 등 세부적인 규정을 결정하는 데 오랜 시간이 필요했기 때문에 동독 지역에 민간 투자가 지연되고 자본 이전이 억제되기도 했다. 그리고 동독 지역 기업의 재산에 대한 법적 소유권 관계가 불분명하고, 동독 사

통일 이후 통일을 생각한다

회주의 체제 하의 유산을 그대로 안고 있었기 때문에 동독의 국영기업체를 인수하는 기업은 상당한 부담을 안게 되었다. 동독기업의 경우에는 자산을 평가만 하는 데에도 문제가 많았다.

경제구조 및 체제 단일화와 관련해서는 산업구조의 조정과 경쟁력 제고, 새로운 금융질서 확립이 주요과제로 부각되었다. 이와 관련해서도 많은 어려움이 제기되었는데, 이는 동독 지역의 산업구조가 크게 불균형을 이루고 있었기 때문으로 평가된다.

동독 경제가 시장경제 체제로 전환되는 과정에서 국가보조금 폐지, 서독으로의 이주에 따른 노동력 유출, 석탄·광업·화학 등 환경과 밀접한 관련이 있는 분야에 대한 생산 제한, 동독 제품에 대한 수요 위축 등이 동독의 생산성을 크게 저하시키고 가격 경쟁력을 크게 약화시켰다. 또한 통일 전까지 동독의 은행체계는 민간은행의 기능을 갖지 못하고, 국가은행이 중앙은행과 시중은행의 역할을 모두 담당했다.

새로운 금융 체제를 도입하는 과정에서 직면했던 문제점으로는 우선, 구체제의 금융제도가 그대로 잔존해 새로운 금융 체제가 확립되기까지는 많은 시간이 소요되었던 문제와, 사회주의 계획경제 하의 만성적 초과수요 현상이 가격 통제로 인해 인플레이션으로 연결되지는 않았으나, 화폐가 1 대 1의 높은 비율로 교환됨에 따라 과잉유동성이 서독 지역의 인플레이션 압박요인으로 작용했던 점을 들 수 있다. 그밖에도 금융 분야의 노하우를 가진 전문 인력이 동독 지역에 부족했으나, 이를 보충할 서독의 전문 인력들은 동독 지역의 사회여건이 서독과는 비교되지 않을 만큼

열악했기 때문에 동독 지역으로 이주하는 것을 원하지 않았던 문
제도 있었다.

2. 통일 후 남북한 경제 통합 문제

경제 통합의 정책적 해결 과제: 노동시장 단일화 문제

동서독의 경우와 같은 급진적인 통일을 이룰 경우, 남북한 경
제도 경제 통합을 위한 긴밀하고도 긴급한 문제 해결에 직면하게
될 것이다. 물론, 급진적인 통일에 따라 경제 통합을 하기보다는
통일 이전부터 경제 통합의 길을 모색하는 방법이 더 바람직하
다. 그러나 아무리 준비를 많이 한다고 해도 일단 통합 과정에 들
어서면, 점진적 통합 과정에서 준비할 수 없었던 상황적 문제에
봉착할 가능성이 크다.

통일이 급진적으로 이루어짐으로써 직면하게 될 문제, 즉 통일
정부가 긴급하게 정책적으로 대처해야 하는 가장 중요한 문제로
는 무엇보다도 북한 주민들의 남한 또는 해외로의 이탈과 관련
된 노동시장 통합을 들 수 있다. 남북이 정치적인 '통일'에 접근
할 경우, 북한 주민은 곧바로 통일한국 주민으로서의 자격을 요
구할 것이며, 거주 이전의 자유를 가지려고 할 것이다. 통일이
이루어지는 시기를 즈음해 많은 북한 주민들은 자유롭고 풍요로
운 남한 사회에 대한 동경, 더 나은 교육 기회 획득, 상대적 우위
의 문화시설 이용, 이산가족의 재결합 등을 이유로 거주지와 직
장을 이탈, 남한으로 이주하려고 할 것이다. 특히, 통일 후 당국

에 거는 북한 지역 주민들의 기대와 욕구가 팽배해질 것인데, 이 것이 단기간 내 충족되지 못하거나 또는 못할 것으로 판단할 경우, 많은 북한 지역 주민들이 남한 지역으로 이동할 가능성이 크다. 그밖에도 북한 사회주의 경제의 낮은 생산성, 계획경제 하에서 만성적 물자부족으로 억제되었던 북한 주민들의 물질적 욕구가 한꺼번에 남한 상품으로 집중할 경우, 북한 지역의 생산 체계가 붕괴됨으로써 대량실업을 피하기 어려울 수 있다. 그럴 경우 실업자들이 대규모로 남한 지역으로 일자리를 구하기 위해 이동할 수 있다.

경제 통합의 제도적 과제: 시장경제 체제로의 전환과 사유화 문제

통일에 따라 정책적으로 긴급히 대처해야 하는 문제 외에도 제도적으로 추진해야 할 과제가 있다. 사회주의 경제 체제의 시장경제 체제로의 전환은 사회주의 경제를 뒷받침한 제도적 장치를 전환[1]하는 것을 의미한다. 여기에는 무엇보다도 북한 지역에서 생산자와 소비자의 자유로운 시장 잠입과 시장으로부터의 이탈이 법석 · 세도적으로 보장되어야 된다. 그리고 시장활동으로부터 얻은 이익이나 잉여가 생산자나 소비자 자신에게 귀속되어야 한다. 만약, 경쟁을 통해 얻은 이익이 자신에게 귀속되지 않을 경우, 아무도 자신의 능력을 시험받는 시장에 참여하려고 하지 않을 것이다. 경쟁시장은 재산권의 사적 보장, 즉 사유재산제도가 성립할 때에만 존재할 수 있다. 재산권의 사적 보장은 재산관계를 개인의 책임 하에 형성해나갈 수 있도록 함은 물론, 민주주의

기본질서의 최고이념인 개인의 존엄과 가치를 보장하는 가장 중요한 수단이 된다. 동시에 모든 경제 주체들의 동기에 자극을 줌으로써 경제의 효율성과 발전에 큰 영향을 준다.

　재산권의 사적 보장은 재산권에 있어 소유의 절대성(불가침성)과 자유성의 보장에 근거하고 있다. 이는 재산권의 절대성 혹은 불가침성이 소유권이 재산에 대해 정의되는 다른 민법상의 권리, 즉 임차권, 저당권 및 그밖의 물권에 대해 우월적 위치를 갖는다는 것을 의미한다. 그럼에도 불구하고 소유권과 임차권이 갈등관계에 있을 경우, 기업가의 정상적인 활동이 소유주의 권리 남용에 의해 구속받지 않아야 할 필요가 있다. 다시 말해 재산 소유의 절대성을 자본활동을 방해하는 정도로 보장해서는 바람직하지 않다는 것이다. 임차권은 제3자에 대해 대항력을 가지며 그 존속기간이 안정되고 양도, 임대, 저당권 설정의 자유가 보장되는 정도가 되어야 할 것이다.

　사유재산제도가 시장경쟁을 통해 효율적으로 유지되기 위해서는 기업활동과 운영이 국가 간섭을 벗어나 스스로의 책임 하에 이루어질 수 있어야 한다. 기업이 사적 소유관계에서 운영될 때 경쟁시장과 경쟁가격이 형성되고 자원의 효율적인 배분은 물론, 기술 발전까지 기대할 수 있다. 그러나 통일 후 이루어지는 기업 및 토지 사유화는 자본주의 시장경제 질서에 의해 재산권에 대한 사적 소유가 보장되고, 사적 재산권과 '공공선의 추구' 사이에 조화를 이룰 수 있는 방향으로 추진되어야 할 것이다. 특히, 토지소유제도와 관련한 정책은 보다 신중하게 결정해야 한다. 토지소유

통일 이후 통일을 생각한다

제도는 자유경제질서적인 소유 원칙을 기본으로 하면서도 시장의 원리에 맡겨진 부작용과 문제를 최소화해 공공복리를 증진하는 방향으로 구축하는 것이 남북한과 같은 이질적 체제 간의 통합에 보다 유리할 것이기 때문이다.

경제 통합의 정책적 과제—대량실업 해소 방안

1. 동서독의 경험과 평가

독일 통일 후 동독 지역의 대량실업은 독일 사회가 직면했던 심각한 문제 중 하나였다. 화폐 통합이 이루어진 1990년 중반 구 동독 지역의 고용은 이미 35퍼센트 이상이나 감소했다. 이에 따른 산업생산도 동독 화폐가치로 따져 3분 1이하로 떨어졌다. 동독 지역의 실업자는 통독 이후 1992년까지 큰 폭으로 증가하다가 1993년부터는 그 상승폭이 둔화되었다. 거주지 취업인구는 1992년 80만 명, 1993년 23민 멍이 각각 감소해 실업자 중가수인 1992년의 26만 명과 1993년의 2만 명을 상회했다. 이는 실업자 대부분이 국가의 지원에 의해 구제되고 있었음을 의미한다. 1990년 3월에서 1990년 7월까지 불과 4개월 사이에 동독 지역 산업생산은 약 56퍼센트 정도 감소했다. 반면, 서독 지역의 실업자는 통독 후 1년이 지난 시점까지 통독의 특수로 인해 줄어들었으나, 그 이후부터는 계속 증가했다.

동서독 통일에 따른 동독 지역의 대량실업은 다음과 같은 구조적이며 정책적인 원인에 기인했다.

첫째, 구동독의 산업이 국가의 완전고용정책에 따라 초과노동력 상태에 있었기 때문이었다. 이와 같은 초과고용은 노동시장의 단일화 과정에서 수요와 공급에 의한 조정이 이루어짐으로써 실업으로 이어졌다.

둘째, 동독 지역의 대량실업은 동서독의 통화 통합 당시 책정된 높은 화폐교환율에 기인한 바가 크다. 1 대 1의 교환율 결정은 구동독 주민이 구서독 지역으로의 대량이주를 막기 위해 선택한 정치적 대안이었다. 문제는 높은 환율의 적용이 구동독 주민들의 소득을 증가시켜 구매력을 높이고, 근로자의 근무의욕을 고취[2]해 생산성 향상을 가져올 것으로 기대했으나, 공급 측면, 즉 고임금[3]에 따른 구동독 기업의 생산비용을 상승시킴으로써 기업의 산업경쟁력을 약화시켜 대규모 기업도산을 야기한 것이었다. 기업의 도산은 대량실업을 발생시키고 동독 주민의 서독 이주를 촉진하는 결과를 초래했다. 만약, 독일 정부가 적정환율정책을 추진했더라면 비록 임금격차를 겨냥한 서독으로의 주민 이주가 이루어질 수는 있었겠으나, 동독 경제가 일시에 붕괴되는 현상과 그로 인한 노동자의 실업, 실업으로 인한 심리적인 불안과 사회적 갈등은 크게 억제할 수 있었을 것이다.

셋째, 대량실업 발생 요인은 동독 지역 제품에 대한 수요 감소에도 있었다. 앞서 언급한 바와 같이 통일 전 동독 지역 임금상승은 동독 주민의 소득을 증대시키고 동독 제품에 대한 수요를 진

통일 이후 통일을 생각한다

작시켜 동독 지역의 생산증대에 기여할 것으로 기대되었다. 그러나 통일 후 이와는 정반대 현상이 나타났다. 동독 주민들은 동독 제품을 불신하고 서독 제품을 선호했다. 서독 제품의 선호경향은 감자인 농산물에까지도 나타났다. 1991년 중반부터 동독인의 동독 상품, 특히 식료품에 대한 불신은 다소 완화된 것으로 나타났으나, 통일 초기 동독 상품에 대한 수요 감소는 기업을 도산시키고 실업자를 증가시키는 데 큰 요인이 되었다.

독일 정부는 통일 이후 구동독 지역의 대량실업과 실업에 따른 사회 불안을 극복하기 위해 다양한 노력을 기울였다. 실업 극복을 위한 독일 정부 정책의 기본 방향은 실업자를 구서독 사회보장제도를 통해 흡수하면서 동독 지역에서의 고용 창출을 강화하는 것이었다. 독일 정부는 먼저 구동독 지역에 실업과 관련된 기존의 사회보장제도를 〈통합조약〉의 발효와 함께 도입·적용했다. 실업자 구제책으로는 일반적으로 실업수당, 직업교육수당, 실업자부조금 지급과 직업 재교육 및 전환교육,[4] 단축노동수당, 악천후로 인한 조업단축수당의 지급,[5] 건설업에서의 겨울조업수당, 일반적인 경기침체 시의 일지리 알선 조치, 노년층 노동자에 대한 특별 일자리 알선 조치 등이 있었다. 여기에다 특별히 고용창출프로그램[6]을 운영하는 것을 비롯해 조기정년퇴직에 따른 연금 지급[7] 등의 조치를 취했다.

통일 초기 독일 정부는 기업에 대해 투자보조금을 지급했다. 이를 통해 기업이 경쟁력을 확보, 고용 문제를 해결하는 데 도움을 주려고 했다. 그러나 이미 경쟁력을 상실한 기업까지도 투자

통일 후 남북한 경제 통합

지원의 대상에 두어 효과를 반감시켰다. 이와 같은 지원이 이루어지게 된 것은 통독 이후 발생하는 대규모 실업에 대해 독일 정부가 대안을 마련해야 한다는 사회적인 분위기 때문이었던 것으로 풀이된다. 그렇지만 이와 같은 정책은 오히려 실업자들로 하여금 구체제의 타성에 젖게 하고 기업이 지원에 의존하려는 경향을 갖게 했다.

동서독의 단일 노동시장 형성에는 정치질서가 경제질서를 지배했다. 정치 논리에 따른 급진적 단일 노동시장의 형성과 노동시장 단일화 당시의 1 대 1의 환율 결정, 단일화 이후 추진된 급격한 임금인상 등은 동독 주민의 소득을 증가시켜 서독 제품과 서방국가의 재화를 구입하는 데는 기여했지만, 전 산업 부문에 대량실업을 야기함으로써 구동독 지역 경제에 치명적인 타격을 안겨주었다.

이런 점에서 볼 때, 동서독의 노동시장 단일화는 단일 노동시장 형성을 위한 정치적인 힘이 경제적인 합리성과 조화를 이룰 때만이 성공할 수 있음을 인식하게 한다. 사실 통화 통합 당시 독일 정부가 동독 주민의 대서독 이주를 억제하기 위해 취했던 고환율정책과 고임금정책이 효과 면에서 그리 큰 성과를 발휘하지는 못했다. 동서독 간 〈통합조약〉에 따라 1 대 1의 환율이 결정된 이후에도 많은 동독 주민이 서독으로 이주했다. 이주민에 대한 숫자가 국경 개방 이후 정식통계에 잡히지 않았기 때문에 정확히는 나타나지 않고 있으나, 〈통합조약〉이 체결된 1990년 5월 이후 1990년 9월까지 5개월 동안 9만 8,000명 정도의 동독 주민이 서독으로 이주했다. 이 규모는 장벽이 무너지고 제1차 국가조약이 체결되기 전인 1989년 12월부터 1990년 4월까지 5개월 동안 이주한 18만 8,000명의 절반 정도에 해당한다. 즉 동독 주민이 서독으로 이주한 것이 동독 주민의 소득에 주원인이 있었다고 하기보다는 구동독 지역에서의 실업상태가 서독 지역으로의 이주를 결정하는 주요인이었던 것으로 평가된다. 물론, 독일 정부가 적정 환율을 택했을 경우에도 더 많은 동독 주민이 서독으로 이주했을 것이다. 그러나 중요한 것은 환율의 크기와는 관계 없이 노동력 이주가 발생할 수밖에 없었다면, 경제에 미치는 효과를 고려해 환율을 결정하는 정책이 동독 지역 기업의 대량도산 방지에 도움이 되었으리라는 것이다. 독일 정부의 고환율정책과 임금인상정책은 동독 주민의 소득을 향상시키기는 했으나 그 소득 증가가 서독 제품의 소비에 집중됨으로써 동독 기업의 생산 감소에 결정적인 역할을 했다. 그 결과 동독 기업의 경쟁력이 저하되었으며, 기업 경쟁력의 저하는 기업도산을 유발, 실업자를 발생시켜 궁극적으로 서독으로의 이주를 가속화시켰다. 화폐의 실질가치를 감안한 적정교환비율이 채택되었다면 이주는 불가피했다고 할지라도 기업도산과 대량실업은 방지할 수 있었을 것이기에, 대량이주 방지를 위해 1 대 1로 교환비율을 결정한 것은 지나친 기우였다고 판단된다.

2. 남북한 단일 노동시장 형성 대안

남북한의 노동시장이 동서독과 같이 급진적으로 단일화될 경우, 북한 지역의 경제 붕괴, 실업 및 노동력의 대량이주 등 구동독 지역에서 발생한 문제와 유사한 상황이 일어날 가능성이 크다. 급진적 노동시장 통합이 초래할 문제점은 경우에 따라 동독 지역보다 훨씬 더 심각할 수도 있다. 따라서 이에 대처하는 방법은 독일이 취했던 방법상의 경험을 원용하면서도 우리 실정에 맞는 방법을 개발하는 것이다. 노동시장 문제 해결을 위한 국가의 역할은 해결해야 할 문제 대상과 상황에 따라 달라져야 할 것이나, 중요한 것은 독일 통일의 경우와 같은 대량실업과 노동력의 대량이주가 발생하지 않도록 해야 할 것이라는 점이다.

북한 노동력 이주 문제

남북한의 체제 단일화에 따라 발생하는 남한으로의 대량이주와 북한 지역의 대량실업을 최대한 억제하기 위해서는 통일 후 북한 지역을 잠정적으로 특별관리할 수 있는 방안을 생각해볼 수 있다. 다시 말해 정치적으로 통일이 가시화되었더라도 동서독의 경우와 같이 곧바로 체제 단일화를 통해 노동력의 자유이동과 임금인상 등의 조치를 취하지 않고 일정 기간 북한 지역을 하나의 '특별경제 지역'으로 관리하면서 남북한 단일 노동시장 형성을 위한 점진적인 조치를 취해가는 것이다. 물론, 통일 이후 북한 지역에서 이주하는 노동력을 직접적이고 인위적인 방법을 동원해 통제하기란

통일 이후 통일을 생각한다

그리 쉽지 않을 것이다. 그러나 북한 지역에서 남한으로 이주할 수 있는 자격을 어느 정도 제한하는 방법을 모색해볼 필요가 있다. 예를 들어 남한의 기업에서 직장을 확보하고, 고용주 측으로부터 일정 기간 이상(예를 들어 3년 이상)을 고용을 보장받은 경우, 남한으로의 이주·정착을 허용하는 것이다. 그리고 남한 지역에서 사업을 영위하기 위한 이주·정착은 일정수 이상의 종업원을 고용한다는 사업 및 투자계획서를 제출, 승인을 받는 자에게 허용하는 것이다. 남한 지역 여행과 친지 방문의 경우에는 남한 지역에서의 체류 허가 기간이 명시된 방문증을 지참하도록 하는 방법을 고려할 수 있다.

이와 함께 북한 지역에서의 잔류를 장려하기 위한 인센티브 제도를 적극적으로 활용할 필요가 있다. 예를 들어 남한 지역으로 이주·정착하는 북한 주민에 대해서는 통일 후 북한 지역의 사유화 과정, 특히, 남북한이 완전히 통합되는 시점(이를테면 통화 단일화가 이루어지는 시점)에서 북한 주민으로서 취득할 수 있는 자산 형성 기회를 가질 수 없도록 하는 것이다. 그럼에도 불구하고 남한으로 이주하는 북한 주민에 대해서는 사회보장 혜택을 주지 않는 방법도 고려할 수 있다.

이와 관련해 중국의 선례는 우리에게 시사하는 바가 크다. 중국 정부는 개혁 이후 자유로운 고용 기회를 찾아 다른 도회지로 거주 이전하는 것은 금하지 않았지만 국가가 보장해주던 주택 공급, 식량 배급, 의료 혜택, 자녀교육 혜택 등은 더 이상 이주자에게 베풀지 않았다. 우리도 통일이 이루어져 일정 기간이 경과한

다음부터는 북한 주민의 자유로운 이동은 보장하되, 북한 노동력이 남한 지역에서 실업자로 남아 있을 경우 이에 대한 국가의 책임을 감소시키는 방법을 크게 고려해볼 수 있다.

대량실업 문제

다음으로 통일 이후 야기될 수 있는 대량실업 문제를 살펴보고자 한다. 통일 후 북한 기업의 민영화가 이루어질 경우, 경쟁력 있는 기업만 살아남고 생산성이 없는 기업은 파산할 수밖에 없다. 이 경우 파산하는 기업의 노동력은 실업상태로 전락하고 만다. 중요한 것은 북한 지역의 실업 발생을 최소화하며, 실업자에 대해서는 사회보장 조치를 통해 흡수하면서 가능한 한 조속히 재취업할 수 있도록 하는 것이다. 그렇다고 해서 실업자의 발생을 지나치게 우려하는 것도 바람직하지 않다. 실업은 기존의 경제적 비효율을 제거하는 과정에서 파생되는 산물이다. 북한 지역 경제의 비효율성을 제거하고 경쟁 원칙에 입각한 기업을 창출하기 위해서는 불가피한 측면이 있다. 북한 지역에서 발생하는 실업은 예외적인 현상이 아니라, 체제 전환과 관련된 문제라는 점에서 오히려 자연스런 현상일 수 있다. 중요한 것은 정부가 실업이 발생하지 않도록 기업의 민영화를 억제하는 것이 아니라 생산성 있는 기업을 창출해, 실업의 장기화를 막는 일이다. 생산성 있는 기업을 창출해 노동 수요를 증대시키기 위해서는 북한 지역에 대한 외부 투자가 신속히 일어날 수 있는, 즉 시장질서에 의해 기업이 운영될 수 있는 환경을 마련하는 것이 중요하다. 예

통일 이후 통일을 생각한다

를 들어 회사의 부채 및 환경오염 처리에 대한 부담을 국가가 책임진다고 하더라도 회사를 인수하려고 하지 않을 경우에는 기업을 도산시키는 방향으로 정책을 설정할 필요가 있다. 회생 불가능한 기업을 보호하기 위해 국가 재정을 낭비하는 일은 지양해야 할 것이다.

임금정책

임금정책과 관련해서도 독일의 사례를 참고할 필요가 있다. 통일 이후 구동독 지역의 임금이 생산성 향상보다 훨씬 높았기 때문에 동독 노동시장에 위기를 초래했다. 남북한의 경우에 있어서는 언급한 바와 같이 통일 후 북한 지역을 일정 기간 특별관리 체제에 두어 급진적인 단일 노동시장의 형성을 억제하는 방법이 필요하다. 그리고 특별관리 기간 동안 북한 지역 노동자의 임금을 시장기능에 의해 결정될 수 있도록 하는 것이 바람직하다. 독일의 경우와 같이 정부가 그릇된 공약으로 북한 지역 주민의 소득 수준이 단기간 내 향상될 것이라는 기대를 조장하는 것은 지양해야 할 것이다. 정부의 신뢰성이 문제가 되면, 저항세력이 등장할 수 있으며, 이것이 사회 체제 전환에 불안요인이 될 수 있다.

독일 정부가 구동독 지역의 실업 극복을 위해 취한 방법 중 수용을 고려해볼 만한 조치로는 기업에 대한 임금보조를 들 수 있다. 독일은 고용창출 조치를 위한 임금보조와 단축노동자에 대한 임금보조로 나누어 시행했다. 임금보조의 큰 장점은 기업의 민영화가 이루어지는 동안 기업을 외부 경쟁으로부터 보호할 수가 있으며 노동자의 임금 수준이 노동생산성보다 다소 높더라도 기업 경쟁력 유지에 도움을 줄 수 있다는 점이다. 자본에 대한 투자 지원은 자본집약적인 시설 투자를 촉진시킬 우려가 있으나, 임금보조는 노동집약적인 투자를 촉진시킴으로써 실업을 저하시키는 효과가 있다. 나아가 기업의 수익성을 증가시키고 기업 가치를 증대시켜 민영화에 따른 기업 매각을 용이하게 할 수 있다. 물론, 고용시장의 위기를 산업 재건과 구조 조정을 위한 민간투자를 통해 극복할 수 있도록 하는 것이 바람직하나, 동독 지역의 투자 장애요인이 조속히 제거되지 않았기 때문에 독일 정부는 기업에 대한 임금보조를 통해 실업사태를 극복하려고 했다. 임금보조에 따른 지출이 실업에 따른 사회보장성 지출보다 적게 발생할 경우, 정부 재정에도 긍정적이다. 뿐만 아니라 이를 통해 기업이 파산되지 않고 가동될 경우, 기업으로부터 조세수입을 기대할 수 있어 정부 수입에도 도움이 된다. 북한 지역에서도 임금보조에 따른 고용증대가 이루어질 수 있도록 조처하되, 초기에는 다소 높은 수준의 임금보조에서 시간이 경과함에 따라 차츰 축소·폐지하는 방향으로 나아가는 것이 바람직할 것이다.

통일 이후 통일을 생각한다

경제 통합의 제도적 과제—사유재산제 확립

1. 독일의 경험과 평가

토지 사유화

동서독 통일과 함께 구동독 지역에 사유재산제도가 도입됨으로써 동독의 토지나 기업과 같은 생산수단이 서독의 자본주의 소유 형태로 전환하게 되었다. 구동독의 토지는 구동독 정부가 국유로 수용한 것도 있으나, 동독 정부 수립 이전 점령군으로 있었던 구소련군이 국유화한 부분도 있었다. 구동독 정부가 정부 출범 이후 수용한 토지에 대해서는 그 소유권을 인정했다. 구동독은 소유권을 증명할 수 있는 토지 등기부제를 계속 유지했다. 이 때문에 통일 이후 국가 소유 또는 협동단체 소유의 토지를 사유화하고, 원소유자에게 반환하는 데 큰 도움이 되었다. 그러나 토지에 대해서는 처분권을 박탈하고 이용권만 인정했기 때문에 토지 소유권은 사실상 토지 이용권에 불과했다. 동독과 서독 정부는 통일 과정에서 협상을 통해 토지 사유화 조치를 취하는 데는 합의했다. 그러나 구소련에 의해 침해된 재산에 대해서는 구체적인 해결을 보지 못하고, '미해결재산'의 범주로 남겨두었다. 그 후 1990년 6월 15일 동서독 정부는 '재산권 문제의 규율에 관한 공동성명'을 발표했다. 이 공동성명을 통해 동독 정권 수립 이전 소련 군정에 의해 몰수된 재산은 동독 정권이 수용한 재산과 동일하게 처리할 수 없다는 점을 확정했다. 즉, 1949년 10월 7일 동독 정권이 수립된 이후에 수용된 재산은 원칙적으로 원소유자 또는 그 상속인에게 반환되어야 하나, 그 이전 소련 군정에 의해 몰수된 재산은 반환하지 않는다는 것이었다. 그 이유는 구동독 정권이 정권 수립 이전 시행한 조치까지 책임을 지는 것은 무리라는 인식 때문이었다.

재산권 문제에 대한 공동성명을 실천에 옮기기 위한 첫 번째 조치로 동독 정부는 1990년 7월 11일 재산청구권 신고에 관한 명령(신고령)을 공포하게 된다. 본 신고명령은 몰수재산의 원소유자에 대한 원상회복 또는 보상을 위한 준비 단계로서 신고대상인의 권리 범위, 신고 절차 등을 규정한 것이었다. 1990년 8월 21일 신고명령이 개정되기도 했는데, 거기에는 나치에 의한 피해자도 신고대상자로 포함되었다.

미해결재산의 반환청구권은 원칙적으로 40년에 걸친 동독의 반법치국가 체제 하에서 부당하게 침해된 모든 재산이 대상이 되었다. 여기에는 토지, 건물뿐만 아니라 그것의 사용권, 동산, 예금재산, 채권, 기업지분권 등도 포함되었다(〈미해결재산법〉 제22조). 그리고 당시 실정에 맞지 않는 낮은 보상조건으로 수용되었거나, 제3자에게 양도된 재산권도 포함되었다. 또 세금 체납 등으로 압류되었거나, 소유권 포기, 헌납, 상속권 포기 등을 통해 사실상 국유화된 토지, 건물과 권력도용·사기 등의 불공정 행위에 의해 양도된 모든 재산, 반법치국가적 형벌, 또는 행정법상의 처분에 따라 몰수된 재산 등도 포함되었다.

미해결재산의 반환청구권은 반환우선의 원칙과 함께 반환우선

통일 이후 통일을 생각한다

원칙의 예외도 인정했다. 법적 안정성과 투자 촉진을 저해할 수 있음을 고려, 다음 세 가지 경우 반환 예외를 인정했다.

첫째, 공용 수용, 집단거주지 조성, 산업적 이용, 기업재산에의 편입 등을 통해 재산의 용도나 목적이 변경되어 공공이익이나 재산 가치 보전의 관점에서 반환이 불가능한 경우(〈미해결재산법〉 제4조 제1항과 제5조), 둘째, 1989년 10월 18일 이전에 종교단체 혹은 공익재단이 합당한 방법으로 소유권이나 토지에 대한 용익물권을 취득한 경우(미해결재산법 제4조 제2항), 셋째, 토지와 건물의 경우 공장 건립, 고용기회 보전 및 확대, 농업진흥 등 국민경제상 긴요한 투자 목적과 관련되어 투자계획이 구체화되어 있으면 일정한 절차에 따른 반환 청구에도 불구하고 제3의 투자자에게 매각 또는 임대될 수 있도록 해(〈통합조약〉 제41조 제2항, 〈미해결재산법〉 제3조 및 투자촉진법 제1조, 제3조) 위와 같은 세 가지 경우에는 보상을 받을 수 있도록 했다.

기업의 사유화와 신탁관리청의 역할

한편 독일 통일 이후 진행된 독일 기업들의 사유화 과정에서는 신탁관리청의 역할에 주목할 필요가 있다. 동독은 1990년 7월 1일 동독 내 콤비나트의 분할 및 국영기업의 사유화를 효율적으로 추진하기 위해 신탁관리청Treuhan-danstalt을 설립했다. 신탁관리청은 통일 이후 7,894개의 인민기업을 소유하게 되었다. 당시 고용인원만 약 400만 명이었으며, 동독 전체 면적의 50퍼센트 이상의 토지를 보유했다. 신탁관리청의 주된 과제는 〈통합조약〉 25조에 의거해 "구동독 국영기업을 경쟁력 있게 구조를 개편하고 사유화"하는 데 있었다. 1994년 12월 31일 해체되기까지 신탁관리청은 본부 외 15개 지부를 가지고 있었다. 통일 당시 사유화에 대한 진단은 낙관적이었다. 1990년 5월 동베를린의 경제부와 재정부가 2,200개의 동독 기업을 대상으로 실시한 조사에는 31퍼센트가 채산성 있는 기업, 42퍼센트는 정상화 가능한 기업, 27퍼센트는 경쟁력에 문제가 있는 기업으로 분류되었다.

이에 따라 통일한 지 1년이 채 지나지 않은 1991년 중반 신탁관리청은 이미 총 23,422개의 소매상, 호텔, 음식점, 영화관과 같은 소규모 업체들을 사유화했다. 이 중 65퍼센트인 1만 5,250개는 경매를 통해, 나머지 8,172개는 폐업 또는 청산을 통해 사유화했다. 1994년에는 기존 동독의 콤비나트로부터 분리된 1만 2,162개의 기업을 처리했다. 그중 3,718개 기업(30.6퍼센트)은 청산, 6,546개 기업(53.8퍼센트)은 사유화, 1,588개 기업(13.1퍼센트)은 원소유자에게 반환, 310개 기업(2.6퍼센트)은 지자체에 넘겼다. 지자체에 넘긴 기업 중 1994년 말까지 사유화되지 않은 66개 기업들은 연방 재무부 산하에 새로 설립된 신탁회사에 넘겨졌다.

1994년 말 신탁청 해체 당시 수입은 399억 서독 마르크(DM), 지출은 1,663억 마르크로 신탁청의 재정적자는 1,264억 마르크에 이르렀다. 수입 399억 마르크는 사유화 수입 253억 마르크, 임대 및 이자 등 수입 97억 마르크, 기타 자산판매 수입으로 구성되었다. 지출과 관련해서는 기업 재정 정상화에 1,034억 마

르크가 소요되었고 나머지 629억 마르크는 신탁청의 운영비 및
재정 지원에 사용되었다. 신탁청은 재정적자 1,264억 마르크
외에도 구부채 청산에 727억 마르크와 기타 지출에 53억 마르
크를 추가 부담해야 했기 때문에 전체 적자는 2,044억 마르크
에 달했다. 1995년 1월 1일부터 신탁청의 부채는 부채청산기금
으로 이전되었다.

신탁관리청이 큰 적자로 활동을 마감한 것은 무엇보다도 사유
화 가격이 낮았고, 기업의 구부채와 환경오염 제거 비용 등을 떠
맡아야 했기 때문이었다. 신탁관리청은 신탁관리청 소유의 모든
재산을 가능한 신속히 사유화하고자 했다. 많은 경우 비공식적인
매각 과정을 통해 사유화했기 때문에 가격이 낮게 책정될 수밖에
없었다. 물론, 신탁관리청이 수입 극대화보다는 고용 안정과 투
자 확보에 더 큰 비중을 두었던 것은 사실이다.

평가

● 재산권의 반환 결정과 대동독 투자 지연

앞서 언급했듯이 독일의 〈통합조약〉은 재산권을 동독 사회주
의 체제 성립 이전의 원소유자에게 반환하는 것을 원칙으로 작성
되었다. 그렇지만 재산권의 반환대상이 명확하지 않은 경우가 허
다했다. 서독으로 이주한 동독 주민에 대한 재산권의 경우, 재산
권의 법적 관계가 불분명했음은 물론, 이에 대한 명확한 판정을
내리기도 쉽지 않았다. 또한 원소유자가 확정되어도 재산권 취득
에 대한 의사결정이 분명하지 않는 경우도 많았다. 원소유자가

자기 자산을 투자·이용하기보다는 단순한 재산 증식의 수단으로 사용하는 경향도 많았다. 그밖에도 신고대상 토지의 반환 방법, 보상에 필요한 가치 평가, 보상 기준 등 세부적인 규정을 마련하는 데도 오랜 시간이 걸렸다. 특히, 동일재산에 2~3명의 이해관계가 얽혀 있을 경우, 이를 분류·심사하는 데만 해도 엄청난 시간과 인력이 소요되었다. 1991년 3월 22일 연방의회가 반환의 예외 규정을 상당히 넓게 규정함으로써 많은 경우 반환 대신 보상이 가능하도록 했으나, 큰 실효를 거두지 못했다. 신탁관리청이 '보상에 우선한 반환'이라는 〈통합조약〉상의 기본 원칙을 수용, 일부 경우에만 예외를 적용했기 때문이었다.

● 졸속 매각과 청산 위주의 기업 사유화

동독 지역의 기업 사유화는 재산에 대한 법적 소유관계가 불분명한 상태에서, 또한 기업이 동독 사회주의 체제 하의 유산(부채, 인력구조 등)이 해결되지 않은 상태에서 추진되었다. 동독 기업을 인수하려 하거나 투자를 의도하는 자에게 이와 같은 문제는 상당한 부담으로 작용했다. 사유화 과정에서 나타난 가장 큰 문제점은 많은 실업자가 발생한 것이었다.[8] 물론, 구동독 기업에는 노동자가 정원보다 크게 초과고용되어 있었기 때문에 근로자 수를 감축하지 않고서는 기업이 노동생산성을 높일 수가 없었다. 그러나 신탁관리청은 동독 기업의 정상화보다는 기업을 헐값에 매각하거나 파산 절차를 밟게 하는 데 더 큰 관심을 두었다. 기업의 졸속 매각·처리에는 기업체의 특성과 시장상황에 맞는 인도조건을 제시할 수 있는 전문인력의 부족도 한몫을 차지했다. 따라서 기업 청산은 정확한 분석과 판단을 바탕으로 이루어지지 못했다. 졸속 매각과 청산 위주의 기업 민영화 결과, 신탁관리청은 해체 시점에 이르러 기업 매각을 통한 통일 비용의 조달은 고사하고 큰 부채만 남기게 되었다.

2. 북한 지역 기업 및 토지 사유화 방안

기본방향

통일 후 기업 및 토지 사유화는 자본주의 시장경제 질서에 의한 재산권에 대한 사적 소유가 보장되고, 사적 재산권과 "공공선의 추구" 사이에 조화를 이룰 수 있는 방향으로 추진되어야 할 것이다. 재산권의 사적 보장은 민주주의 기본 질서의 최고이념인 개인의 존엄과 가치를 보장하는 가장 중요한 수단으로 소유의 절대성(불가침성)과 자유성의 보장에 근거하고 있다. 그러나 자본주의의 발전과 더불어 경제활동의 범위가 확대되고 외부성의 정도가 심해지면서 생산의 사회적 성격과 사적 성격 시이의 괴리가 신화되어 재산권의 자유성을 보장하는 것이 더 이상 이용의 효율성을 극대화하는 것이 될 수 없게 되었다. 재산의 이용권에 일정한 제한을 가함으로써 경제 전체의 효율성을 높이려는 것이 타당성을 얻은 것이다. 이런 이용 규제는 필연적으로 관계된 소유권의 시장가치를 변화시키게 되어 규제에 의해 이익을 보는 측과 손실을 입는 측 사이의 갈등을 발생시키게 된다. 따라서 이용의 자유성에 대한 제한이 정당화되기 위해서는 규제로 인한 사회 전체 편익의 증가가 개인의 희생보다 커야 한다.

　토지소유제도와 관련해서는 보다 신중한 정책적 결정이 요망된다. 다시 말해서 토지소유제도는 자유경제 질서적인 소유 원칙을 기본으로 하면서도 시장의 원리에 맡겨진 부작용과 문제를 최소화해 공공복리를 증진하는 방향으로 수립되어야 할 것이다. 토지를 주민의 개인생활과 직접 또는 간접적인 관련을 갖는 토지로 구분해 직접 관련이 없는 토지, 즉 비생존적 토지에 해당하는 임야와 유휴지 등은 과감하게 국유화해 국가가 관리해야 한다. 그 밖의 주민생활과 직접 관련이 있는 토지에 해당하는 농지와 공장용지, 택지 등 생존권 토지는 사유화하되, 사회적 평등과 경제적 정의를 보다 강화하는 방향으로 결정해야 한다. 이를 위해서는 토지에 대한 "사적 재산권"의 허용과 "공공선의 추구" 사이의 조화를 이끌어낼 수 있는 토지공개념을 적용하는 것이 바람직할 것으로 판단된다.

　따라서 북한 지역 기업 및 토지 사유화 과정을 진행할 때 다음 세 가지를 유념해야 한다. 첫째, 토지의 과다한 사적 소유를 제한해 적정면적의 토지소유가 이루어지도록 해야 한다. 둘째, 토지를 효율적으로 이용할 수 있도록 해야 한다. 이를 위해 산림의 국유화 원칙을 준수하고 농지는 직접 경작하는 경우 외에는 그 취득을 제한하는 것이 바람직할 것이다. 농지의 상속 시에는 직접 경작할 수 있는 자에게 상속하도록 하되, 경작 능력이 없는 상속인에게는 상속 후 일정 기간 내에 경작 능력자에게 매각하도록

통일 이후 통일을 생각한다

하는 정책을 예로 들 수 있다. 셋째, 토지 개발 이익이 사회로 환수될 수 있는 제도적 장치를 갖추어야 할 것이다. 토지 소유자의 개발투자와 사회환경적 요인에 의한 증가분을 제외한 공공의 직접투자와 토지 이용에 따른 가치 증가분은 제도적인 장치를 통해 사회에 환수될 수 있도록 하는 조치가 필요하다. 그 일환으로 투기적 거래가 우려되는 지역과 지가가 급격히 상승하는 지역에 대해서는 거래허가제 및 신고제를 도입하고 양도소득세와 도시계획세를 적용하는 동시에 토지 거래를 통한 자본 이득을 종합소득세의 과세대상으로 삼을 필요가 있다.

세부 추진방안

민영화 대상 북한 지역의 국유재산은 주로 토지를 비롯해 산업재산Industrial property이 될 것이다. 농업 부문에서는 국가적 소유인 협동농장들이, 공업 부문에서는 규모에 따라서 단일기업소, 연합기업소, 종합기업소 등이 산업재산의 주를 이룰 것이다. 서비스업 부문에서는 중앙이 관리하는 도매상업과 지방단체가 관리하는 소매상업에 종사하는 기업들로 대별되는 기업 부문이 존재하고 있다. 그 외에도 군부, 조선노동당 및 각종 단체 등이 소유하고 있는 건물과 토지 등의 부동산도 중요한 비중을 차지하고 있을 것이다. 그리고 기업이나 단체 등에 속하지 않고 도·군·리 등의 지방 행정기구에 소속되어 있거나, 특수사업체의 형태를 띠고 있을 것으로 예상되는 산림과 광산 등의 부속재산 및 탁아소·요양시설 등의 복지관련 재산의 규모도 적지 않을 것으로 보인다. 이러한 산업재산 및 산업관련 재산 외에도 북한 주민이 거주하고 있는 주택과 이에 부속되어 있는 부동산도 집단적 소유로 규정되어 국유재산의 형태를 기초로 장기임대되고 있는 것으로 알려져 있다.

통일 후 북한의 구소유권 문제를 어떻게 개편해야 할 것인가에 대해서는 이 분야에 관심을 가지고 있는 여러 학자들이 다양한 의견을 제시하고 있는데, 주로 북한 지역 소유제도 확립과 구소유권 처리 문제가 논의의 대상이다. 소유권 제도의 확립은 첫째, 북한 지역 재산권의 국유화를 단행하되 북한 주민의 현 이용권을 보장하거나 유상분배하자는 주장과 둘째, 공공용지나 임야 및 유휴지 등 비생존권적 재산에 대해서는 국유화하되 생산에 이용되는 재산은 사유화하자는 주장, 셋째, 전적으로 사유화해야 한다는 주장으로 구분할 수 있다. 특히 농지에 대해서는 북한 농민에게 일정 한도까지 무상분배하고 나머지는 국유화하거나, 북한의 협동농장을 영농회사로 전환하는 것을 포함해 전적으로 사유화하자는 주장으로 나타나고 있다.

북한 토지의 구소유권에 대해서는 원상회복이 불가능함으로 반환불가라는 입장, 토지 매각 등을 통해 금전적으로 보상하자는 주장, 반환 원칙을 고수해야 한다는 주장, 구소유권을 인정하지 않고 전면 재국유화하자는 주장 등으로 나뉘고 있다.

이 글에서는 북한 소유재산권의 사유화 추진은 앞서 제시한 소유재산권제도 개편의 기본 방향에 부합해, 먼저 ① 북한 지역 부동산 소유제도를 효율적으로 처리하기 위해 일시적으로 북한 지

통일 이후 통일을 생각한다

역 재산에 대한 재국유화 조치를 단행[9]하고, 이어서 ② 사유화 대상과 사유화 제외 대상 국유재산을 결정해야 한다. 그리고 ③ 사유화 대상 재산 중 곧바로 사유화를 실시할 수 있거나 해야 할 필요성이 있는 재산을 제외한 나머지 재산에 대해서는 당분간 국유 상태로 둔 채, 공공임대제(토지의 경우)를 실시하면서 상황의 진전에 따라 전반적인 사유제를 실시할 수 있도록 하되, ④ 사유화가 불가능한 재산, 특히 기업에 대해서는 재국유화 이후 곧바로 파산시키는 방법으로 추진할 것을 제안하고자 한다. 요약하면 사적 재산권을 보장하는 방향으로 사유재산제를 추진하되, 토지에 대해서는 상황과 여건에 맞추어 한시적으로 국가 공공임대제를 실시하자는 것이다. 이하에서는 이를 기업과 토지로 나누어 보다 구체적으로 고찰하고자 한다.

● 기업 민영화

북한 지역 기업의 민영화를 위해서는 언급한 바와 같이 먼저 북한 지역 기업의 재국유화와 함께 민영화 대상 및 그 방법을 결정하고 즉시 민영화 대상 기업괴 파산시킬 기업을 구분할 필요가 있다. 이를 위해서는 기업의 사유화를 담당할 '재산관리청'을 신설하고 북한 지역 사유화 대상 기업들을 재산관리청에 등록시켜야 할 것이다. 재산관리청은 이들 기업의 재국유화를 위한 법적 조치를 통해 기업의 운영권을 확보하고 남한 기업의 회계절차에 따라 개시대차대조표을 작성해 기업의 재정상태를 파악해야 할 것이다.

기업의 성격과 내용을 분석해 기업활동을 계속 유지할 수 있는 기업 중에서도 당분간 국가소유 형태를 유지할 기업(기간산업에 속하거나 거대자본을 필요로 하는 기업 등)과 국가가 기업 활성화를 지원하면서 민영화할 기업을 구분할 필요가 있다. 즉시 사유화가 필요하거나 가능한 기업에 대해서는 우선 기업이 투자가와 협력해 자발적으로 사유화를 추진하는 형식을 취하도록 하는 것이 합리적일 것이며, 경우에 따라서는 소규모 기업으로 분리할 필요도 있다. 여기에는 주로 식당이나 여행사와 같은 유통·서비스 부문의 중소기업이나 일부 비농업 분야의 제조기업 등 규모 면에서 소규모인 기업과 대규모 기업이면서도 재무상태나 향후 사업성이 밝은 기업이 그 대상이 될 것이다.[10]

그밖에도 국유재산관리청의 판단에 따라 국가가 지원할 경우 기업의 활성화가 가능한 기업은 재산관리청의 주도 하에 기업을 존속시킨 후 사유화를 추진하는 것이 바람직할 것이다. 정부는 이와 같은 기업을 선정하고 해당 기업이 활성화되는 시점까지 재정적인 지원을 비롯해 법률가나 회계법인 등으로 구성된 자문회사로부터 기업 운영과 관련된 지원을 받을 수 있도록 하는 것도 고려해볼 필요가 있다.

기업 민영화 추진의 효율적 방법은 재산관리청이 먼저 민영화법에 기초해 대상 기업의 목록을 작성하는 동시에 구체적인 민영화 절차를 포함한 사유화 가이드라인을 제시하도록 해야 한다. 그 다음 민영화 대상으로 지정된 국유기업으로 하여금 일정 기한 내 자체 개시대차대조표를 작성하게 하고 현재의 기업활동과 앞으로의 계획을 포함한 민영화 방안을 제시하도록 하는 것이다. 민영화 방안에는 법이 허용하고 있는 여러 가지 민영화 방식 중의 하나를 택하거나 각각 다른 방법들을 복합적으로 적용할 수 있도록 하되, 예상소요기간, 사유화 속도, 영업계획, 예상수입, 유지 가능한 고용 수준이 얼마나 되는지를 명시하도록 해야 할 것이다.

국유재산관리청은 각 산업별로 제출된 민영화계획을 취합해 심사한 후, 사유화 대상 기업들의 상업화commercialization 작업을 실시한다. 상업화 작업은 국유기업의 일부 또는 전체 자산을 특정 주식회사에 이전시키면서 등가의 주식을 확보하는 방법과 국유기업 자체를 새로운 회사 형태로 전환하는 방법을 통해 진행할 수 있다.

기업의 소유권은 크게 매각 및 무상분배 등 두 가지 방법을 통해 이전시킬 수 있다. 매각은 상업화된 기업의 주식이나 기업의 자산을 경쟁입찰, 직접매각, 증권거래소 등에서의 공공매각, 기관판매자에 대한 위탁판매, 경영진 영입 매각 또는 내부 경영진 매입 등에 의한 방법을 통해 치리할 수 있다. 무상분배로는 종업원에 대한 주식의 무상분배와 북한 주민에 대해 주식을 무상으로 분배하는 방법이 있다. 그 외에도 연금기관 등에 자본금의 일부로 주식을 할당, 배분하는 방법 등이 있을 수 있다.

북한 지역 기업의 민영화는 한 가지 방법에 국한하지 않고 기업 민영화계획에 따라 다양한 방법을 모두 동원해 추진하는 것이 바람직할 것이다. 주식의 전부 또는 일부를 국내 혹은 외국 시장에서 공개입찰을 통해 매각public offering하거나, 사전에 결정된 특정 투자가에게 매각하는 사적 매각private placement을 채택[11]할 수도 있는데, 그 가장 큰 장점은 국가가 기업을 현실적인 가격에 매각함으로써 세입 확보가 가능하며, 비교적 간단하게 추진할 수 있다는 것이다. 곧 주식매각 라운드를 여러차례 마련해 투자자를 소액·거액 투자자, 내국인·외국인 투자자, 개인·기관 투자자 등으로 분리하고 소유의 분산이 이루어질 수 있도록 가격 차별화를 통해 소액 국내 투자자에게는 비교적 낮은 가격으로 주식을 매입할 수 있게 하는 방법을 강구할 필요가 있다.

기업 주식의 일정 규모를 기업 내 종업원에게 매각하는 종업원 지주제도 바람직할 것이다. 이 경우에는 종업원들이 은행에서 자금을 대출받을 수 있도록 하는 것도 경우에 따라 필요할 것이다. 종업원지주제의 장점은 그 추진이 용이하며, 기업 내 종업원에게 할인된 가격으로 주식을 취득케 함으로써, 향후 자본 이익을 실현시킬 수 있다는 것이다. 그러나 기업 사유화 과정에 대한 외부 통제가 미흡할 수 있으며, 노동자들에게 돌아가는 이익의 폭이 기업마다 달라질 수 있다는 단점도 존재한다. 즉 채산성이 높은 기업의 노동자들은 많은 이익을 실현할 수 있으나, 수익성이 낮거나 부실기업의 노동자들은 그것이 불가능할 수도 있다.[12]

그 다음으로 국유기업의 주식과 교환할 수 있는 사유화 증서voucher를 일정한 연령 이상의 자격을 갖춘 북한 주민들에게 분배하는 방법도 고려해볼 수 있다. 이와 같은 대중적 사유화mass privatization의 장점은 일부 투자가에 대한 자본 집중과 기업 평가

문제를 억제할 수 있으며, 비교적 단기간에 사유화를 단행할 수 있다는 점이다.[13] 그러나 국가의 조세수입을 전혀 기대할 수 없다는 점이 가장 큰 단점이 될 수 있다. 그 외에도 사유화 증서 분배에 의한 사유화는 소유권을 확대·분산시킴으로써 책임있는 기업 경영을 어렵게 할 가능성이 있다.

한편, 기업의 규모와 관련된 민영화 방법을 보면, 소규모 기업의 민영화는 각 지역별로 국유재산관리청의 지방청에 의해 주기적인 매각 방식으로 추진하되, 각 지방별로 적절한 대상 기업을 확인해 목록을 작성하고, 장부 가치 등 기업의 자산에 대한 정보를 포함시켜 공개경매를 통해 추진하는 것이 바람직할 것이다. 매각 기준 가격은 장부 가치의 합계가 되며 그 수입은 민영화 지방청에 귀속되어 민영화 비용을 충당하는 데에만 사용할 수 있을 것이다. 소규모 기업 민영화는 개별적 사유화individual privitization로 그 추진이 대규모 기업보다는 비교적 용이할 것으로 판단된다. 1차 공매 시에는 공식적으로 내국인과 내국인이 소유한 기업에만 허용하고, 외국인은 2차 공매 이후에 참여할 수 있도록 규정하는 것이 바람직할 것으로 판단된다. 한편, 연합기업소와 같이 기업군을 이루고 있는 대규모 기업은 기업을 분할해 경쟁력이 희박하거나 재무 능력이 없는 기업은 과감하게 파산시키되, 시장성이 있는 기업은 기업 자산의 일부를 국내외 투자가를 포함시킨 새로운 합작투자회사 형식으로 전환해 민영화 과정을 취하는 것이 유리할 것이다. 이는 소위 '기업 해산Liquidation, Winding up'을 통한 사유화로 기업을 동일업종의 소단위로 분할해 그 자산

중 일부 또는 전부를 새로 설립되는 합작주식회사나 국영기업에
속해 있는 근로자들이 설립하는 새로운 기업에 매각하거나, 증
여 또는 임대(궁극적으로 재산권의 이전)하는 방법을 택할 수 있을
것이다.

〈표1〉 기업 민영화 방법

방 법	장 점	단 점
매각 – 공개입찰 – 직접매각 – 공공매각 – 위탁매각 – MBO/MBI	– 국가세입 확보 가능 – 소유권 분산 – 국내투자자 우대 가능 – 남북한 주민 간의 소득 　격차 해소	– 노동자들 간의 이익 격차 발생 가능 – 사유화 과정의 장기화
무상분배 – 사유화 증서voucher 분배 – 종업원 주식 분배	– 단기간 내 사유화 가능	– 국가 세입 전무 – 기업소유권 분산은 책임경영 곤란 – 투자의 불확실성

자료: 위 본문 내용을 중심으로 자체 작성

● 토지 사유화

기업 민영화와는 달리 토지는 사유재산제도의 확립을 지향하
면서도 공공복리를 위한 방향으로 사유화해야 할 것이다. 토지
공개념을 바탕으로 토지 '공공임대제'를 실시한 후 사유화를 추
진하는 것이 합리적일 것으로 판단된다. 토지 공공임대제[14]는 토
지의 사적 소유권으로 인한 토지 소유의 절대성, 자유성의 문제

점을 해결하기 위한 토지소유제도의 일환이다. 즉 토지 소유권을 국가, 지방자치단체 등의 공공기관에 일단 귀속시키고, 사회간접시설용 토지를 제외한 토지를 실수요자에게 장기임대하는 제도로, 일정 기간이 경과한 후 토지 실수요자가 일정 조건을 충족할 때 사유화할 수 있도록 하는 것이다. 이와 같은 제도를 택할 경우 사유화되기 전까지 토지 개발의 전 과정을 효과적으로 통제·조정할 수 있으며, 토지 공급 후 사후관리까지 하나의 기관에서 통합·수행해 토지 관리의 효율성을 극대화할 수 있다. 공공임대제의 사업 주체는 개발 대상 지역 내에 다양하게 분산된 토지 소유권을 하나로 흡수·통합해 실수요자에게 그 이용권을 임대하고 임대기간이 만료된 시점에서 재사유화를 결정하되, 토지 실수요자가 토지 이용과 관련된 일정 요건을 충족시키지 못할 경우에는 토지 사유화를 연기할 수 있게 하는 것도 필요하다. 토지 이용계획과 토지 개발, 공급 및 관리를 비롯한 토지 이용에 대한 책임과 권한은 공공기관에 있으며, 토지 임차인은 각 필지별로 구체적인 토지 이용과 개발조건 등이 명시된 임대차계약에 따라 토지를 사용하게 된다.[15] 특히, 협동농장 형태로 구성된 농지는 재국유화와 함께 국가 소유로 하나, 협동농장 형태는 당분간 존속시켜 이곳에 소속되어 있는 기존 농민이 원할 경우 계속 영농할 수 있도록 임대 조처하되, 협동농장을 분할해 가족농이나 소규모 기업농 형태가 될 수 있도록 국가가 지원하는 것이 바람직할 것이다.[16]

토지 공공임대제의 장점은 토지 이용계획에 따라 토지를 효율적으로 이용할 수 있으며, 지가를 지불하지 않게 되므로 토지 수요자가 토지비를 절감할 수 있는 데 있다. 또한 임대료를 조정함으로써 토지 개발이익을 환수할 수 있는 장치를 가지며, 저소득 계층을 적극적으로 고려한 임대정책을 통해 토지 이용의 형평성을 높일 수 있다.[17]

북한 지역 토지에 대한 토지 공공임대제는 다음과 같은 원칙 하에 추진하는 것이 바람직할 것이다.

첫째, 공공임대제의 기간은 통상 10년 단위로 이용권을 갱신하되, 임대기간 종료 시 기업이나 개인의 경제활동 성과를 보아 사유화 여부를 결정한다. 다만 기업의 사유화에 따라 토지의 사유화도 필히 이루어져야 할 경우에는 임대기간의 만료 여부에 관계없이 사유화가 가능할 수 있도록 조치할 필요가 있다.

둘째, 임대료는 기업의 경제활동 지원을 위해 토지 이용권 획득 후 일정 기간이 지난 후 부과하나, 장기간 무상사용은 억제하는 것이 바람직하다. 토지를 일정 한도 이상 장기간 무상사용하게 할 경우에는 토지 낭비가 심화되며[18] 토지의 수급관계가 균형을 잃게 될 가능성이 많다.[19]

셋째, 공공임대제를 통해 획득하는 토지는 그 이용에 있어 토지 이용계획을 따르되, 중간에 그 용도를 변경하지 못하게 할 필요가 있다.

넷째, 공공임대 기간 동안 국가에서 양도받은 토지 이용권의 재양도 및 임대를 비롯해 사용권의 저당은 원칙적으로 허용하나, 이용권의 전매나 담보 제공 등은 토지 이용의 계속성이 보장되는

통일 이후 통일을 생각한다

경우에 한해 허용하는 방향으로 조치할 필요가 있다.

다섯째, 주택의 경우, 현 거주자에게 우선 임대해주고, 원하는 경우 건물분에 대해서만 분양해줌으로써 택지와 관련된 투기를 방지할 수 있도록 한다. 통일 후 북한 지역에 공급되는 신규주택들도 국유 또는 공공소유 택지에 건립해 우선 건물만을 분양하도록 한 후 일정 기간 경과 후 사유화할 수 있도록 한다.

여섯째, 농지는 협동농장 및 국영농장을 해체하고 현지 농민인 실수요자가 중심이 되어 소규모 단위의 영농법인을 설립할 수 있도록 하고 경작에 필요한 경지를 영농법인별로 임대하는 방식을 취한다. 농경지에서 산출된 생산물은 자유롭게 매매할 수 있게 하되, 그 성과에 따라 농지 임대료를 부과한다. 경작권의 매매, 담보 설정 등은 금한다. 텃밭 등 개인이 경작권을 갖고 있던 토지는 현 경작자와 일정 기간 임대계약을 체결해 계속 사용할 수 있도록 한다.

일곱째, 산림지는 국유상태로 계속 유지하게 하되, 준농림 지역 등 개발가능지로 편입될 수 있는 지역에 한해서 임대제를 실시하도록 한다.

여덟째, 기타 수역토지 및 특수토지는 영구 국유상태로 둔다. 토지 공공임대제 실시 이후 사유화 대상 토지는 대체로 증여를 통한 무상분배, 매각 등 여러 가지 방법이 있을 수 있다. 어떤 형태를 택하느냐 하는 것은 북한 지역 주민의 소득, 토지 이용을 통해 이룩한 기업의 성과 및 경쟁력, 토지 사유화 당시 경제적 상황과 사회적 여건에 따라 달라질 수 있을 것이다. 중요한 것은 소유권의 확실성을 보장할 수 있으면서도 투자 활성화를 유도할 수 있는 방향으로 이루어져야 한다는 점이다. 증여를 통한 토지 사유화는 국민에게 국가재산을 무료로 증여하거나, 상징적인 낮은 가격에 판매하는 것을 말하며, 정부가 사유화에 따른 수익을 포기하는 것을 의미한다. 증여를 통한 사유화 방법 중 가장 널리 거론되고 있는 것은 주민에게 증서를 배분하는 것으로, 이 경우 모든 주민은 무료나 저가로 증서를 받아 자신이 원하는 토지의 지분과 교환할 수 있도록 하는 방법이다.[20] 이 경우 기업이 필요로 하여 보유하고 있는 토지는 대상에서 제외하는 것이 바람직할 것이다. 또한 증서는 기명으로 하여 타인에게 양도할 수 없게 하는 것이 바람직할 것으로 판단된다. 그밖에도 토지 사유화 시에는 북한 주민의 재산소득 형성을 위해 북한 주민에 우선적으로 매각하되, 부담을 줄일 수 있도록 매입금액을 토지를 이용해 발생하는 소득에 따라 충분한 기간을 두어 지불할 수 있도록 하는 것이 바람직할 것이다.[21] 농지에 대해서는 토지임대제를 통해 농지를 이용하고 임차료를 제공해온 가족농 및 기업농에게 저가 유상분배를 통해 사유화하되, 농업 분야 근속 년수, 영농 가족 수 등을 고려해야 할 것이다.

통일 이후 통일을 생각한다

경제 통합의 점진적 추구를 모색하며

　지금까지 우리는 남북한이 급진적인 통일을 이루게 될 경우, 경제 통합 과정에서 나타날 상황을 독일의 경험을 원용해, 주로 노동시장의 단일화와 사유재산제도 확립을 중심으로 살펴보았다. 통일 후 경제 통합을 위해서는 언급한 두 분야 외에도 가격 자유화의 방법과 산업 분야에서의 북한 지역 발전전략 수립, 남북한 주민 간의 이질적인 경제 심리에 대한 대책과 경제 통합을 위한 비용 조달 등 여러 분야에서 긴밀한 대책을 세울 필요가 있다. 이 분야에 대해서는 새로운 논의의 장이 필요하다. 특히 북한 주민의 경제적 심리와 관련해서는 반드시 대책을 마련할 필요가 있다. 경제 통합은 결국 사람이 하는 것이며, 그 대상은 북한 주민으로 통일 후 초기 북한 주민의 이질성을 얼마나 원만하게 극복하는가에 따라 경제 통합의 성패가 좌우될 수 있기 때문이다.
　구동독 지역의 주민들은 새로운 경제 체제의 원칙을 습득해야 하는 상황에서 심리적인 압박감과 열등의식을 느꼈으며 아직도 그와 같은 심리적인 부담에서 벗어나지 못하고 있는 형편이다. 남북한 간의 경제 체제를 단일화할 경우에도 이와 같은 상황이 필연적으로 야기될 것이므로 시장경제 체제에 대한 올바른 인식과 경제 행동 및 의식에 대한 교육이 효과적으로 진행될 수 있도록 준비해야 한다.
　남북한 간의 경제 통합과 관련, 이 글에서 가장 중점적으로 언급하고 싶었던 부분은 남북한이 급진적인 통일에 따라 경제 통합에 임할 수밖에 없을 경우라도 시간적으로 너무 촉박하게 남북한의 경제를 통합시키는 방향으로 가서는 안 될 것이라는 점이다. 남북한 간의 정치적인 통일에도 불구하고 경제·사회의 단일화 작업은 가능한 점진적으로 추진하는 것이 바람직하다는 점을 강조하고 싶다. 그렇다고 해서 북한 지역의 체제 전환이 늦게 이루어져야 한다는 것은 아니다. 시장경제 질서의 신속한 도입은 반드시 필요하다. '특별관리'가 이루어지는 동안 북한의 경제 체제가 충격요법에 의해 되도록 빠르게 시장경제 체제로 전환될 수 있도록 하는 것이 바람직하다. 북한 체제가 신속하게 전환되어야 하는 이유는 통일 후 북한의 정치·사회가 급격히 자유민주주의 사회질서로 개편될 것인 바, 경제 부문에서도 이에 상응해 이루어져야 할 필요가 있기 때문이다. 자유민주주의의 정치·사회질서는 자유경쟁시장의 원리를 필요로 한다. 정치적으로 자유민주주의를 택하면서도 경제적으로는 계획경제나 국가 독점 체제를 견지할 수는 없다. 경제 체제의 전환이 신속하게 이루어져야만 경제적 효율을 최대한으로 확보할 수 있다. 다만, 북한의 경제를 남한과 단일화하는 데 있어서는 예를 들어 통화를 통합하고, 남한과 동일한 경제·사회정책을 적용하는 데 있어서는 최대한 신중을 기해 추진해야 할 것이다.

[1] 경제 체제는 경제적 질서나 경제활동을 결정하는 원칙, 즉 생산, 소득 및 소비와 관련되는 의사 결정과 이의 수행을 위해 마련된 기구mechanisms와 제도institutions의 총체라고 할 수 있다. 기구란 제도가 일정한 성과를 얻을 수 있도록 기능하는 장치를 말하며 제도는 경제 주체가 이루려고 하는 일정한 목적이나 과제를 해결하기 위한 수단이다. 예를 들어 가격기구price mechanism란 가격이라는 제도를 통해 상품의 수요와 공급이 균형을 이루도록 하는 장치를 말하며, 이와 같은 기구와 제도가 정상적인 조건 아래에서 항상 동일한 경제적 성과를 나타낸다고 전제할 경우, 제도와 기구는 서로 통합된 상태, 즉 제도적 기구institutional mechanism로서 성립하고 있다고 할 수 있다. 그러나 일개 국가의 경제 체제는 경제적인 요인 이외에도 무수히 많은 정치적인 요소들에 의해 복합적으로 구성되기 때문에 경제 체제 전환이 경제제도적 기구에 의해서만 전환되지 않는다는 점을 염두에 둘 필요가 있다.

[2] 1989년 구동독 지역 평균 명목임금은 구서독 지역의 약 30퍼센트 수준이었으나, 1990년에는 약 42퍼센트가 상승해 구서독 지역의 약 40퍼센트 수준에 달했고, 그 후에도 1991년 22퍼센트, 1992년 29퍼센트, 1993년에 다시 11퍼센트 등 지속적으로 상승해 1993년 현재 서독의 62퍼센트까지 접근했다. 이와 같은 구동독 지역 임금은 통일 이후 1년여 사이(1989년 대비 1991년의 임금)에 약 74퍼센트가량 증가한 셈이었다.

[3] 구동독 지역 임금이 급격하게 상승한 것은 다음과 같은 점 때문이었다. 먼저 통일 전 콜 정부가 동독 주민에게 통일 후 생활수준 향상을 약속하고 임금상승을 오히려 주도한 데 큰 원인이 있었다고 생각한다. 통독 당시 동독 주민들

은 자신의 생활수준 향상에 대해 큰 기대를 갖고 있었으며, 콜 정부는 동독 주민이 서독으로 대량이주하는 것을 가장 크게 우려했다. 독일 정부는 동서독 간에 존재했던 임금 격차는 동독 주민들의 대서독 이주를 가속화함으로써 서독 내의 사회 불안정과 임금하락을 초래할 수 있을 것으로 판단했다. 또한 경제 통합으로 동서독 간 노동력의 완전자유이동이 이루어질 경우, 동독 경제와 동독의 노동시장만을 고려한 저임금정책을 추진하는 것은 실제적으로 불가능할 것으로 보았다. 서독의 노동조합 역시 동독 주민의 서독 이주에 따른 서독 임금하락을 우려해 동서독 간의 임금격차를 하루 속히 줄이는 임금인상정책에 동조했다. 그밖에도 통화 통합 당시 동독 기업에는 서독과 같이 임금인상을 억제시키는 강력한 협상 파트너가 존재하지 않았으며 대체로 노동자 권익이 크게 중시되는 분위기가 조성되었기 때문에 임금협상이 노동자 중심으로 전개되었다. 여기에다 임금협약이 개별기업 단위가 아닌 부문별·집단적으로 이루어지기 때문에, 산업 부문 전체가 일괄적으로 상승하는 결과가 되었다.

4 실업학교나 종합학교에서 실시하는 기능 훈련은 정부가 직접 실시하나, 그밖의 기능 훈련은 기업이 주도하고 정부가 비용의 일정 부분을 국고로 보조하는 제도다. 기업은 사업체 내에 직업 재교육 및 직업 전환에 필요한 기술, 자격 취득 등을 위한 교육을 실시할 수 있도록 하며 이에 소요되는 교육비, 연수교사비, 교재비 등을 노동 행정기관으로부터 지원받는다. 실업자가 자격취득 훈련에 참여하는 경우에는 훈련 중 생활안정을 위한 생활보조비를 지급받을 수 있으며, 보조비는 자녀가 있거나 특별한 가사의 의무가 있는 교육 참여자는 최종 순임금의 73퍼센트(구서독 70퍼센트)를 받으며, 기타 참여자는 65퍼센트(구서독 63퍼센트)를 받는다.

5 단축조업제도는 경기침체 또는 정부의 산업구조 조정 조치에 의해 조업 단축이 불가피할 경우, 해당기업이 노동자의 지속적인 취업을 보장하는 대신, 조업단축으로 인한 임금손실을 연방고용청이 피용자에게 보상하는 제도이다. 지원기간은 6개월이나 노동청의 규정에 의해 최고 2년까지 연장할 수 있다. 단축노동으로 취급되는 노동시간은 정상 노동시간의 10퍼센트 이상이 줄어들 경우다. 1990년 7월 1일부터 구동독 지역에 적용된 단축노동자제도는 그

통일 이후 통일을 생각한다

조건 면에서 특별경과 규정을 두는 등 구서독 단축노동자에 비해 매우 관대했다. 단축조업 수당액을 구서독과 같이 최종 임금의 63~68퍼센트를 적용하나 (자녀가 없는 경우 63퍼센트), 대부분의 임금협약에 있어 기업이 22퍼센트를 추가 지급토록 해 기존 임금의 약 90퍼센트를 받게 했다. 그 다음으로 단축노동기간 중 의료보험료와 연금보험료 전액은 연방고용청이 부담하며 단축조업이 경기침체에 기인할 경우에는 단축조업 적용 시한을 18개월까지로 연장했다.

6 고용창출프로그램은 지방자치단체나 공익기관 등이 환경보호나 사회복지에 부합하는 사업을 추진할 경우 정부가 일부 또는 임금 전부를 보조해 실업자를 취업시키는 실업보험 차원의 조치였다. 고용창출 조치에 따라 취업하는 근로자는 주택, 도로, 운하, 교통, 통신, 사회, 복지시설 등 사회간접자본 시설의 복구와 확장 등에 투입되었다. 구서독의 고용창출 조치는 일반적으로 6개월 이상 실업상태에 있는 자를 대상으로 임금을 보조하는 것을 원칙으로 하고 있으나, 구동독 지역에 도입된 고용창출 조치는 실업기간 없이 즉시 고용창출 조치 혜택을 받을 수 있도록 했다. 이 조치는 원래 1991년 6월 30일까지 시행토록 되어 있었으나 1992년 12월 31일까지 연장되었다.

7 조기정년퇴직제도의 주 대상은 55세 이상(남자는 57세 이상)의 근로자들인데, 독일 정부는 이들을 대상으로 일정 기간(남자는 3년, 여자는 5년) 준양로연금을 지급하는 조건으로 정년퇴직시켰다. 조기정년퇴직제는 구동독 법률을 통일조약에 그대로 도입해 실시했는데, 동독 주민들의 생활을 고려해 특별경과 규정을 두었다. 즉, 1991년부터 남녀 구별없이 57세에 달한 근로자에게 3년간의 준양로연금을 지급하며, 1991년 4월 1일까지 조기정년퇴직의 대상이 되는 근로자에 대해서는 1년간에 한해 준양로연금 이외 5퍼센트의 추가수당을 지급했다. 이와 같은 조기정년퇴직제도를 통해 1990년부터 1994년 말까지 총 3백만 이상의 노동자가 조기 정년퇴직했다.

8 통일 당시 신탁관리청 산하 1만 3,815개 콤비나트와 국영기업체들은 408만 명(전체 동독 지역 노동자의 48퍼센트)의 노동자를 고용하고 있었으나, 1994년 말 신탁관리청이 자신의 임무를 모두 마치고 해체될 당시 노동자는 6만 5,895명이었다.

9 이런 의미에서 재국유화를 통한 소유재산제도 개편은 법적인 문제가 아니라 궁극적으로는 정치적인 문제라고 할 수 있다. 재국유화는 북한 지역 재산권의 일괄적인 접수와 관리를 통해 이루어져야 할 것이다. 이를 위해서는 재국유화를 시행할 수 있는 관리청을 두어 재국유화대상 재산의 접수, 접수재산의 보존·유지, 접수재산의 실태조사 등이 병행되어야 할 것이다.

10 전력, 통신 등 전략산업을 제외한 대규모 제조업, 서비스업, 금융업 분야의 국영기업이 그 대상이 될 것이다.

11 이는 상업화 기업을 주식 매각을 통해 사유화하는 것으로 일반적으로 사유화 대상 후보기업의 리스트를 만들고 국내외 유명 회계기업, 은행 컨설팅회사들로 구성된 전문가 그룹으로부터 기업평가를 받는다. 자산평가액, 과거 경영실적 및 장래경영계획, 재무 분석자료 등 매각을 위한 기초자료를 잠재적 구매자에게 제시한다.

12 이런 불공평을 해소하기 위해서는 국가가 자본 이득의 실현분에 대해 조세를 부과하는 방법을 고려할 수 있다.

13 대규모 사유화를 위한 준비사항에는 ① 적합한 대상기업의 선정, ② 외국 전문기관의 협조 하에 민영화 증서 무료배분계획 수립, ③ 상업은행, 보험기관, 연금기관 등 국내 기관투자가 선정, ④ 대규모 사유화에 대한 거시경제적 영향 평가, ⑤ 대규모 사유화 프로그램에 대한 홍보 등이 있다.

14 이와 유사한 개념으로 토지 공공임대 보유제는 임대기간의 만료 시 토지 이용권이 다시 공공기관으로 귀속되나 본 논문의 토지공공 임대제는 임대기간 만료 후 사유화되는 점에서 다르다.

15 임대차 계약의 주요 내용으로는 ① 토지용도, ② 토지 유휴화를 방지하기 위한 최소한의 토지 사용규모, ③ 토지 용도에 따른 적정 임대기간 설정과 임대료 책정, ④ 임대차 종료 시 처리 내용(사유화, 임대기간 연장, 계약의 갱신 또는 재정적 보상), ⑤ 임대료 및 그 조정에 관한 사항 ⑥ 건물의 유지·보수에 관한 내용, ⑦ 계약 해제·해지에 관한 내용 등이 될 것이다.

16 토지의 재국유화 시에는 토지소유권에 대한 원상 회복 및 반환은 인정하지 않는 것을 원칙으로 하나, 원소유자가 확실히 증명되는 경우에 한해서만 국가가 보상할 수 있도록 하는 예외 규정을 마련해 두는 것도 토지소유권을 절대적으

로 확보하려는 개인을 위한 배려의 차원에서 또한 토지재국유화 조치의 탄력
적 적용을 위해서도 필요할 것으로 판단된다.

[17] 그럼에도 불구하고 기존 소유제도의 결함과 그로 인한 불공평성을 시정하려
는 공공개입은 그 자체로서 자금과 시간 및 이해 대립에 따라 엄청난 비용이
소요된다는 부정적 측면도 있다. 또한 토지를 관리, 경영하는 데 각종 이권이
개입됨으로써 부패·편파주의에 편승하게 되는 단점을 가지고 있다. 따라서
일정 기간의 공공소유를 통한 임대제가 실현된 다음에는 토지 실수요자에게
사유화하는 방법을 택하는 것이 가장 합리적이다.

[18] 용지의 사용단위가 임의적으로 점유토지를 확대하거나 많은 토지를 차지해
일부만 사용한다든지 토지를 확보해놓고 사용하지 않거나 조기에 토지를 확
보하고 사용을 지연시키는 등의 현상이 당연시 된 점을 들 수 있다. 또한 기
관, 군부대, 기업 등이 많은 토지를 차지해 도시에는 토지 공급의 부족이 심화
되면서도 여전히 대량의 공지가 존재하는 상황이 나타날 수 있는 점을 들 수
있다.

[19] 토지의 장기간 무상사용이 빚어낼 문제점은 첫째, 토지 사용이 객관적 경제법
칙에서 벗어나기 쉽기 때문에 토지시장이 존재하지 않을 가능성이 많으며, 토
지 수요에 대한 적실성 있는 대처가 불가능해질 수 있다. 예를 들어 토지 사용
자 간의 횡적 교환 및 토지 사용과 토지 사용 성질의 변경 등 부단하게 발생하
게 되는 토지 사용구조 조정이 크게 제한받을 수 있다. 둘째, 도시 토지의 무
상·무기한 사용은 토지 시장을 부정하고 토지를 무상품적으로 만들게 됨으
로써 토지 개발과 이용뿐만 아니라 토지 개발 및 건설에도 영향을 미쳐 개발
에 대한 투자 회수와 건설자금의 순환을 방해하게 된다. 셋째, 토지 관리기구
를 유명무실하게 만들 수 있는 폐단을 가지고 있다. 토지권속이 불분명하고
한계가 불명해 토지에 대한 통일적인 통제와 효율적 관리를 불가능하게 만들
게 된다. 최봉현, 〈중국의 토지제도 분석과 우리의 개발참여에 대한 시사점〉,
《토지연구》(서울: 국토개발연구원, 1993. 1~2) 참조.

[20] 이 방법은 공산 치하에서 재산을 축적할 수 없었던 대다수의 체코 국민들이
정상적인 방법으로는 사유화 과정에 참여할 수 없는 사정을 고려해 체코 정부
가 이들을 기업 사유화에 참여시키기 위한 방식으로 도입한 바 있다. 체코 정

부는 일반 국민들에게 쿠폰을 정상적인 저가로 분배해 쿠폰 소지자로 하여금 일정 기간 후에 자신이 선택한 회사의 주식으로 교환할 수 있게 했다.

[21] 이 경우 용도별 토지에 대한 기준 토지가를 산정할 필요가 있다. 이를 위해 다음과 같은 방법을 원용할 수 있다. 먼저 토지 재국유화 당시 북한의 전체 국민 소득에 상응하는 규모의 남한 소득이 이루어졌던 연도를 알아내고 그 당시 각 용도별 평균지가를 구해 이를 다시 각 토지별로 조정·적용하는 방법을 취하는 것이다. 이와 같은 산정방법에도 불구하고 토지 용도와 규모별 토지 매각 금액의 상한선을 설정하는 것도 고려해볼 만하다.

통일 이후 통일을 생각한다

남북 언어 이질화와 그 통일에 대한 시각 문제

임홍빈

남북 언어 이질화와 그 통일에 대한 시각 문제

서론

이 글은 남북 분단 이후 남북한의 언어가 어떻게 이질화되었으며, 통일 후에는 그것이 어떻게 극복되어야 할 것인가에 대하여 소박한 견해를 밝히는 것을 목적으로 한다. 이 문제에 대해서는 1980년대와 90년대에 국내 학자들이 이미 상당한 양의 연구 성과를 축적한 바 있다. 남북 언어의 통일 방안에 대해서도 학자들 나름대로 상당한 정도의 의견 피력이 있었다. 다만 그동안의 연구는 주로 학자들의 개인적인 차원에서 이루어져 왔다고 할 수 있다.

언이 통일을 위한 실질적인 작업이 이루어진 것은 2006년 3월에 '겨레말큰사전 남북공동편찬사업회'가 출범하고, 편찬 사업이 본격화되면서부터라고 할 수 있다. 2007년 4월에 국회에서 〈겨레말큰사전 남북공동편찬사업회법〉이 제정되었는데, 그에 따라 2013년까지는 이 사전을 편찬해야 한다. 그러나 사전 편찬 작업이 '통일에 대비한 것인가' 아니면 '통일을 위한 것인가'는 엄격히 구분하지 않으면 안 된다.

통일에 대비한다는 것은, 어떠한 방법이나 형태로든 남과 북이 실제로 통일된 뒤에 제기되거나 혹은 야기될 수 있는 문제를 예측하여 그에 대처한다는 의미를 가진다. 이를 위해서는 가능한 통일의 모든 방법이 상정되어야 하고 그중에서 가장 개연성이 높은 몇 가지를 상정해 그러한 가정 아래에서 통일에 대비하는 작업을 진행해야 한다. 이러한 전제 하에서는 무엇보다도 현실적이며 실제적인 문제가 다루어져야 한다. 이와 관련해 현실적으로 당면할 모든 문제가 중요한 것이지만, 가장 절박한 문제를 가장 먼저 다루어야 되는 것이 통일에 대비하기 위한 작업이다. 여기에는 장밋빛 미래와 같은 것은 별로 없다.

마찬가지로 통일을 위한 작업에서도 현실적이며 실제적인 문제가 다루어질 것이다. 그러나 거기서 다루어지는 문제는 그 절박성의 정도에서 앞의 것보다 상당히 덜할 것으로 예상된다. 통일을 위하여 조금이라도 기여할 수 있다고 생각되는 일이면, 무엇이든지 가치 있는 일로 판단될 것이기 때문이다. 통일은 민족의 꿈이고, 이상이고, 소망이고, 소원이고, 염원이다. 이를 위하여 무엇인가를 한다는 것만으로도 의미가 있는 일이다. 따라서 통일이 어떠한 방법으로 이루어질 것인가, 통일 후 어떠한 세계가 펼쳐질 것인가에 대하여 비관적인 전망은 별로 하지 않는다. 통일이 되는 과정이 순조롭게 진행될 것이라고 낙관적으로 생각한다. 통일이 가장 고통스러운 방법으로 이루어질 수도 있다는 생각은 별로 하지 않는다. 아마도 큰 고통 없이, 큰 희생 없이, 큰 혼란 없이, 화기애애한 분위기에서 통일이 성취될 것으로 낙관한다. 통일 후에 펼쳐질 세계는 장밋빛 미래이다.

통일을 위한 작업은 무엇이 가장 시급한지를 특별히 문제삼지 않아도 된다고 할 수 있다. 통일이 지금 당장 이루어지는 것도 아니며, 시간을 다투어 해결해야 할 문제가 시시각각으로 생겨나는 것도 아니다. 그 완성에 엄청난 시간이 요구되는 사전 편찬과 같은 일은 아무래도 통일에 '대비한' 사업이라기보다는 통일을 '위한' 사업의 성격을 가지는 것으로 생각된다.

언어 문제에 관한 한, 통일이 된 뒤에는 남북 언어 이질화를 가장 시급히 해결해야 할 문제의 하나로 생각할 가능성이 있다. 어떠한 방법으로든 한시라도 빨리 그 이질성을 극복할 수 있는 해결안을 만들어 제시하거나 준비하고 있어야 한다고 생각할 가능성도 있다. 그러나 통일의 방법에 따라, 문제의 성격이 달라질 가능성이 많고, 문제를 보는 시각에도 큰 차이가 생기게 될 것이다. 그동안 제시된 여러 안 가운데는 남북 언어 이질화를 그렇게 심각하지 않은 것으로 생각하는 견해들이 많았다. 남북의 언어를 통일하는 일이 뭐 그렇게 어려운 일일 것인가 생각하는 입장도 없지 않고, 남북 언어 이질학 자체를 인정하지 않는 입장도 있다.

그러나 이질화라는 것은 동질적이었던 것이 다른 것이 되었다는 의미이기 때문에, 이질화를 문제삼는 것은 동질화를 전제로 한 것이며, 통일을 전제로 하는 개념이라는 것을 인식할 필요가 있다. 통일을 전제로 하지 않을 때, 이질화를 논의하는 것 자체가 별다른 의미가 없다. 가령 중국 조선족의 언어는 한국어와는 상당한 차이를 가지고 있다. 이를 가지고 한국어와 중국 조선족의

남북 언어 이질화와 그 통일에 대한 시각 문제

언어를 이질화되었다고는 이야기하지 않는다.[1] 한국어와 중앙아
시아 고려인의 언어도 상당한 차이를 가진다. 그렇다고, 한국어
와 중앙아시아 고려인들의 고려말을[2] 이질화된 것으로는 파악하
지 않는다. 한국어와 재일한국인의 언어도 적지 않은 차이를 가
진다. 그렇다고 이들의 언어 차이를 이질화로 파악한 일은 없다.
한국어와 재미한국인 2세나 3세의 한국어도 완전히 같은 것은 아
니다. 그렇다고 이들 언어에 대해서도 이질화의 개념을 적용하지
않는다. 왜 그런가? 대답은 자명한다. 이들 언어들 사이에는 통일
이 문제로 제기되는 것이 아니기 때문이다.

언어 이질화는 남북 언어 사이에서 제기된다. 남북은 통일이
되어야 한다는 역사적 필연성이 언어 이질화의 문제를 통일의 전
면에 세우게 된다. 그러나 이 문제가 어떻게 해결되어야 하는가
에 대해서는 더 깊이 성찰되어야 한다. 따라서 먼저 남북 언어 이
질화에 대한 문제부터 접근하기로 한다.

남북 언어 이질화에 대한 시각의 문제

남북 언어 이질성의 예로 하치근(2002: 97)에 제시된 예를 여기
가져와 보기로 한다.

(1) 가. 해방처녀로 말밥에 올랐는데 아직도 뜨게부부로 살고 있으니
     이게 뭡네까?

나. 그렇게 오구탕을 치면 어카자는 겁네까? 무슨 구멍수가 나겠지요.

　　　　　　　　　　　．

하치근(2002)에서는, (1가)에서 '해방처녀'는 '미혼모'를, '말밥'은 '구설수'를 뜻하고, '뜨게부부'는 '정식 결혼을 하지 않은 사실혼 부부'를 뜻하는 말로, (1가)는 '빨리 결혼식을 올리자'는 의미라고 한다. (1나)의 '오구탕'은 '야단법석'을 뜻하는데 남북한이 같이 쓰는 말이라고 한다. '구멍수'는 '돌파구'를 뜻하는 말로 이 대화는 '급히 서둘 게 있느냐?'는 뜻으로 (1가)에 답하는 내용이라 한다. 이에 대한 하치근(2002)에서의 현상 해석과 처방은 다음과 같다.

(2) 가. 때때로 남북한의 언어 이질화 현상에 대하여 공감을 하지 못하고 반문을 하는 사람이 있다.
　　나. 북한 사람 사이에 주고받는 위의(위의 (1가, 나)를 말함) 대화는 우리에게 이질화의 심각성을 보여 준다.
　　다. 따라서 말과 글의 통일을 위하여 양쪽에서 활발한 대화의 기회를 깇고 통일 인어 정책을 수립해야 힌다.

(2가)는 우리 주위에 남북 언어 이질화에 대해 공감을 하지 못하는 사람이 있다는 것을 지적한 것이다. (2나)는 남북 언어 이질화가 심각한 것임을 말한 것으로, (1가, 나)는 남북 언어 이질화의 정도를 실감하지 못하는 사람들을 위하여 그것을 실감할 수 있도록 그 전형적인 본보기 예로 제시한 것이다. (2다)는 남북 언어 이질화의

남북 언어 이질화와 그 통일에 대한 시각 문제

극복을 위하여 하치근(2002)에서 제시한 처방이라 할 수 있다.

(1가, 나)에는 남한 사람들을 위한 약간의 풀이밖에는 없기 때문에, 그중에서 어떤 것이 남북 언어 이질화의 예인지는 분명치 않다. 단순히 (1가, 나)의 두 문장 전체가 북한 언어의 이질화를 대표하는 것이라고만 말하는 것은 문제를 너무 단순화하는 것이다. (1가, 나)는 남쪽 사람들이 들었을 때 쉽게 그 뜻이 무엇인지를 알기 어려운 것이기 때문에, 남북의 언어가 그만큼 이질화된 것임을 보여주는 사례라고 할지 모른다. (1가, 나)에서는 '해방처녀, 말밥, 뜨게부부' 정도가 이질성을 보이는 예라 할 수 있다. 나머지는 남북 언어가 공유하는 동질적인 부분이 상당히 있다.

(1가)에 나오는 '해방처녀'라는 말의 뜻은 분명 우리에게 낯선 것이다. 그러나 그 구성 요소인 '해방'이나 '처녀'라는 말은 우리에게도 있는 말이다. '말밥'도 우리에게는 생소한 말임에 틀림없다. 그러나 여기서도 그 구성 요소인 '말'과 '밥'은 우리에게도 있는 말이다. '뜨게부부'에서도 '부부'는 우리말이고, '뜨[浮?]-'[3]나 '-게'도 우리말 요소일 것이다. 이외에도 우리말의 근간을 이루고 있는 것으로 생각되는 기본적인 용언이나 조사, 어미 등의 문법 요소들은 거의 달라진 것이 없다.

'오르[登]-, -았(과거 시제 선어말 어미)-, -느(현재 시제 선어말 어미)-, -ㄴ데(연결 어미), 아직(부사), 도(보조사), 살[活]-, -고(연결 어미), 있[有]-, -고 있(진행상 표현)-, -(으)니(연결 어미), 이거(←이것)[此],[4] 이(주격 조사), 뭐(←무어←무엇), -ㅂ(주체 겸양 선어말 어미)-, -까(의문 어미), ?(의문부호)' 등이 우리와 동질적이다. 선어

통일 이후 통일을 생각한다

말 어미 '-니-'(혹은 '느+이')가 방언형 '-네-'로 나타나는 것, '어떻게 하자'가 방언형 '어카자'로 축약되는 현상은 다소 차이가 있다. 그러나 이는 방언형으로, 북한 체제의 성립 이후에 생긴 문법 요소나 축약형이 아니다.

(1나)에서는 '오구탕'이 우리가 잘 쓰지 않는 말이며, '구멍수' 정도가 우리에게 낯선 말이다. 그러나 '구멍'과 '수'는 우리에게도 있는 어휘재이다. (1나)에서도 '그렇[然]-, -게(연결 어미), 을(대격 조사), 치[打, 爲]-, -면(연결 어미), 어떻-(어케←어떻-(게)[豈]), -게(연결 어미), 하[爲]-, -자(청유형 종결 어미), -느(현재 시제 선어말 어미)-, -ㄴ(관형사형 어미), 거(←것)(의존 명사)[事物], -ㅂ(주체 겸양 선어말 어미)-, -까(의문 어미), ?(의문부호), 무슨[何, 나[生]-, -겠(미래 시제 선어말 어미)-, -지(어말 어미), 요(보조사)' 등이 남한의 언어와 동질적이다. 여기서도 선어말 어미 '-니-'(혹은 '느+이')가 방언형 '-네-'로 나타나는 것이 다소 차이가 있다.

'오르[登]-, 아직[未], 살[活]-, 있[有]-, 이것[此], 무엇[何], 그렇[然]-, 치[爲]-,[5] 어떻[豈]-, 하[爲]-, 것(事物), 무슨[何], 나[生]-' 등을 '기초 어휘'라고 해 보자. 그리고 '-았(과거 시제 선이말 어미)-, -느(현재 시제 선어말 어미)-, -ㄴ데(연결 어미), 도(보조사), -고(연결 어미), -고 있(진행상 표현)-, -(으)니(연결 어미), -ㅂ(주체 겸양 선어말 어미)-, -까(의문 어미), ?(의문부호), -게(연결 어미), 을(대격 조사), -면(연결 어미), -자(청유형 종결 어미), -ㄴ(관형사형 어미), -겠(미래 시제 선어말 어미)-, -지(어말 어미), 요(보조사)' 등을 '문법 요소'라고 해 보자.

남북 언어 이질화와 그 통일에 대한 시각 문제

그리고 이에 대하여 '해방처녀, 말밥, 뜨게부부'를 '문화 어휘'라고 해 보자. 북한 언어는 기본 어휘에 있어서 남한 언어와 전반적으로 일치하는 특징을 보인다. '~에 오르-'는 논항구조까지 같음을 보인다. 이는 문법 요소에 대해서도 같은 말을 할 수 있다는 것을 의미한다. 북한 언어는 문법 요소에 있어서 남한 언어와 거의 완전한 동질성을 유지하고 있다. 북한 언어는 일부 문화 어휘에 있어서 '부분적'으로 이질성을 보인다. 여기서 '부분적'이라고 하는 것은 '해방처녀, 말밥, 뜨게부부'와 같은 문화 어휘가 전적으로 이질성을 보이는 것은 아니라는 것이다. 그 구성요소와 결합 원리는 우리 문법과 완전히 동질성을 보인다. 이를 다음과 같이 제시하기로 한다.

(3) 가. 기초 어휘에서 북한의 언어는 남한의 언어와 거의 완전한 일치
　　　를 보인다.

　　나. 문법 요소에서 북한의 언어는 남한의 언어와 거의 완전한 일치
　　　를 보인다.

　　다. 남한과 북한의 언어가 심한 차이를 보이는 것은 문화 어휘이다.

조선말대사전(1992) 및 표준국어대사전(1999)에서 (1)에 등장하는 난해 어휘 몇 가지를 찾아보기로 한다.

(4) 말밥[2] [-빱](조선말대사전(1992) 참조)[6]
좋지 못한 이야기거리의 대상. ◇ 말밥에 얹다(올리다) 좋지 못한 이야기

통일 이후 통일을 생각한다

거리의 대상으로 삼다. 말밥에 오르다(오르내리다) 좋지 못한 이야기거리의 대상으로 되다.| 우영표는 더 우길 수 없게 되였다. 그는 본래 남에게 직장자랑을 하지도 않지만 자기 직장사람들이 남의 말밥에 오르거나 운동경기 같은 데서 지는 것을 참을 수 없었다(장편소설 《백양나무》).

(5) 말밥[2] [말:빱] 말밥만 [말:빰-](표준국어대사전(1999) 참조)

　　좋지 못한 이야기의 대상.

(6) 뜨게부부(조선말대사전(1992) 참조)

　　낡은 생활양식에서, 정식으로 결혼을 하지 않고 우연히 만나서 어울려 사는 남녀.

(7) 뜨게-부부(-夫婦)(표준국어대사전(1999) 참조)

　　정식으로 결혼을 하지 않고, 오다가다 우연히 만나 함께 사는 남녀.

(8) 오구탕(조선말대사전(1992) 참조)

　　매우 떠들썩하게 법석 고아대는것. [烏口湯] ◇ 오구탕을 치다 오구구[8] 모여 저마다 법석 떠들며 소란을 피우다.

(9) 오구탕(표준국어대사전(1999) 참조)

　　매우 요란스럽게 떠드는 짓.| 날이 훤할 때까지 그 조그만 방 속에서 오구탕을 치는 통에 동리 집에서도 잠들을 변변히 못 잤다(염상섭, 《부부》).

(10) 구멍수(조선말대사전(1992) 참조)

　　(애로나 난관을 해결할 만한) 수단이나 방도. ‖ 빠져나올 ～. ～가 생기다. 좋은 ～를 노리다.| 그는 량쪽에서 리득을 따먹으려고 구멍수만 보는 손바닥 같은 사람이였다(《현대조선문학선집 12》(4)).

(4)는 북한의 조선말대사전(1992)의 '말밥[2]'에 대한 풀이다.[8] '말

남북 언어 이질화와 그 통일에 대한 시각 문제

밥[2]'은 좋지 못한 이야기거리의 대상으로, 우리의 '가십gossip거
리'나 '가십의 대상'과 흡사한 것을 뜻한다. '입방아의 대상'과도
같은 의미라고 할 수 있다. 연어도 다소 특이하다. 북에서는 '말
밥에 얹다, 말밥에 올리다, 말밥에 오르다, 말밥에 오르내리다'가
가능한 것으로 보인다. 이에 대해 우리의 어법으로는 '가십거리
가 되다, 가십거리로 삼다, 가십의 대상이 되다, 입방아에 오르
다, 입방아를 찧다, 입방아에 오르내리다, 입방아의 대상이 되다'
등과 같은 연어가 가능하다. '가십에 얹다, 가십에 올리다, 입방
아에 얹다, 입방아에 올리다'는 표현은 남쪽의 우리로서는 매우
어색하다.

　문제는 이 '말밥'이 우리의 표준국어대사전(1999)에도 표제어
로 올라와 있다는 것이다. 그 풀이는 '좋지 못한 이야기의 대상'
과 같이 되어 있다. 이 풀이는 아주 미묘하지만 부정확한 것으로
여겨진다. '좋지 못한 이야기거리의 대상'에서 '거리'를 뺐기 때
문이다. 이는 '품행이나 행실 문제로 다른 사람이 이러쿵저러쿵
하는 이야기거리의 대상'이라는 의미와는 다른 것으로 여겨진다.
다른 사람에게 좋은 영향을 끼치지 못하는 이야기의 주인공이라
는 의미를 가질 염려가 있다. 그런데 이 항목에 '북한어'라는 표
시가 되어 있지 않다. 이는 이 말이 남한의 언어에도 있다는 것이
된다. 실제로 이 말은 한글학회의 《우리말큰사전》(1992)에도 실려
있고 금성출판사의 《금성판 국어대사전》(1991)에도 실려 있다. 그
러나 '말밥[1]'이나 '말밥[2]'는 21세기 세종 계획의 '1,000만 어절
형태소 분석 말뭉치'에서도 찾을 수 없고, '세종 균형 말뭉치 98'

통일 이후 통일을 생각한다

에서도 찾아지지 않는다. 어절 수가 더 많은 말뭉치를 찾으면 어떻게 될지 모르나, 거의 확실히 남쪽의 언어에서는 쉽게 찾을 수 있는 말이 아니라고 할 수 있다.

그런데, 남한에 없다는 것은 어떻게 확인할 수 있는가? 혹 남한의 어느 산골짜기에서 또는 어떤 특수한 계층에서 사용되고 있는 말일지도 모른다. 그래서 우리가 채록하지 못한 어휘일 수도 있다. 그것을 절대적으로 확인하는 일은 불가능한 일일 수도 있다. 남북 언어에 대한 확인의 어려움을 다음과 같이 정리하여 보기로 하자.

(11) 남북 언어에 대한 확인의 어려움
　　가. 어떤 어휘나 문법 요소를 북한의 언어라고 결정적으로 단정할 수 있는 근거를 찾기 어렵다.
　　나. 어떤 어휘나 문법 요소를 남한에서 쓰이지 않는 언어라고 결정적으로 단정할 수 있는 근거를 찾기 어렵다.
　　다. 천신만고 끝에 어떤 단어가 남한에서 쓰이지 않는 것이 확실하다고 결론이 났다고 하더라도 그것이 반드시 북한 체제 성립 이후에 생겨난 언어라고 할 수 없다.

(6)은 조선말대사전(1992)의 '뜨게부부'에 대한 풀이이다. '뜨게부부'도 우리의 표준국어대사전(1999)의 표제어로 나타나 있다. (4)의 '말밥'과 다른 점은, '뜨게부부'에 대해서는 북한의 사전에 "낡은 생활양식에서"라는 시대적 조건이 붙어 있는 것이다.

남북 언어 이질화와 그 통일에 대한 시각 문제

우연히 만나서 같이 사는 형태가 모두 부부가 아니라고 할 때, 이 풀이는 끝 부분이 '남녀' 보다는 '부부' 로 되어야 한다. 표준국어대사전(1999)에는 이에 대해서도 '북한어' 라는 표시를 하지 않고 있다.

일단 (7)의 풀이를 액면 그대로 받아들인다고 해 보자. 그렇다면, '뜨개부부' 라는 말은 남쪽에서도 쓰인다는 의미가 된다. 그러나 이 또한 21세기 세종 계획의 1,000만 어절 형태소 분석 말뭉치에서도, 세종 균형 말뭉치 98에서도 찾을 수 없다. 분명히 말할 수 있는 것은 '뜨개부부' 라는 말이 북한에서는 일상적으로 쓰이는 말일 가능성이 있다는 것이다. 그러나 이 말은 남쪽에서는 일상적으로는 만날 수 없는 말이다. 이 점을 감안해 보면, '뜨개부부' 가 남쪽의 말일 가능성은 거의 없어진다.

(6)의 풀이에서 주목되는 것은 '뜨개부부' 가 "낡은 생활양식에서" 쓰이는 단어로 그 시대적 조건을 명시하고 있는 점이다. 현대조선말사전(1981)에서는 "지난날에"와 같은 시대적 조건이 달려 있었다.[9] 이는 이 '뜨개부부' 라는 말이 북한 체제 성립 이전에 쓰이던 말임을 암시한다. 북한 체제 성립 이전에 쓰이던 방언을 현 북한이 쓰고 있을 경우, 그것을 그냥 그대로 이질화라 부르는 데는 문제가 있다. 그러나 방언적 차이도 북한 언어의 '인상적 이질화' 에 기여하고 있으므로, 이를 잠정적으로 '방언적 이질화' 란 이름으로 부르기로 한다.

조선말대사전(1992)의 시대적 조건으로 볼 때, '뜨개부부' 는 북쪽의 어느 지방에서 쓰이던 방언일 가능성이 있다. 이는 남쪽에서 전혀 쓰이지 않거나 북쪽에서만 쓰이는 말이라고 하더라도, 언어적 성격으로는 북한의 언어 또는 북한어라고 말하기 어려운 예가 있음을 의미한다.

(8)은 조선말대사전(1992)의 '오구탕'의 풀이이며, (9)는 표준국어대사전(1999)의 풀이이다. 표준국어대사전(1999)에는 염상섭이 지은 소설《부부》의 용례를 인용하고 있기 때문에, 이 말은 남쪽의 말인 것이 분명하다. 하치근(2002)에서도 이 단어를 남북이 같이 쓰는 단어로 지적하고 있다.

(10)의 '구멍수'는 남쪽의 표준국어대사전(1999)에도 실려 있기는 하다. 그러나 이는 전광용의 소설《태백산맥》에 나오는 말이기 때문에 북쪽의 방언일 가능성이 높다. 이를 기초로 간단하게 '구멍수'는 남쪽의 언어가 아니고 북쪽의 언어이며, 이는 남북의 언어가 이질화되었음을 보여 주는 전형적인 예라고 말하기 쉽다. 그러나 '구멍'이나 '수'가 기초 어휘에 속하는 것이기 때문에 그들의 합성으로 이루어진 '구멍수'가 남쪽의 다른 소설이나 수필 또는 은어 같은 데에 쓰였을 가능성이 있다. 우리의 직관으로도 그것이 무슨 뜻인지도 어렴풋이 짐작할 수 있다. 그렇다고 '구멍수'라는 말이 아무런 이질화의 흔적을 가지지 않는 것이라고는 할 수 없다. '구멍수'는 세종 균형 말뭉치98이나 1,000만 어절 형태소 분석 말뭉치에서도 확인되지도 않고, 남쪽에서는 일반적으로 쓰이는 말에 속하는 것도 아니다. 이를 중시하여 '구멍수'와 같은 말을 '합성적 이질화'를 보여 주는 예라 부르기로 한다.

(1가)의 '해방처녀'란 단어는 북한의 조선어대사전(1992)에 나

남북 언어 이질화와 그 통일에 대한 시각 문제

와 있지 않다. ‘해방’이란 말의 풀이와 ‘해방’ 관련 합성명사를
보기로 하자.[10]

(12) 가. **해방** ① (외래침략자나 <u>착취계급들의</u>) 민족적, <u>계급적</u> 지배와 예
속에서 벗어나 자유롭게 하는것. ‖ 민족~. 계급~. ~투쟁.
② <u>낡은 사상과 기술, 문화의 구속에서 벗어나게 하는것.</u> ‖ 고
된 로동에서의 ~. ③ 개체생활에서 일정한 부담이나 구속을
면하거나 거기에서 벗어나는것. ∣ 모레는 학기말시험에서 해
방이 된다. [*解放*](398)[11](밑줄 필자)

나. **해방감** (구속, 압박, 부담 같은 데서) 해방된 느낌. ∣ 원래 대상이
란 …… 마지막 제사라 고인을 추모하는 슬픈 빛보다는 해방
감 같은것이 더 진하게 떠돌아서 제상을 물러나기만 하면 희
희락락해서 돌아갔다(장편소설 《잊지 못할 겨울》).

다. **해방구** 해방된 지구.

라. **해방군** 식민지적예속과 반동적통치의 기반으로부터 인민을
해방하는 군대. (24)

마. **해방동이** ① 해방된 해에 나서 자란 젊은 새 세대. ② 8·15해
방 이후에 나서 자란 새 세대.

바. **해방사** 해방의 력사. ‖ 민족~. (2)

사. **해방자** 제국주의식민지예속에서 나라와 인민을 해방시켜준
대상을 이르는 말. ‖ “~”의 탈을 쓰고 남조선을 강점한 미제
국주의. (5)

아. **해방적** [-쩍] 해방을 이룩하기 위한(것).

통일 이후 통일을 생각한다

자. **해방전** = 해방전쟁. ‖ ~에 나서다. ㅣ이 나라의 빨찌산들이 해방전의 불길을 뿌리며 그대를 넘어왔다(장편서사시 〈백두산〉)(6).

차. **해방전쟁** 나라와 인민을 해방하기 위하여 침략자를 반대하여 싸우는 정의의 전쟁. ‖ ~의 불길이 세차게 타오르다. § (=) 해방전. (11)

카. **해방절** 해방된 것을 기념하기 위하여 해방된 날을 명절로 이르는 말.

타. **해방천지** 해방된 세상. ‖ ~을 <u>안아오다.</u>

파. **해방탑** 민족적해방을 기념하기 위하여 세우는 탑.

하. **해방투쟁** 나라와 인민을 외래침략자들과 반동통치배들의 억압과 예속에서 해방하기 위한 정의의 투쟁.

갸. **해방아** "해방된 해에 태여난 아이"를 이르는 말.

냐. **해방연** 해방의 기쁨을 경축하여 베푸는 연회. ‖ ~에서 만나다.

(13) 가. **해방(解放)**[해:—] ① 구속이나 억압, 부담 따위에서 벗어나게 함. 노예 해방/약소·민족의 해방/과중한 업무에서 해방이 된 홀가분한 마음/내일이면 학기말 시험에서 해방이다! ② 《역사》 1945년 8월 15일에 우리나라가 일본 제국주의의 강점에서 벗어난 일. ¶ 일본의 항복으로 우리는 해방을 맞았다.

나. **해방-감(解放感)**[해:—] 구속이나 억압, 부담 따위에서 벗어난 느낌. ¶ 천지간에 나 홀로라는 외로움이 지그시 몸을 감싸 오는데 한편에선, 내 행동을 내 마음대로 할 수 있다는 해방감

남북 언어 이질화와 그 통일에 대한 시각 문제

같은 것이 어렴풋이 가슴에 차올랐다.《이병주, 지리산》/하기
야 나 역시 지난 20년 동안 잘도 견디며 살아왔던 초라한 지
방 도시로부터의 해방감으로 몹시 들떠 있긴 했다.《김승옥,
그와 나》

다. <u>해방-구</u>(解放區)[해:—] ① 한 국가 안에서 저항 세력이 중앙
권력의 지배를 배제하고 저항의 근거지로 지배하는 지역. ②
《역사》 중국 혁명의 과정에서 공산당 정권이 통치한 지구.

라. <u>해방-군</u>(解放軍)[해:—] 구속이나 억압으로부터 벗어나게 해
주는 군대.

마. <u>해방-동이</u>(解放—) → 해방둥이.

바. <u>해방-둥이</u>(解放—)[해:—] 우리나라가 일본 제국주의로부터 해
방된 1945년에 태어난 사람을 이르는 말. ¶ 전 해방둥이입니
다. 참 묘할 때 세상에 태어났거든요. 잘못하면 창씨개명까지
할 뻔했는데 말이에요.《최인호, 무서운 복수》

사. <u>해방아</u>(解放兒) 북한어.

아. <u>해방-일보</u>(解放日報)[해:—] 1945년 9월 19일에 창간된 조선 공
산당 중앙 위원회의 기관지. 1946년 5월 18일에 조선 정판사
사건으로 폐간되었다. ② 해방구에서 발행하던 중국 공산당의
중앙 기관지. 1941년 5월에서 1947년 3월까지 발행되었다.

자. <u>해방절</u>解放節《북한어》 해방된 것을 기념하는 기념일.

(12가—나)는 조선말대사전(1992)의 '해방' 및 '해방' 관련 올림
말과 풀이 및 예이고, (13가—나)는 표준국어대사전(1999)의 '해방'

및 '해방' 관련 올림말과 풀이이다.[12] 둘은 올림말의 수에서 상당한 차이를 보인다. (12가–나)의 올림말에 밑줄을 그은 것은 북한말의 특이한 합성어를 강조한 것이다. 이들은 위에서 본 바와 같은 '합성적 이질화'의 예라고 할 수 있다. (13)의 표제어에 밑줄을 그은 것은 우리에게 생소한 단어를 나타낸 것이다.

조선말대사전(1992)의 예는 16항목이나 되는 데 대하여, 표준국어대사전(1999)의 예는 9항목에 지나지 않으며, 그 중에서도 '북한어'로 풀이되어 있는 예 둘을 제외하면 일곱 개밖에는 되지 않는다. 다시 북한에서 수입된 것으로 생각되는 '해방군'과 '해방구'를 제외하면 다섯 개밖에는 되지 않는다. 남은 예 중에서 그 음성 형식이 아주 흡사한 '해방동이'와 '해방둥이' 이 두 항목을 하나로 합치면 네 개가 되고, 거기서 다시 '해방일보'라는 고유명사를 제외하면, '해방' 관련항은 '해방, 해방감, 해방동이' 세 항목밖에는 남지 않는다.[13]

남쪽 사전이나 용례에서 '해방'이라는 말의 의미나 쓰임은 그 범위가 좁다고 할 수 있다. 남쪽에서의 '해방'은 (13가②)에 나타난 바와 같이, 1945년의 일본 식민지에서의 해방이라는 역사적 사건을 가리키는 의미가 강하다. 이에 대해서 북쪽에서의 '해방'이라는 말의 쓰임은 매우 이념적인 색채를 띠고 있으며, 1945년 일본 식민지에서의 해방이라는 역사적 사건을 가리키는 의미보다는 프롤레타리아 혁명에 의한 인민의 해방을 가리키는 의미가 강하다. (12가)의 밑줄 친 부분이 그러한 이념적 색채를 드러내는 부분이라 할 수 있다. "착취계급, 계급적 지배, 계급해방. 해방투쟁. 낡은 사상과 기술, 문화의 구속에서 벗어나게 하는것, 피압박 인민들은 오직 투쟁에 의해서만 자기자신을 해방할수 있다는것” 등과 같은 쓰임이나 예는 ‘해방’ 이란 말이 북쪽의 정치적 이념이나 체제와 밀접히 관련되어 있음을 보여 주는 것이다. 이러한 의미의 ‘해방’ 은 ‘체제적 이질화’ 를 보이는 예라 할 수 있다.

(12가)의 의미에서는 ‘해방처녀’ 의 의미를 귀납해 낼 수 없다. ‘해방처녀’ 가 ‘미혼모’ 의 의미까지 가려면 ‘정조 관념 없이 행실을 마음대로 하는 것’ 과 같은 의미가 있어야 한다. (12가②)의 의미를 적용할 수 있다고 할지 모르나, 그보다는 더 나쁜 의미가 작용해야 한다. 조선말대사전(1992)에서는 이 의미를 올리지 못하고 있을 뿐이다. 이러한 의미를 ‘문화적 이질화’ 라고 할 수 있을 것이다. 남쪽에서는 ‘자유부인’ 의 ‘자유’ 가 이러한 의미와 흡사하다.

(1)의 예를 중심으로 볼 때, 남북의 언어 사이에는 ‘인상적 이질화’ 가 분명히 존재한다. 그러나 그 인상적 이질화가 실제로도 이질화를 보이는 것인가 하는 문제에 대해서는 정밀한 검토가 필요하다. 남쪽의 어느 일부 지역이나 계층에서 쓰는 말도 있을 수 있고, 북한 체제 성립 이전에 북쪽의 어느 일부 지역이나 계층에서 썼던 말도 있을 수 있다. 그것을 선별하지 않고 비변별적으로 이질화에 포함시키는 것은 온당치 못하다. 위에서 드러난 것은 ‘체제적 이질화, 방언적 이질화, 합성적 이질화, 문화적 이질화’ 와 같은 것이다. 문화적 이질화에는 ‘순화적 이질화’ 와 같은 것도 포함된다. 북에서는 어려운 한자어, 일본어의 잔재 등에 대한 ‘말다

듣기' 운동을 계속하여 왔고, 남에서도 '국어 순화'를 계속하여 왔다. 그로 하여 결과되는 남북의 어휘가 다른 것이 되고, 그것이 몇 만 단어씩 늘어날 때, 남북 어휘의 이질화도 그만큼 늘어나게 될 것이다.

이제 남북 언어 이질화의 종류를 잠정적으로 다음과 같이 정리해 보자.

(14) 남북 언어 이질화의 종류

　　가. 인상적 이질화: 인상적으로 보아 남북의 언어가 다른 것으로 보이는 것. 뒤에 나올 '의사소통적 이질화'와 성격이 흡사하지만, 전적으로 같은 것은 아니다. 의사소통이 잘 안 되는 것에는 더 많은 요인이 작용할 것이기 때문이다.

　　나. 합성적 이질화: 구성 요소는 동질적이나, 합성어로는 이질성을 보이는 것.

　　다. 방언적 이질화: 북한 지방의 방언적 요소로 이질성을 보이는 것.

　　라. 체제직 이질회: 북한의 이념이나 체제와 관련하여 이질성을 보이는 것.

　　마. 문화적 이질화: 북한의 사회, 문화와 관련하여 이질성을 보이는 것. 이에 속할 수 있는 것의 하나가 '순화적 이질화'이다.

(14가)의 '인상적 이질화'를 진정한 이질화가 아니라고 보는 것은 그리 어려운 일이 아니다. 어떤 의미에서는 (14다)의 '방언적

남북 언어 이질화와 그 통일에 대한 시각 문제

이질화'는 진정한 이질화가 아니라고 할 수 있다. 북한 정권이 성립되기 이전부터 거기에 있었던 말인데 그것은 이질화의 근원이 되는 것이 아니라고 보기 쉽다. (14나)의 '합성적 이질화'도 합성어는 가능한 혹은 잠재적인 단어 형성이라 할 수 있으므로, 그 의미는 예측이 가능한 것이거나 학습이 어렵지 않은 것이기 때문에 조금만 수고해도 알 수 있는 것이다. 진정한 이질화는 (14라)와 같은 '체제적 이질화'나 (14마)와 같은 '문화적 이질화'에 국한될 가능성이 있다.

남북 언어의 이질성을 거의 인정하지 않는 태도는 남기심(1989)이나 송기중(1999)과 같은 논의에서 찾아볼 수 있다.

(15) 남기심(1989)에서의 언급

　　가. 현재 남북 간에는 의사소통에 지장이 될 정도의 이질화는 없다. 북한 발행 서적, 북한 방송, 북한 영화(예컨대 KBS 제2방송에서 방영한 《임꺽정》)를 읽고 듣거나, 탈북 귀순자와 대화를 하는 데 아무 어려움이 없는 것을 우리는 경험하고 있다. 북한보다 더 오랜 세월을 내왕 없이 지낸 중국 조선족과도 서로 뜻을 통하는 데 조금도 장애가 없다.

　　나. 다시 말하면 현재 남북 간의 언어 사이에는 심각한 음운체계상의 변화도 없고, 문법상의 차이도 없으며, 어휘체계상의 차이도 감지하기 어려울 정도라는 것이다.(밑줄 필자)

통일 이후 통일을 생각한다

(16) 송기중(1999)에서의 언급

　가. 1987년 모스크바에서 개최된 국제회의에서 만난 <u>평양 사람들</u>
　　　<u>과 처음부터 의사소통에 큰 지장이 없었다.</u> 대화 중, '호상간
　　　에'(상호간에), '담보하다'(보장하다)와 같이 언뜻 이해할 수 없
　　　는 어휘가 간혹 있었으나, 몇 번 들으면 대개 짐작할 수 있었
　　　다. 현격히 다른 학술용어 역시 상호 이해에 긴 시간이 필요
　　　없었다. 예를 들어, 본인이 "우리는 영어 용어 'three-
　　　dimensional-contrast system'을 '삼지적 대립체계'라고 합
　　　니다. 그쪽에서는 무엇이라고 합니까?"라고 물었을 때, 북한
　　　대표는 즉시 "아, 그거 우리는 '삼류음체계三類音體系'라고 하
　　　디요"라고 대답했고, 발표자는 그 표현을 즉시 이해할 수 있
　　　었다.

　나. 서울에서 직장을 가진 <u>연변 동포 몇 사람(중학교 정도의 교육 이</u>
　　　<u>수자)에게 의사소통의 문제를 물어 보니,</u> 대개 처음 2~3개월
　　　은 서울말을 몰라 좀 애로가 있으나, 그 후에는 문제가 전혀
　　　없었다고 한다.

　다. 문어文語의 경우도 상황은 비슷하다. 혹자는 <u>남북한 맞춤법의</u>
　　　<u>상이함을 우려하고 통일의 방안을 제시하지만, 크게 걱정할</u>
　　　<u>것이 없는 듯하다.</u>(이상 밑줄 필자)

(15가)에서는 '남북 간에는 의사소통에 지장이 될 정도의 이질
화는 없다'는 견해를 피력하고 있고 (15나)에서는 이를 더 세분하
여 남북한의 언어 사이에는 '심각한 음운체계상의 변화도 없고,

문법상의 차이도 없으며, 어휘체계상의 차이도 감지하기 어려울 정도’ 라고 말하고 있다. (16)에서도 의사소통에 큰 지장이 없음을 말하고 있다. 남북한 맞춤법의 상이성에도 불구하고 남북 언어 이질화 문제는 크게 걱정할 것이 없는 듯하다는 것이다.

의사소통과 관련해 남북한 언어 사이에 개재하는 이질화를 ‘의사소통적 이질화’ 라는 이름으로 부르기로 하자. (15)나 (16)이 말하고 있는 것은 남북 언어 사이에 의사소통적 이질화의 문제가 크지 않다는 것이다. 의사소통적 이질화가 크지 않은 것은, 남북 언어 사이에 기초 어휘가 동일하고 문법 요소가 대부분 공통된 위에, 의사소통 과정에는 모르는 것을 물을 수 있는 학습 과정이 개재할 수 있다는 것이다. 그리고 개인적인 능력에 따라, 북한의 체제나 사회, 문화에 대하여 어느 정도 이해를 가지고 있다면 북한 사람을 만나서 이야기하는 동안에 잠시 인상적 이질성을 느꼈다고 하더라도, 방언적 이질화나 합성적 이질화 혹은 체제적 이질화나 문화적 이질화를 넘어 이해의 어려움을 극복하는 데는 많은 시간이 필요하지 않을지도 모른다.

그렇다면 왜 남북의 언어는 이질화되었다고 하는가? 이 문제에 대한 명확한 인식을 가지기 위해서는 제주 방언의 예를 보는 것이 도움이 될 것이다. 제주도 민속촌에 있는 한 안내판의 예를 보기로 하자.

(17) 가. 몽케지 마랑 혼저 오라게(꾸물대지 말고 어서 오십시오).

나. 와리지 맙써 호끔 싯당 가끄메(서두르지 마세요. 조금 있다가 가

겠습니다).

　웬만큼 제주도 방언에 익숙한 사람이 아니라면, (17가, 나)가 무슨 뜻인지 알기는 어려울 것이다. 표준어를 익히지 않은 토박이 제주 사람과 다른 지방 사람과는 의사소통이 거의 불가능할 정도로 제주 방언은 특이하다. 제주 방언과 표준어는 기초 어휘에서도 차이가 나는 것이 많고 문법 요소 사이에도 상당한 차이가 존재한다. 이에 대해서 북쪽 말은 남쪽 말과 기초 어휘가 기본적으로 동일하고, 문법 요소도 상당 부분 공통된다. 따라서 차이로만 본다면, 우리 표준어와 제주 방언의 차이가 남북의 언어 차이보다 더 크다고 할 수 있다.

　'북한어'라는 말의 성격이 불투명함을 지적하고 있는 것은 홍윤표(2007)에서이다. 이를 다음과 같이 보이기로 한다.

(18) 홍윤표(2007)에서의 언급

　가. 결론적으로 ① <u>남북한의 언어는 광복 이후에 새로 만든 어휘들이니 치용한 어휘에서 차이가 나는 것</u>이라고 할 수 있다. 결과적으로는 남북한 간의 언어 차이가 되었지만, 본질적으로 그것은 남북한의 언어 차이라고 하기 어렵다. ② <u>언어 변화로 인한 결과이어서 그것은 세대 간의 언어 차이로 인식되어야 한다.</u> 오늘날 남한에서 세대 간의 언어 차이로 인해 부자 간이나 모자 간, 또는 부자 간이나 부녀 간에 의사소통에 장애를 일으키는 경우가 많은 것처럼, 북한에서도 동일한 현상이 일

남북 언어 이질화와 그 통일에 대한 시각 문제

어난다고 한다. 따라서 ③ 이에 비한다면 남북한 언어 차이는
적은 편이라고 할 수 있다.(밑줄 필자)
　나. 그래서 남북한어의 차이는 ① 방언적 차이 ② 새로 만든 말(학
　　술 용어 등) ③ 새로 차용한 말 ④ 다듬은 말(순화한 말)에서 차
　　이를 보이는 것이다.
　다. 남북한 언어의 기본이 되는 기초 어휘들은 큰 차이가 없는 것
　　이다.

(19) 남북한 언어의 차이는 ① 방언적 차이 ② 새로 만든 말로 인한 차
　　이 ③ 다듬은 말(순화한 말)로 인한 차이 ④ 의미 변화가 일어남으
　　로 인한 차이[14] 등으로 요약될 수 있다.[15]

　(18가)의 밑줄 친 ①은 남북한의 언어가 "광복 이후에 새로 만
든 어휘들이나 차용한 어휘에서 차이가 나는 것"임을 말하고 있
다. (18나)와 (19)는 남북 언어의 차이의 세부를 지적한 것이지만,
(18가)의 밑줄 친 ②는 그것을 세대 간의 언어 차이와 같은 정도
로 파악해야 함을 말하고 있다. 기본적으로 (18다)와 같은 인식이
바탕에 깔려 있는 것으로 보인다. 남북의 기초 어휘들은 큰 차이
가 없기 때문에 남북 언어 이질화가 크다고 말하는 것은 잘못되
었다는 것이다.
　그렇다면, 남북의 언어는 왜 이질화되었다고 하는가? 이질화의
골이 크고 깊기 때문인가? 반드시 그런 것은 아니다. 이질화의 골
이 그렇게 크거나 깊지 않아도, 남북의 언어가 가지는 크고 작은

차이는 이질화의 문제로 대두된다. 이는 이질화를 이야기하는 배경이 통일을 전제로 하기 때문이다. 애초 같은 것이었기 때문에 이질화된 것으로 인식하는 것이며, 애초 같은 것이었기 때문에 그들은 동질성을 회복하고 통일되어야 한다는 논리가 작용한다. 이를 제주 방언과 비교해 보기로 하자. 표준어와 제주 방언은 통일되어야 하는가? 그렇지 않다. 제주 방언은 표준어와 통일되어야 하는 것이 아니기 때문에, 제주 방언을 표준어와 비교하여 이질화되었다고 말하지 않는다.

다시 연변延邊 조선족의 언어를 보기로 하자. 한국의 언어와 연변 조선족의 언어는 이질화되었다고 이야기하는가? 그렇지 않다. 한국의 언어와 연변 조선족의 언어가 아무리 다른 것이 되었다고 하더라도, 이 두 언어를 이질화의 차원에서는 이야기하지 않는다. 한국의 언어와 연변 조선족의 언어가 통일되어야 하는 것은 아니기 때문이다. 다시 질문할 수 있는 것은, 한국의 언어와 중앙아시아의 고려인의 언어가 이질화되었다고 말할 수 있는가 하는 것이다. 그들이 아무리 다른 것은 되었다고 하더라도, 이를 이실화의 차원에서 이야기한 일은 없을 것이다. 한국의 언어와 중앙아시아 고려족의 언어가 통일되어야 하는 것은 아니기 때문이다. 다시, 한국의 언어와 재일한국인의 언어는 이질화되었는가? 한국의 언어와 재일한국인의 언어가 아무리 다른 것이 되었다고 하더라도, 이 두 언어를 이질화의 차원에서는 이야기하지 않는다. 한국의 언어와 재일한국인의 언어가 통일되어야 하는 것은 아니기 때문이다. 한국의 언어와 재미한인在美韓人의 언어는 이질화되었는가? 이에 대해서도 대답은 똑같다. 한국의 언어와 재미한인의 언어가 아무리 다른 것이 되었다고 하더라도, 이에 대해서 이질화의 개념을 적용하는 것은 적합하지 않다. 이를 다음과 같이 제시하기로 한다.

> (20) 남북 언어 이질성의 대두와 통일에 대한 전제
> 　　남북 언어의 이질성 문제는 그 이질화의 심각성 때문에 대두되는 것이 아니다. 이질성은 동질성을 전제로 하는 것이기 때문에, 남북의 언어 이질성 논의는 통일을 전제로 하여 성립하는 개념이다.

제주 방언에는 표준어의 배경에 있는 것과 다른 정치적 이념이 있는 것도 아니고, 표준어와 다른 규범이 있는 것도 아니다. 그러나 북한 언어의 배경에는 우리와 다른 이념이 있고, 우리와 다른 정치·사회·문화적 체제가 있고, 우리와 다른 언어와 문자에 대한 규범이 있다. 통일과 관련해서는 남북 언어 규범의 작은 차이도 중대한 것이 될 수 있다. 언어 규범의 문제를 보기로 하자.

〈한글 맞춤법〉의 제정과 그 역사적 의의

1. 〈한글 마춤법 통일안〉의 제정과 배경

〈한글 맞춤법〉의 이전 모습인 〈한글 마춤법 통일안〉이[16] 제정되

통일 이후 통일을 생각한다

어 공표된 때는 일제 치하 소화昭和 8년(1933) 10월 29일이다. 〈한글 마춤법 통일안〉 머리말에 10월 29일이 "한글 반포 제487회 기념일"이라고 명기되어 있다. 《한글학회 100년사》에 의하면 그 기념식이 명월관 본점(돈의동)에서 오후 5시부터 열렸다고 한다. 그날 간사장 최현배의 개회사가 있었고, 이희승의 훈민정음 서문 낭독이 있었고, 이윤재의 〈한글 마춤법 통일안〉 작성 경과보고가 있었고, 송진우, 주요한, 조동식, 조병옥, 여운형 등 5인의 축사가 있었음을 기록하고 있다. 이어 이극로가 축전을 낭독하였다.

1933년의 〈한글 마춤법 통일안〉의 머리말 및 《한글학회 100년사》에 의하면, '마춤법'의 제정 작업이 시작된 것은 1930년 12월 13일이며, 이는 조선어학회 총회의 결의에 의한 것이다. 총회에서는 '한글 마춤법의 통일안'을 제정하기로 하고, 처음에 위원 12인 (권덕규, 김윤경, 박현식, 신명균, 이극로, 이병기, 이윤재, 이희승, 장지영, 정열모, 정인섭, 최현배)으로 '조선어 철자 통일 위원회'를 구성하여, 1931년 7월 9일 61개 항목의 초고를 탈고하였고, 그 후 2년간 심의를 거듭하여, 1932년[17] 12월에 이르러 91개 항목에 이르는 원안을 작성하였다고 한다. 다시 위원 6인(김선기, 이갑, 이만규, 이상춘, 이세정, 이탁)을 뽑아, 총 18인으로 하여금 개성에서 1932년 12월 25일에서[18] 1933년 1월 4일까지 회의를 열어 그 원안을 축조 심의해 제1독회를 마치고, 다시 이를 수정하기 위하여 수정위원 10인(권덕규, 김선기, 김윤경, 신명균, 이극로, 이윤재, 이희승, 장지영, 정인섭, 최현배)에게 맡겨 6개월 동안 수정을 거치게 하였다.

수정이 끝난 뒤에는 위원 전체가 화계사에서 1933년 7월 25일부터 8월 3일까지 회의를 열어 제2독회를 마치고,[19] 또 이를 전체적으로 정리하기 위하여 정리 위원 9인(권덕규, 김선기, 김윤경, 신명균, 이극로, 이윤재, 이희승, 정인섭, 최현배)에게 맡겨 최종 정리를 하게 한 후, 10월 19일 임시총회를 거쳐 이를 시행하기로 결의하였다. 이로써 〈한글 마춤법 통일안〉은 비로소 완성되었다. 3년 동안 125회의 회의가 있었으며 433시간이 소요되었다고 한다.

이런 과정을 거쳐 일제 치하 소화昭和 8년 10월 29일, 〈한글 마춤법 통일안〉이 공표되었다.

2. 〈한글 마춤법 통일안〉 제정의 정신과 의의

무엇보다도 여기서 주목되는 것은 〈한글 마춤법 통일안〉이 겉으로는 매우 평온하게 만들어지고 있다는 점이다. 제정 과정에 누가 체포되었다거나 구금되었다거나 재판을 받았다는 기록이 없다. 이에 대해서는 적어도 두 가지 추측이 가능하다. 하나는 1919년 3·1운동 이후 적어도 1933년 12월까지 일제는 조선에 대한 문화정책으로 어문관계 작업을 특별히 탄압하지 않았다고 보는 것이다. 다른 하나는 〈한글 마춤법 통일안〉의 제정 작업이 아주 은밀하게 행해졌기 때문에, 일제가 거의 눈치를 채지 못했다고 추측하는 것이다. 실제로는 두 가지 요인이 다 같이 작용하였을 가능성이 있다.

일제가 한국인들을 압박하기 위해 〈조선 사상범 보호 관찰령〉

을 공포한 것이 1936년이고, 1939년 4월부터는 학교에서 국어 과목을 가르치지 못하게 하였고, 각 신문·잡지를 점차 폐간하였다. 1941년에는 〈조선 사상범 예방 구금령〉을 공포하였다. 1941년 12월 진주만 습격으로 제2차 세계대전에 뛰어든 일본은 내부적 저항을 단속하기 위하여, 1942년 10월에는 관련인사 총검거에 나서는 등 조선어학회에도 탄압을 가하기 시작하였다. 이것이 이른바 '조선어학회 사건'이다. 조선어학회는 1942년 4월, 조선어 사전을 편찬 중이었다. 이를 보면, 〈한글 마춤법 통일안〉의 제정이 비교적 평온하게 이루어진 것은 일제의 탄압이 이에 미치지 않은 결과라고 할 수 있다.

그러나 〈한글 마춤법 통일안〉을 만든 사람들은 항일 독립운동의 하나로 이 작업을 수행했던 것이라고 할 수 있다. 원안 작성위원 12인과 증선된 6인 등 총 18인에 의한 조선어 철자 통일 위원회 전체회의 제1독회가 개성開城의 고려청년회관에서 열리고 있다.

한글학회(2009: 370~371)의 《한글학회 100년사》에 의하면, 이 모임은 일제의 집회 허가를 받은 것으로 되어 있다. 집회 허가가 늦어져 예정보다 하루 늦은 12월 27일 하오 3시에 독회를 시작하여 이듬해 1월 4일에 독회를 마쳤다고 한다. 이 독회가 일제의 집회 허가를 받았다고 하여 그 성격이 단순한 맞춤법 제정이 된다고 하기 어렵다. 《한글학회 100년사》에 개성의 유지 '공탁孔濯'[20]이 통일 위원 전원의 숙박비, 왕복 차비, 회의비 등을 부담하고, 환영 만찬회를 베풀고, 고려청년회관 이사장 '황중현'도 위로 만

남북 언어 이질화와 그 통일에 대한 시각 문제

찬회를 베풀었다고 한다. 신문사 지국의 후원도 있었고, 한성도 서주식회사는 회의자료 준비를 도왔다고 한다. 온 장안이 위원들을 충심으로 맞이해 주었다고 한다. 그들은 왜 헌신적으로 이들을 맞이해 주었는가? 통일안 작성을 항일 독립운동의 하나로 여겼기 때문이다. 그렇지 않다면, 조선어 철자법 통일 위원회 위원들이 개인적으로 훌륭한 인사들이었기 때문에 이들을 환영했다는 것이 된다. 그러나 그럴 가능성은 희박하다.

제2독회는 인천 및 화계사華溪寺에서 가졌다. 그들은 왜 인천이나 화계사를 택해 제2독회를 한 것인가? 화계사는 지금은 서울 외곽에 위치해 있지만, 당시에는 심산유곡에 있던 절이다. 거기서 제2독회를 한 것은 일제의 눈을 피하기 위해서였다. 따라서 〈한글 마춤법 통일안〉을 만들고 이를 선포한 사람들은 '항일 독립운동의 정신'에 입각해 있었다고 보아야 한다. 이를 다음과 같이 제시하기로 한다.

(21) 〈한글 마춤법 통일안〉 제정의 정신
　　〈한글 마춤법 통일안〉을 만들고 이를 선포한 사람들은 겉으로 드러내지는 않았으나 '항일 독립운동의 정신'에 입각해 있었다.

이를 단순히 '어문민족주의'나 '애국계몽운동' 혹은 '반제국주의'나 '한글운동'과 같이 보는 것은 문제의 핵심을 벗어나는 것이며, '항일 독립운동의 정신'을 과소 평가하거나 부분적으로는 훼손하는 것이다. '어문민족주의'나 '애국계몽운동' 혹은 '반제국주의’ 나 ‘한글운동’ 과 같은 것은 구한말에도 가능한 것이며, 일제에서 독립한 현재에도 할 수 있는 일이다.

그렇다면 〈한글 마춤법 통일안〉 제정이 왜 항일운동이 되는가? 당시는 일제가 만든 〈언문철자법〉이 이미 있었기 때문이다. 조선 충독부는 1912년 4월 〈보통학교용 언문철자법〉을 제정하였는데, 그 서언을 보면 다음과 같이 되어 있다.[21] 원문은 일문日文인데, 김민수(1973)의 번역을 가져오기로 한다.[22]

(22) 가. 본 언문철자법은 낭曩에[23] 본부가 조사촉탁원에게 명하야 조사 결정하게 한 것이다.

　　나. 본 언문철자법은 종래 언문철자법이 구구하야 교수상 불편이 불소함으로 보통교육상에 사용하게 할 목적으로 특히 차此를 일정하야 보통학교용 교과서에 채용한 것이다.

　　다. 본 언문철자법은 대체 좌左의 방침에 의함.

　　　ㄱ. 경성어를 표준으로 함.

　　　ㄴ. 표기법은 표음주의에 의하고, 발음에 원遠한 역사적 표기법 등은 차를 피함.

　　　ㄷ. 한자음으로 된 어語를 언문으로 표기하는 경우에는 특히 종래의 철자법을 채용함.

　　라. 본 철자법에는 국어의 오십음, 탁음 · 장음 등의 표기법도 병기함.

일제는 1912년 4월에 이미 보통학교용 철자법을 마련하고 잇

남북 언어 이질화와 그 통일에 대한 시각 문제

다. (22나)는 그것을 수정하는 것임을 말한 것이다. (22다ㄱ)은 〈한글 마춤법 통일안〉 총칙 제2항과도 흡사하다. 1912년 〈보통학교용 언문철자법〉은 1921년에 수정되어 〈보통학교용 언문철자법 대요大要〉가 나오고, 1930년 2월에도 종전의 규정을 대폭 수정하여 〈언문철자법諺文綴字法〉을 제정, 발표하였다. 이 철자법은 1940년대까지 10여 년간 통용되었다. 〈한글 마춤법 통일안〉은 기본 원칙이 (22)와 같은, 조선총독부의 〈언문철자법〉에 대항하기 위한 것이다. 조선총독부의 〈언문철자법〉은 당시의 학교 교육에서 광범하게 쓰이던 철자법이었고, 신문이나 잡지 등에서도 채택된 철자법이었다.

조선총독부의 〈언문철자법〉은 일제의 것이다. 그것은 절대로 우리의 것이 아니다. 〈보통학교용 언문철자법〉 제정에 일본인 구니아키國分象太郎, 신조新庄順貞, 시오카와鹽川一太郎, 다카하시高橋亨 등 4인과 조선인 현은, 유길준, 강화석, 어윤적 등 4인이 같은 수로 참여해 만들어졌다고 하더라도, 그것은 일제의 것이지, 우리의 것이 아니다. 제3차 〈언문철자법〉 제정에 심의린, 박영빈, 박승두, 이세정, 권덕규, 정열모, 최현배, 신명균, 장지영, 김상희 등과 일본인 니시무라西村眞太郎, 다나카田中眞太郎, 후지나미藤波義貫, 오구라小倉進平, 다카하시古橋亨 등이 같이 참여하였다고 하더라도, 그것은 일제의 것이지, 우리의 것이 아니다. 설사 〈한글 마춤법 통일안〉의 어떤 내용이 일제의 〈언문철자법〉과 유사하더라도, 〈한글 마춤법 통일안〉을 〈언문철자법〉과 역사적으로 연계짓는 것과 같은 일은 근본적으로 잘못된 것이다. 그래서 일제의 〈언문철자법〉이 뒤에 〈한글 마춤법 통일안〉으로 이어지는 것과 같이 기술하는 것은 온당하지 않다. 그것은 민족의 자존과 정통성을 크게 해치는 것이며 민족의 얼굴에 먹칠을 하는 것이다.

조선총독부의 〈언문철자법〉은 일본의 역사에서 기술될 것이지, 절대로 한국의 역사에서 기술될 것이 아니다. 조선어학회의 〈한글 마춤법 통일안〉은 문화적 독립을 이루기 위해 일제의 〈언문철자법〉에 대항해 만든 것이다. 이를 다음과 같이 정리하기로 한다.

> (23) 〈한글 마춤법 통일안〉의 성격과 의의
>
> 〈한글 마춤법 통일안〉은 일제의 〈언문철자법〉에 대항하여 만든 것으로, 〈한글 마춤법 통일안〉의 제정은 민족의 자존을 지키기 위한 정신이 만들어 낸 것이며, 문화적으로 일제에 종속되지 않고, 급기야는 민족의 독립을 쟁취하려고 하는 불굴의 정신이 만들어 낸 것이다.

현재의 〈한글 맞춤법〉은 이를 계승한 것이므로, 그것이 (23)과 같은 의의를 가지는 것은 남북이 통일되었을 때 북쪽이 이 맞춤법을 받아들이고 이 맞춤법으로 돌아간다고 해도 아무런 부끄러움이 없음을 의미한다.

〈한글 마춤법 통일안〉 제정과 관련해 또다시 주목되는 것은 그것이 남북 분단 이전에 만들어졌다는 점이다. 남북이 분단되고 사상에 균열이 생긴 것은 1945년 8월 15일 이후, 혹은 남북한에 독자적인 정권이 들어서고 난 후의 일이다. 남북 언어 이질화 문제가 발생하게 된 것도 이를 분기점으로 한다. 〈한글 마춤법 통일안〉은 남북이 분단되기 이전에 만들어진 것이므로, 즉 나중에 북으로 간 인사와 남쪽의 인사가 모두 협력해 만든 언어 규범이므로, 남북 언어 이질화를 극복하기 위해 단일 규범을 만들어야 한다면, 〈한글 마춤법 통일안〉에 기초해야 한다는 논리를 세울 수 있다. 이를 다음과 같이 제시하기로 한다.

(24) 남북 언어 이질화와 〈한글 마춤법 통일안〉
〈한글 마춤법 통일안〉은 남북의 언어가 이질화되기 전에 만들어진 것이므로, 즉 그것은 나중에 북으로 간 인사와 남쪽의 인사가 다같이 협력하여 만든 맞춤법이므로, 남북이 공통 어문 규범을 만들고자 할 때에는 그것이 기초가 되어야 한다는 논리를 세울 수 있다.

3. 〈한글 마춤법 통일안〉의 보급과 국가

일제 소화 8년(1933) 10월 29일 〈한글 마춤법 통일안〉이 발표되던 날에는 사회 각계 인사들이 참석하여 그 완성을 축하하고 그것을 만든 사람들의 노고를 치하해 마지않았다. 이 축하는 (21)에 제시한 것과 마찬가지로, 〈한글 마춤법 통일안〉이 일제 치하라는 역사의 가장 비극적인 상황에서 독립적인 정신을 발휘해 이루어 낸 작업이었기 때문이다. 그것을 단순히 문란하던 표기법을 통일을 위하여 제정하였기 때문에 축하한 것이라고 보아서는 안 된다.

조선어학회에서는 다음과 같은 활동을 통해 그 계몽과 보급에도 많은 노력을 기울였다(한글학회 2009: 379ff).

(25) 가. 방송, 강습회, 집필 등을 통한 보급.

나. 기관지 《한글》의 대중화.

다. 《철자 사전》 발간계획과 '조선문 교정부' 특설.

라. 기독교계에 대한 설득.

마. 〈한글 마춤법 통일안〉 보급회의 조직.

이러한 노력의 성과는 매우 제한적이었던 것이 분명하다. 강습회라는 것이 전국적으로 진행되기를 바라기는 어려운 일이며, 《한글》지를 전국적으로 보급하는 일도 그렇게 쉬운 일은 아니었을 것이다. (25다)의 《철자 사전》의 발간은 계획으로만 그쳤고, 기독교계에 대한 설득도 그 성과는 미미한 것이었다. 《한글학회 100년사》에 의하면, 조선장로교총회에서는 1936년 《신편 찬송가》를 발행할 때 통일안을 따르기로 약속했으나, 발행할 때에는 종전의 철자법을 따랐나고 한다. 기독교교육연맹에서는 1934년 11월에, 조선예수교장로회에서는 1937년 9월에 각각 그 총회에서 성경에 통일안을 준용할 것을 결의하였으나 실행에 옮기지는 않았다고 한다.

〈한글 마춤법 통일안〉이 전국적으로 보급되는 단초가 된 것은 여러 신문이 사설을 통해 학회의 노고를 기리고 통일안의 권위를 인정하면서, 온 겨레가 이에 따를 것을 호소한 것과 관련된 것으

남북 언어 이질화와 그 통일에 대한 시각 문제

로 여겨진다. 당시 《동아일보》와 《조선일보》는 1933년 10월 29일
자 신문의 부록으로 〈한글 마춤법 통일안〉 전문을 인쇄하여 전국
에 배포하였다고 한다. 당시의 잡지도 통일안에 따라 그 표기법
을 준용하였다고 한다. 마침내 1934년 7월 8일에는 문예가文藝家
78인이 궐기하여 통일안을 지지하는 성명을 발표하게 되고, 각지
에서 통일안을 지지하는 글들을 발표하였다고 한다. 이를 통일안
의 수용으로 보아 다음과 같이 정리하기로 한다.

(26) 〈한글 마춤법 통일안〉의 수용
　　〈한글 마춤법 통일안〉이 당시 언론과 문예계에 점차 수용되게 된
　　것은 그것이 항일 정신에 입각한 독립운동의 일환으로 이루어진
　　것으로 여겨졌기 때문이다.

그러나 통일안을 비판하는 사람들고 있었고, 격렬하게 반대하는
사람들도 있었다. 가장 격렬한 반발을 보인 것이 박승빈과 조선어
학연구회였다. 이들은 기관지 《정음正音》을 만들어 조선어학회의
'한글' 에 반대하였다. 〈한글 마춤법 통일안〉의 실시가 근원적인 한
계를 지니고 있었던 것은 그것으로 교육을 실시하지 못하였다는
것이다. 교육 영역에서는 일제의 〈언문철자법〉이 행해졌다.
　조선어학회가 〈한글 마춤법 통일안〉을 만들고 그것을 보급하
는 주체가 된 것은 나라가 없었기 때문이다. 당시에 우리에게도
나라가 있었다면, 설령 조선어학회가 〈한글 마춤법 통일안〉을 마
련하였다고 하더라도, 그 보급의 주체가 일개의 민간학회가 되었

을 리는·없다. 국가의 맞춤법인데 국가가 보급과 실천의 주체가 되어야 한다.

물론 맞춤법을 반드시 국가가 관장해야 하는 것은 아니다. 영어와 같은 예가 대표적으로, 오랜 전통과 관례와 교육과 권위 있는 사전에 의해 그 규범이 일반적인 구속력을 가진다. 그러나 우리에게 있어서 훈민정음 창제 이후의 전통적인 표기법은 〈한글 마춤법 통일안〉의 원리와는 다른 것이다. 〈한글 마춤법 통일안〉은 개화기 이후 주시경에서 비롯한 새로운 인식을 바탕으로 하는 것이다. 그것은 전통에 의한 구속력을 가지지 못한 것이므로, 보급이 큰 문제가 된다.

이러한 의미에서 1945년 한국이 독립되면서 〈한글 마춤법 통일안〉이 국가의 맞춤법이 된 것은 매우 중요한 사건이라 아니할 수 없다. 비로소 민족의 교육에 이 맞춤법을 쓸 수 있게 된 것이다. 여기에는 최현배의 공로가 큰 것으로 여겨진다. 최현배가 1945년 9월부터 1948년 9월까지, 1951년 1월부터 1954년 1월까지 미군정청과 문교부(지금의 교육과학기술부) 편수국장을 지낸 것과도 관련이 있을 것이다. 〈한글 마춤법 통일안〉은 몇 차례의 수정을 거쳐, 1988년 1월 19일, 문교부 고시 제88-1호에 의하여 현재와 같은 〈한글 맞춤법〉이 되었다.

4. 〈한글 맞춤법〉의 주요 항목

한국의 어문 관련 사항으로 통일 후 문제가 될 중요한 사항은 어문 규정과 학교 문법이라 할 수 있다. 이 중 한국의 어문 규정을 다음과 같이 보이기로 한다.

(27) 한국어의 어문 규범

　　　가. 한글 맞춤법

　　　나. 표준어 규정

　　　다. 외래어 표기법

　　　라. 국어의 로마자 표기법

남북이 부딪히면 무엇 하나 쉽게 해결될 것은 없을 것이지만, 그 중에서도 가장 중요하게 부각될 문제는 〈한글 맞춤법〉과 〈표준어 규정〉일 것이다. 주요 사항들을 다음과 같이 보기로 한다.

(28) 한글 맞춤법 제1장 총칙 제1항, 제2항

　　　가. 제1항 한글 맞춤법은 표준어를 소리대로 적되, 어법에 맞도록 함을 원칙으로 한다.

　　　나. 제2항 문장의 각 단어는 띄어 씀을 원칙으로 한다.

(29) 표준어 규정 제1장 총칙 제1항

　　　표준어는 교양 있는 사람들이 두루 쓰는 현대 서울말로 정함을 원칙으로 한다.

(28가)는 〈한글 맞춤법〉의 큰 원칙을 밝힌 것이다. 한글 맞춤법

통일 이후 통일을 생각한다

의 표기 대상이 표준어라는 것, 그것을 소리대로 적는 표음주의
와 어법에 맞도록 적는 형태주의를 채택하였음을 천명하고 있다.
여기에 표기 대상으로 표준어라는 것이 포함되어 있기 때문에,
(29)에 관련 표준어 규정을 보였다. 표준어는 '서울말' 로 정하는
것이 원칙임을 밝히고 있다. (28나)는 띄어쓰기 규정이다. 이 큰
규정에 대해 예외가 되는 것은 '조사' 이다.

자모의 이름과 차례는 다음과 같다.

(30) 한글 맞춤법 제2장 자모

　　가. 제4항 한글 자모의 수는 스물 넉 자로 하고, 그 순서와 이름은
　　　　다음과 같이 정한다.

ㄱ(기역)	ㄴ(니은)	ㄷ(디귿)	ㄹ(리을)	ㅁ(미음)
ㅂ(비읍)	ㅅ(시옷)	ㅇ(이응)	ㅈ(지읒)	ㅊ(치읓)
ㅋ(키읔)	ㅌ(티읕)	ㅍ(피읖)	ㅎ(히읗)	
ㅏ(아)	ㅑ(야)	ㅓ(어)	ㅕ(여)	ㅗ(오)
ㅛ(요)	ㅜ(우)	ㅠ(유)	ㅡ(으)	ㅣ(이)

　　나. [붙임1] 위의 자모로써 적을 수 없는 소리는 두 개 이상의 자
　　　　모를 어울려서 적되, 그 순서와 이름은 다음과 같이 정한다.

ㄲ(쌍기역)	ㄸ(쌍디귿)	ㅃ(쌍비읍)	ㅆ(쌍시옷)	ㅉ(쌍지읒)
ㅐ(애)	ㅒ(얘)	ㅔ(에)	ㅖ(예)	ㅘ(와)
ㅙ(왜)	ㅚ(외)	ㅝ(워)	ㅞ(웨)	ㅟ(위)
ㅢ(의)				

　　다. [붙임2] 사전에 올릴 적의 자모 순서는 다음과 같이 정한다.

남북 언어 이질화와 그 통일에 대한 시각 문제

자음 ㄱ ㄲ ㄴ ㄷ ㄸ ㄹ ㅁ ㅂ ㅃ ㅅ ㅆ ㅇ ㅈ ㅉ ㅊ ㅋ ㅌ ㅍ ㅎ

모음 ㅏ ㅐ ㅑ ㅒ ㅓ ㅔ ㅕ ㅖ ㅗ ㅘ ㅙ ㅚ ㅛ ㅜ ㅝ ㅞ ㅟ ㅠ ㅡ ㅢ ㅣ

(30가)는 기본 자모의 종류와 순서 그리고 그 이름을 보인 것이다. (30나)는 기본 자모 외의 소리를 적는 된소리 자모와 이중 모음 자모의 순서와 이름을 보인 것이다.

두음법칙은 아주 복잡한 규칙으로 되어 있는데, '다만' 항과 '붙임' 항을 생략하고 주요 항목만 보이면 다음과 같다.

(31) 두음법칙

가. 제10항 한자음 '녀, 뇨, 뉴, 니'가 단어 첫머리에 올 적에는 두음법칙에 따라 '여, 요, 유, 이'로 적는다(ㄱ을 취하고, ㄴ을 버림).

ㄱ	ㄴ		ㄱ	ㄴ
여자女子	녀자	|	유대紐帶	뉴대
연세年世	년세	|	이토泥土	니토
요소尿素	뇨소	|	익명匿名	닉명

나. 제11항 한자음 '랴, 려, 례, 료, 류, 리'가 단어의 첫머리에 올 적에는 두음법칙에 따라 '야, 여, 예, 요, 유, 이'로 적는다(ㄱ을 취하고, ㄴ을 버림).

ㄱ	ㄴ		ㄱ	ㄴ
양심良心	량심	|	용궁龍宮	룡궁
역사歷史	력사	|	유행流行	류행
예의禮儀	례의	|	이발理髮	리발

통일 이후 통일을 생각한다

다. 제12항 한자음 '라, 래, 로, 뢰, 루, 르'가 단어의 첫머리에 올 적에는 두음법칙에 따라 '나, 내, 노, 뇌, 누, 느'로 적는다(ㄱ을 취하고, ㄴ을 버림).

ㄱ	ㄴ		ㄱ	ㄴ
낙원樂園	락원	ǀ	뇌성雷聲	뢰성
내일來日	래일	ǀ	누각樓閣	루각
노인老人	로인	ǀ	능묘陵墓	릉묘

(31가)는 '이'나 반모음 /j/ 앞에 오는 'ㄴ'을 적지 않음을 규정한 것이고, (31나)는 '이'나 반모음 /j/ 앞에 오는 'ㄹ'을 적지 않음을 규정한 것이다. (31다)는 '이' 계통이 아닌 음 앞에 오는 'ㄹ'을 적지 않음을 규정한 것이다.

남북한의 맞춤법 중 크게 차이 나는 것의 하나가 사이시옷의 표기이다. 그 해당 맞춤법 규정을 다음과 같이 보이기로 한다.

(32) 사이시옷 표기: 제30항 사이시옷은 다음과 같은 경우에 받치어 적는다.

1. 순 우리말로 된 합성어로서 앞말이 모음으로 끝난 경우.

(1) 뒷말의 첫소리가 된소리로 나는 것.

고랫재	귓밥	나룻배	나뭇가지
냇가	댓가지	뒷갈망	맷돌
머릿기름	모깃불	못자리	바닷가
뱃길	볏가리	부싯돌	선짓국

남북 언어 이질화와 그 통일에 대한 시각 문제

쇳조각   아랫집   우렁잇속   잇자국

잿더미   조갯살   찻집   쳇바퀴

킷값   핏대   햇볕   혓바늘

(2) 뒷말의 첫소리 'ㄴ, ㅁ' 앞에서 'ㄴ' 소리가 덧나는 것.

멧나물   아랫니   텃마당   아랫마을

뒷머리   잇몸   깻묵   냇물

빗물

(3) 뒷말의 첫소리 모음 앞에서 'ㄴㄴ' 소리가 덧나는 것.

도리깻열   뒷윷   두렛일   뒷일

뒷입맛   베갯잇   욧잇   깻잎

나뭇잎   댓잎

2. 순 우리말과 한자어로 된 합성어로서 앞말이 모음으로 끝난 경우.

(1) 뒷말의 첫소리가 된소리로 나는 것.

귓병   머릿방   뱃병   봇둑

사잣밥   샛강   아랫방   자릿세

전셋집   찻잔   찻종   촛국

콧병   탯줄   텃세   핏기

햇수   횟가루   횟배

(2) 뒷말의 첫소리 'ㄴ, ㅁ' 앞에서 'ㄴ' 소리가 덧나는 것.

곗날   제삿날   훗날   툇마루

양칫물

(3) 뒷말의 첫소리 모음 앞에서 'ㄴㄴ' 소리가 덧나는 것.

통일 이후 통일을 생각한다

가욋일   사잣일   예삿일   훗일

3. 두 음절로 된 다음 한자어.

곳간庫間   셋방貰房   숫자數字   찻간車間

툇간退間   횟수回數

  기타 띄어쓰기에서도 남쪽의 맞춤법은 북쪽과 상당한 차이를 보이는 것이고, '띄어쓰기, 되었다' 와 같이 남쪽은 '이' 모음 순행 동화를 표기에 반영하지 않는 것도 북쪽과 다른 점이다.

북한 맞춤법의 성격

1. 〈조선어 신철자법〉(1950)과 이후 맞춤법의 골격

  북한의 초창기 어문정책 담당기관인 '조선어문연구회' 는 이전에 조직된 민간 자유단체(1946년 7월 발족) '북조선언문연구회' 에 남한에서 월북한 학자들이 참여하여 확대된 단체이다. 1947년 2월 5일 '북조선 림시 인민 위원회' 의 결정 제175호에 의해 김일성종합대학 내에 설치되었다가, 1948년 10월 2일 북한 내각 제4차 회의에서 조선 어문의 통일과 발전을 위한 연구 사업을 일층 강화 추진하기 위하여 '북조선 림시 인민 위원회' 의 결정 10호에 의하여, 1947년의 결정 제175호를 폐지하고 교육성 내에 '조선

남북 언어 이질화와 그 통일에 대한 시각 문제

어문연구회'를 다시 설치하도록 한 것이다. '조선어문연구회'가
실제로 교육성 내에 조직된 것은, 1948년 11월인 것으로 추측된
다(이만규 [리만규](1949) 참조).

북한의 문자 개혁은 '신자모' 제정에 관한 측면과 '풀어쓰
기'의 두 가지 측면을 포함한다. 신자모는 〈조선어 신철자법〉
에 반영된 '6자모'를 말한다. '풀어쓰기'는 훈민정음의 음절
합자의 원리에 따라 한글 자모를 모아서 한 음절 단위를 이루
도록 쓰던 것을, 한글 자모를 풀어서 완전한 자모 문자로 쓰는
것을 말한다.

김두봉이 문자 개혁의 필요성을 말한 것은 1949년 1월 15일이
며,[24] 신자모를 포함한 신철자법이 제10차 전문 위원회에서 통과
된 것이 1949년 7월 26일이다. 이 전문 위원회에서 김두봉이 "〈조
선어 신철자법〉에 관한 보고"를 하고, 1949년 8월 4일, 조선 어문
에 관한 강연회에서 〈문자 개혁안에 대하여〉란 제목으로 강연을
한다. 1958년에 시작되는 신자모에 대한 비판에서도 김두봉이 핵
심 인물로 등장한다. 이로 볼 때 신자모 제안자는 김두봉임이 확
실하다. 신자모는 1949년 말 실험적으로 《조선어연구》에 사용된
일이 있으며, 이것이 전면적으로 책 출판에 반영된 것은 《조선어
문법》(1949)에서이다. 풀어쓰기 논의는 김일성의 1964년 담화에
의해 중지되었다.

〈조선어 신철자법〉 머리말에 나타난 제정의 취지를 다음과 같
이 가져오기로 한다.[25]

(33) 〈조선어 신철자법〉 머리말의 주요 내용

　　가. 이 결정[북조선 인민 위원회의 1947년 2월 5일 제175호 결정]을 받들어[69] 조선 어문 연구위원들은 ① 우리의 진보적 어학자들이 30여 년에 걸치[70]여 이루어 놓은 학적 성과를 토대로 하고 이에 심각한 연구와 엄격한 비판을 거듭한 결과, 일단 성안을 얻어 ② 1948년 1월 15일에 〈조선어 신철자법〉을 사회에 발표하였다.

　　나. 그 후 수십 회에 걸친 각종 학술적 회합에서 각계 인사들의 토의 검토에 붙이였으며, 특히 1948년 10월 …… 남조선으로부터 래참한 어학자들도 망라해 조선 어문 연구회가 재조직되자 1949년 7월 26일에는 전체 위원이 다시 〈조선어 신철자법〉을 검토해 그곳에 기본적으로 그릇됨이 없음을 재확인하였다.

　　다. 〈조선어 신철자법〉은 언어와 문자의 본질적인 사명에 립각하여 한편으로는 남조선 조선어학회의 "한글 맞춤법 통일안"에 대한 비판 검토로부터 출발했으며, 다른 한편으로는 멀지 않은 장래에 조선 어문의 발전을 위해 반드시 수행해야 할 한자 철폐와 문자 개혁(풀어서 가로쓰기)을 예견하는 견지로부터 출발하였다.

　　라. 그 결과 일정한 의미를 가지는 낱말을 언제나 고정적으로 표시하고, 문' 자로 하여금 (인민의?) 의사 표시의 도구로 삼게 하는 형태주의를 (기본으로?) 삼아 종래의 철자법에 적지 않은 변동을 (내어오게?)[71] 되었다. (이상 밑줄 필자)

　　(33가)의 밑줄 친 ①은 '진보적 어학자들' 을 누구로 보느냐 하

는 문제를 제기한다. 〈조선어 신철자법〉이 간행된 1950년에서 30년을 거슬러 올라가면, 주시경이나 최현배가 아니라 김두봉의 《조선말본》(1916)이나 《깁더 조선말본》(1922)을 만나게 된다. 진보적 어학자 중 한 사람은 분명히 '김두봉'이거나 '김두봉'을 염두에 두고 있는 것으로 여겨진다. (33가)의 밑줄 친 ②는 〈조선어 신철자법〉을 공포한 것으로 보기보다는 기본 초안이 완성된 해로 보는 것이 온당하다. (33나)에서 이 초안이 그 뒤에 토의와 검토 과정을 거친 것임을 밝히고 있기 때문이다. 따라서 〈조선어 신철자법〉의 공포는 1950년으로 봐야 한다. (33나)의 밑줄 친 부분은 신철자법이 남쪽에서 온 학자들도 참여해 검토한 것임을 강조하고 있는 것이 눈에 띈다. (33다)의 밑줄 친 부분은 신철자법이 〈한글 마춤법 통일안〉에 대한 비판으로부터 출발했음을 밝힌 것이다. 이는 신철자법이 상당 부분 〈한글 마춤법 통일안〉과 다른 길을 걷게 되었음을 의미한다. (33라)의 밑줄 친 부분과 같이 기본 원리는 '형태주의'로 상당히 근접하였다고 하더라도 이는 부정되지 않는다. 그러나 6자모를 새로 만든 것, 자모의 순서를 달리한 것, 극단의 형태주의를 택한 것 등으로 〈한글 마춤법 통일안〉과의 차이가 너무 커진 것이다.

(34) 〈조선어 신철자법〉의 성격

　　〈조선어 신철자법〉은 〈한글 마춤법 통일안〉을 비판하는 데서부터 출발하였다고 하는 점에서 〈조선어 신철자법〉은 〈한글 마춤법 통일안〉과 동질성과 이질성을 동시에 가지게 되었다. 형태주의는

〈한글 마춤법 통일안〉과 북한의 신철자법이 공유하는 성격이지
만, 6자모를 새로 만들고, 자모의 순서를 달리하고, 극단의 형태
주의를 택함으로써 〈한글 마춤법 통일안〉과 큰 차이를 가지게 되
었다.

　〈조선어 신철자법〉은 왜 〈한글 마춤법 통일안〉을 비판하는
것에서부터 시작한 것인가? 김두봉과 그 추종자들에게 민족어
의 동질성을 유지하는 일과 같은 것은 전혀 관심밖의 일이었다.
엔. 야. 마르의 언어학이론에 입각하여 언어를 미술이나 예술
일반과 같은 상층 구조적 가치로 보아, 남쪽의 언어학자들을 일
종의 부르주아적 민족주의자들로서 곡해된 언어학을 하는 학자
들로 보고 있었던 것이라고 할 수 있다. 그들은 소련에서의 마
르의 언어학이 형식주의, 무사상성, 몰정치성을 추방하려고 하
였듯이 남쪽의 언어학자들이나 그 〈한글 마춤법 통일안〉을 추
방하려고 했던 것이다.
　〈조선어 신철자법〉(1950)은 6자모와 같은 지나친 변혁으로 극히
일부 서적에 실험적으로 적용되었을 뿐, 실제로 쓰이지 못하고,
1954년 〈조선어 철자법〉이 제정된다. 〈조선어 신철자법〉(1950)
은 김두봉의 몰락과 함께 실패한 맞춤법이라고 할 수 있다. 그러
나 6자모와 그 쓰임에 관한 부분을 제외하면 그 골격은 1954년
〈조선어 철자법〉에 이어진다. 남북 맞춤법의 두드러진 차이의 하
나인 자모순을 〈조선어 신철자법〉(1950)에서 보이면 다음과 같다.

남북 언어 이질화와 그 통일에 대한 시각 문제

(35) 〈조선어 신철자법〉(1950)의 자모순

ㄱ ㄴ ㄷ ㄹ ㅁ ㅂ ㅅ ㅇ ㅈ ㅊ ㅋ ㅌ ㅍ ㅎ

ㄲ ㄸ ㅃ ㅆ ㅉ ꥤ ꥦ ㅿ ꙩ ㅏ ㅑ ㅓ

ㅕ ㅗ ㅛ ㅜ ㅠ ㅡ ㅣ ㅐ ㅒ ㅔ ㅖ ㅚ ㅟ ㅢ

(단, 문자 개혁 이전에 있어서는 ㅘ, ㅙ, ㅝ, ㅞ와 모음뿐인 곳에 ㅇ자를

가첨하여 표기한다)

자모 속에 포함된 'ㅇ'은 '꼭지 달린 이응'이다. 꼭지 없는 이
응은 자모에 속하지 않는다.

신철자법 31항은 '사이 ㅅ' 자리에 '절음부'를 쓰도록 하고 있
으며, 42항, 43항에서는 두음법칙을 적용하지 않는 규정을 두고
있다. 이를 '반 두음 법칙' 표기라고 해 보자.

(36) 반 두음 법칙 표기 1

제42항 "냐, 녀, 뇨, 뉴, 니"가 단어의 두음으로 될 적에는 그 본음
을 좇아 적되, 이를 "야, 여, 요, 유, 이"와 같이 적지 아니 한다.
例: (갑을 취하고 을을 버립니다)[29]

갑	을
녀자女子	여자
녕변寧邊	영변

(37) 반 두음 법칙 표기 2

제43항 "ㄹ" 소리가 단어의 두음으로 될 적에는 그 본음을 좇아

통일 이후 통일을 생각한다

적되, 이를 "ㄴ"으로 고치거나 또는 생략하지 아니 한다. 例: (갑
을 취하고 을을 버리ㄴ다)[30]

갑	을
락원樂園	낙원
로인老人	노인
량심良心	양심

〈한글 맞춤법〉과는 그 방향이 반대임을 알 수 있다.

2. 〈조선어 철자법〉(1954)의 골격

북한은 1954년 초 철자법의 동요가 있음을 인정하고 북한 과학
원 '조선어 및 조선 문학 연구소' 안에 '조선어 철자법 규정 작성
위원회'를 조직하고 〈조선어 철자법〉의 초안을 작성하게 하였다.
1954년 4월 초안이 작성되고 2개월여에 걸친 검토 후에 성안을
얻어, 9월에 〈조선어 철자법〉을 발간한다. 〈조선어 철자법〉은 형
태주의의 원칙을 고수하고 있으며, 종래의 철자법의 규준으로 인
정되던 〈한글 마춤법 통일안〉에 적지 않은 수정을 가하였다. 주요
내용을 다음과 같이 보이기로 한다.

(38) 가. 제1항. 현재 쓰이고 있는 조선어 자모의 순서와 이름은 다음
　　　과 같다.[74]

　　　ㄱ ㄴ ㄷ ㄹ ㅁ ㅂ ㅅ ㅇ ㅈ ㅊ ㅋ ㅌ ㅍ ㅎ ㄲ ㄸ ㅃ ㅆ ㅉ

남북 언어 이질화와 그 통일에 대한 시각 문제

ㅏ ㅑ ㅓ ㅕ ㅗ ㅛ ㅜ ㅠ ㅡ ㅣ ㅐ ㅒ ㅔ ㅖ ㅚ ㅟ ㅢ ㅘ ㅝ ㅙ ㅞ

나. 반 두음 법칙 표기 1

제5항. 한자어 기원의 단어에서 본음이 "녀, 뇨, 뉴 니"인 것은 어느 위치에서나 본음대로 적고, 발음도 그와 같이 하는 것을 원칙적 방향으로 삼는다. 례: (갑을 취하고 을을 버린다)

갑	을
녀자女子	여자
녕변寧邊	영변

다. 반 두음 법칙 표기 2

제6항. 한자어 기원의 단어에서 본음이 "ㄹ"로 시작되는 것은 어느 위치에서나 본음대로 적고, 발음도 그와 같이 하는 것을 원칙적 방향으로 삼는다. 례: (갑을 취하고 을을 버린다)

갑	을
락원樂園	낙원
량심良心	양심
력사歷史	역사

(38가)는 자모순을 보인 것이다. 신자모 여섯 자를 제외하면 (35)의 〈조선어 신철자법〉의 자모순과 같다. 다만 신철자법에서는 예외 규정에 들어 있던 모음 'ㅘ ㅝ ㅙ ㅞ'가 정식 자모에 포함된 것이 다르다. (38나, 다)는 (36), (37)과 그 내용이 같다.

이 밖에 신철자법에서 '절음부'라고 하는 것을 '사이 표'(')라는 이름으로 부르고 있다.

3. 《조선말 규범집》(1966) 및 《조선어 규범집》(1988)의 골격

1966년 6월 북한의 내각 직속 국어사정위원회에서 규범들을 과학적으로 정밀화하기 위하여 《조선말 규범집》의 맞춤법을 채택하여 공포한다. 〈조선어 신철자법〉(1950)이나 〈조선어 철자법〉(1954)에서는 '철자법' 속에 '띄여 쓰기' 와 '문장 부호(또는 부호)'가 포함되었으나, 《조선말 규범집》(1966)에 와서는 규범집 속에 '맞춤법, 띄여쓰기, 문장부호법, 표준발음법' 이 포함된다.

자모의 차례와 이름은 〈조선어 철자법〉(1954)과 같다. 위의 (38 나, 다)에 보인 바와 같은 '반 두음 법칙 표기 1과 2' 는 '총칙 1'의 '맞춤법은 단어에서 뜻을 가지는 매개의 부분을 언제나 같게 적는 원칙을 기본으로 한다' 와 같은 큰 원칙과 제26항에 포함된다. 제26항에는 '반두음법칙' 표기에 대한 몇 개의 예외를 인정하고 있다.

(39) 《조선어 규범집》(1988)의 맞춤법 제26항

　　가. 한자어는 음절마다 한자의 현대소리에 따라서 적는것을 원칙으로 한다.

　　나. 례: 녀자女子, 뇨소尿素, 락원樂園, 로동勞動, 례외例外[75]

　　다. 그러나 아래와 같은 한자어는 변한 소리대로 적는다.

　　라. 례: 옳음 : 나팔, 나사, 남색, 노, 유리

남북 언어 이질화와 그 통일에 대한 시각 문제

마. 례: 그름 : 라팔喇叭, 라사螺絲, 람색藍色, 로櫓, 류리琉璃

제18항은 종전에 써 오던 사이표(’)를 모두 없애는 것으로 하고 있다. ‘띄여쓰기’에서는 제2항에서 ‘명사들이 토 없이 직접 어울릴 경우에는 하나의 대상으로 묶어지는 덩이를 단위로 띄어 쓴다’고 하여, 명사들의 붙여 쓰는 덩어리가 길어지게 되었다. 인용표에《 》및〈 〉과 같은 표시를 사용한 것도 1966년〈문장부호법〉과 같은 것이다.

《조선어 규범집》(1988)에서도 이 골격은 그대로 유지된다. 총칙이 하나로 바뀌고, 사이표를 없앤다는 규정도 없어졌다. 다만, 제15항 붙임에 두 개의 예외를 인정하고 있을 뿐이다. 자모순도 그대로이고, 반 두음 법칙 표기 원칙이 따로 규정되지 않고 총칙에 포괄되는 것도 같다. 《조선어 규범집》(1988)의 ‘맞춤법’ 총칙을 보이면 다음과 같다.

(40) 《조선어 규범집》(1988)의 맞춤법 총칙
조선말맞춤법은 단어에서 뜻을 가지는 매개 부분을 언제나 같게 적는 원칙을 기본으로 하면서 일부 경우 소리나는대로 적거나 관습을 따르는것을 허용한다.

‘단어에서 뜻을 가지는 매개 부분’이라 하였으므로, ‘토’를 어떻게 적는가는 총칙에 포함되지 않는다. 소리대로 적은 것, 관습에 따르는 것을 일부 인정하고 있는 것이 실제로는 남쪽의 맞춤

통일 이후 통일을 생각한다

법 총칙 제1항, 즉 위의 (28가)와 흡사하다.

사이시옷을 시옷으로 적는 예외를 보이면 다음과 같다.

> (41) 사이시옷 표기: 소리같은 말인 다음의 고유어들은 혼동을 피하기
> 위하여 아래와 같이 적는다.
>
> 가. 샛별(금성)-새 별(새로운 별)
>
> 나. 빗바람(비가 오면서 부는 바람)-비바람(비와 바람)

《조선말 규범집》(1966)에서는 '표준발음법' 이던 것이 《조선어 규범집》(1988)에 와서는 '문화어발음법' 으로 바뀐다. 그 총칙도 다음과 같이 천명되고 있다.

> (42) 《조선어 규범집》(1988) 속의 '문화어발음법' 총칙
> 조선말발음법은 혁명의 수도 평양을 중심지로 하고 평양말을 토
> 대로 하여 이룩된 문화어의 발음에 기준한다.[33]

북한의 발음 규범이 '문화어'를 대상으로 하는 것이며, '문화어' 는 평양말을 토대로 한 것이기 때문에, 평양말은 단순한 방언이 아니다. 평양말은 규범의 언어이기 때문에 그것으로 인한 이질화는 방언적 이질화의 차원을 넘어선다. 이와 관련한 이질화를 '체제 방언적 이질화' 라는 이름으로 부를 수 있을 것이다.

남북 언어 이질화와 그 통일에 대한 시각 문제

통일 이후와 절충적 통합안의 문제

1. 통일 이후와 언어 이질화에 대한 인식 문제

지금까지의 남북 언어 이질화에 관한 대부분의 논의에 대전제되어 있는 것은 통일 후에는 남북 언어 이질화가 있어서는 안 된다는 것이다. 그러나 남북통일 후에 왜 언어 혹은 언어 규범이 통일 또는 통합되어야 하는가? 이에 대한 깊이 있는 논의, 타당한 논의가 제시된 일은 드물다. 남과 북은 같은 민족이니까 같은 언어를 써야 하고, 같은 규범의 지배를 받아야 한다고 쉽게 생각한다. 혹시라도 북쪽이 다른 언어 규범을 쓰면, 혹은 우리가 복수의 규범을 쓰면, 또 나라가 반쪽으로 갈라질 것 같은 심리적인 공포감이 작용하고 있을 가능성이 있다. 그러나 이는 반드시 그런 것이 아니다.

이런 의미에서 송기중(1999)에서의 다음과 같은 언급은 주목할 만한 것이다.

(43) 송기중(1999)에서의 언급

　　가. 우리들은 한 나라에 거주하는 사람들은 완전히 같은 언어를 사용해야 한다는 의식을 지니고 있는 듯하다.

　　나. 그러나, 다수 민족으로 구성된 여러 나라에서는 다수 언어가 사용되고 있다.

　　다. 인도에서는 250개 이상의 언어가 사용되고 있고, 공용어가 15

종이다. 따라서 인도 화폐에는 15종의 문자로 화폐 가치가 표
시되어 있다. 러시아에도 200종 이상의 언어가 존재하고, 각
지역에서는 공용어가 대개 러시아어와 현지민 언어이다. 미국
또한 수없이 많은 원주민어와 이민들의 모국어가 사용되고 있
고, 공식적으로 정하지는 않았지만, 영어를 공용어로 사용하
고 있다. 중국에도 50종 이상의 소수민족어가 있고, 같은 중국
어로 분류하지만 의사소통이 불가능한 여러 방언들이 있다.
영국 같은 나라에서도 국민의 언어적 차이가 상당하다.

라. 여하간, 지난 10여 년간 일부 국어학자들이 추측하고 주장해
온 것과 같은, '정치적 통일'의 필수 요건으로 '언어의 통일'
이 이루어져야 한다는 논리는 설득력이 없다. 바로 지금 남북
한이 통일되더라도, 우리는 전 세계에서 언어의 문제가 가장
적은 나라에 속할 것이다.

(43가)는 특히 남북 언어 이질화 문제에 대한 그동안의 국내 학
자들의 태도라고 할 때에는 온당한 언급인 것으로 보인다. 그러
나 국어학자들이 방언을 없애려고 하는 것과 같은 작업을 했다는
이야기를 들은 바 없다. 국어에도 많은 방언이 존재하고 그들의
차이를 인정하고 있는 것이 사실이고, 방언학자들은 방언이 표준
어에 밀려 사라지는 현실을 매우 안타까워하고 있는 것이다. (43
나)와 우리의 상황은 동일한 것이 아니라고도 할 수 있다. 우리는
다민족 국가가 아니다. 엄격하게는 '다문화 사회'도 아직은 아니
다. 다문화 가정이 극히 부분적으로 있을 뿐이다. (43다)는 (43나)

의 구체적인 예를 보인 것이다.

　(43라)는 '정치적 통일'의 필수 요건으로 '언어의 통일'이 이루어져야 한다는 논리는 설득력이 없음을 말한 것이다. 남북 언어 이질화 논의는 '통일'을 '위한' 것이므로, 그것을 통일에 '대비한' 것으로 이해해서는 안 된다. 한 민족의 언어가 이토록 다른 것이 되어서는 안 된다. 그러니 우리는 하루바삐 통일되어야 한다. 따라서 이를 (43라)와 같이만 이해하는 것은 통일의 염원을 고려하지 않는 것이다. 지금 남북 언어 이질화 극복을 말하는 학자들은 통일의 염원을 이야기하는 것이다. 그러나 그렇다고 해서 통일된 뒤에 남북 언어의 모든 이질성이 사라져야 하는 것은 아니다. 이 점을 명백히 구분할 필요가 있다. 이를 다음과 같이 제시하기로 한다.

　(44) 남북 언어 이질화 논의의 성격
　　남북 언어 이질화 논의는 통일을 '위한' 밑거름의 성격을 가진다. 그것은 통일에 '대비'하기 위한 것이 아니라, 통일을 '위한' 것이다. 통일된 뒤라고 해서 남북 언어의 모든 이질성이 사라져야 하는 것은 아니다.

　남북 언어의 이질화에는 (14다, 마)에 보인 바와 같은 '방언적 이질화'도 있고, '문화적 이질화'도 있다. 그러므로 어떤 것들은 어떠한 방법으로도 없앨 수 없는 것이 있다고 할 수 있다. 또 그렇게 해서도 안 된다. 방언적 이질화를 어떻게 없앨 수 있는가?

통일 이후 통일을 생각한다

또 없앤다고 하여 무슨 이득이 있을 것인가?

2. 절충안은 왜 안 되는가

남북 언어 이질화를 극복하려면 필연적으로 남북의 언어 규범을 절충하는 방법밖에는 없다고 생각하기 쉽다. 그러나 무엇보다도 먼저 지적해야 할 것은 우리의 맞춤법이 당시로서는 수많은 고심 끝에 얻은 결과라는 것이다. 남쪽의 맞춤법에 대하여 의문이나 다른 생각을 가질 수도 있고, 더 나아가 반대의견을 가질 수도 있다. 그러나 그것은 어디까지나 대내적인 문제이고 개인적인 문제이다. 남쪽의 맞춤법은 어떤 개인의 안이 그대로 채택된 결과가 아니라 많은 논의 끝에 이루어진 것이다. 어떤 개인의 제안은 많은 이와의 합의를 통하여 이루어진 규범을 능가하는 것이 될 수 없다. 맞춤법은 전 국민의 공감을 배경으로 형성된 것이며, 국가가 채택한 규범은 가능한 한 고치지 않는 것을 기본 방침으로 하고 있는 것이다. 따라서 현행 〈한글 맞춤법〉은 이론적인 장단점을 넘어 남쪽을 대표하는 맞춤법의 성격을 가진다. 북쪽의 맞춤법에 대해서도 비슷하게 이야기할 수 있을 것이다.

이는 통일 이후의 대안으로 제시될 어문 규정은 단 두 가지밖에 있을 수 없음을 의미한다. 개인적인 제안을 떠난 맞춤법, 전 국민적인 공감을 바탕으로 성립된 맞춤법은 남쪽의 맞춤법과 북쪽의 맞춤법밖에 없을 것이기 때문이다. 선택의 방법도 그렇게 다양한

남북 언어 이질화와 그 통일에 대한 시각 문제

것은 아니다. 하나는 두 가지를 있는 그대로 인정하는 것이고, 다른 하나는 두 가지 중 하나를 선택하는 것이다. 여기에 절충안이 끼어들 자리는 없다. 절충안을 만드는 것은 남쪽의 맞춤법도, 북쪽의 맞춤법도 쓸모없는 것으로 만드는 것이기 때문이다. 절충안은 모든 것을 쓸어버린 후에 새로운 맞춤법을 만드는 것이다. 그러나 무엇 때문에 그런 일을 하는가? 통일 이전에는 그러한 일도 통일을 '위한' 작업으로 인정받을 수 있을지 모른다. 그러나 통일 이후에도 그러한 일을 하는 것은 통일의 비용만을 늘리는 결과만 될 뿐이다.

왜 그런가? 남쪽의 맞춤법은 남쪽의 맞춤법대로 남쪽의 교육, 문화, 과학, 기술, 금융, 산업, 상업, 사회, 무역, 정치 등 국가와 사회의 기초 및 운용 기반 전체를 떠받치고 있는 것이기 때문이고, 북쪽의 맞춤법은 또 그것대로 북한의 기반 전체를 떠받치고 있는 것이기 때문이다. 맞춤법 규정을 조금만 바꾸어도 사회의 기반 전체가 영향을 받고 모든 것이 이전의 상태로 있을 수 없게 된다. 그것은 이루 말할 수 없는 비용을 요구하게 될 것이다. 이를 다음과 같이 제시하기로 한다.

(45) 절충안의 결함

남북 언어 이질화를 극복한다고 하여 남북 어문 규정의 절충안을 만드는 것은 통일 비용을 천문학적인 숫자로 만들 위험이 있다. 맞춤법 등 어문 규정을 조금만 바꾸어도 사회의 기반 전체가 영향을 받게 되어, 이전에 있던 것을 바꾸어야 될 것이기 때문이다.

통일 이후 통일을 생각한다

개인적으로 들은 이야기를 소개하면 다음과 같다. 1988년 1월 19일 문교부 고시 제88-2호에 의해 표준어 규정을 재정비한 일이 있다. 그 제17항은 '단수 표준어'에 대한 것인데, 그 중 하나에 '-읍니다' 대신 '-습니다'를 표준어로 삼는다는 예가 들어 있다. 그리고 비고에는 '먹습니다, 갔습니다, 없습니다, 있습니다, 좋습니다'와 같은 예를 나열해 놓았다. 이 표준어 규정의 예로 인하여, 어느 중견 출판사에서는 '먹읍니다, 갔읍니다, 없읍니다, 있읍니다, 좋읍니다'와 같은 표기가 들어 있는 모든 책을 다시 출판하였다고 한다. 그 비용이 당시 금액으로 26억 원이나 들었다고 한다. 한국 전체를 따지면 그 피해의 규모는 실로 엄청난 것이 될 것이다. 그 아무렇지도 않은 간단한 규정 하나가 준 피해가 이 정도이다.

어문 규정은 아니지만, 다른 예의 하나로 'Y2K'로 불린 밀레니엄-버그의 문제를 보기로 하자. 'Y2K'에 대한 풀이를 '야후백과'에서 보면 다음과 같이 되어 있다.

(46) Y2K(밀레니엄-버그) 문제

컴퓨터의 2000년 인식 오류로 인한 각종 전산시스템의 혼란. Y는 연도year, K는 1000을 뜻하는 'kilo'에서 비롯됐다. 밀레니엄 버그Millenium Bug라고도 하는데, 천 년을 뜻하는 밀레니엄과 컴퓨터 프로그램상 오류를 가리키는 버그의 합성어이다. …… 전산시스템의 오작동을 막기 위해 소프트웨어를 고치는 데 전세계적으로 1조 5,000억 달러가 든다고 한다. 〈야후백과〉

이로 미루어 보면, 통일이 된 후에, 통일된 나라의 어문정책 당사자가 남북 규범의 절충안을 만들어 시행하려고 하면, 그 피해는 이루 말할 수 없는 것이 될 것이다. 여기에 절충안의 치명적인 결함이 있다.

3. 어문 규정에 관한 남북 협상과 절충안

남북의 언어학자들이 《겨레말큰사전》을 만들고 있다는 사실을 아는 사람은 알고 있다. 홍윤표(2007)에 의하면, 2004년 12월 13일 남북의 관계자들이 2005년부터 《겨레말큰사전》 편찬 작업을 시작하기로 합의한 합의서를 교환하였다고 한다. 2005년 2월 20일에는 금강산에서 남과 북의 편찬위원 전원과 관계자(남한에서는 '통일맞이', 북한에서는 '민간단체협의회' 관계자) 및 언론인 등 약 40여 명이 모여 사전 편찬위원회의 결성식을 거행하였다고 한다. 결성식에서 채택된 남북 공동보도문의 내용은 (47)과 같다.

(47) 남북공동편찬위원회 결성식 공동보도문

남과 북의 어학학자들은 내외의 커다란 관심 속에 2005년 2월 20일 금강산에서 역사적인 6·15 공동선언을 실천하고 민족의 단합과 조국통일에 이바지하기 위하여 민족어 공동사전 편찬을 위한 공동편찬위원회 결성식을 가졌다.

1. 남과 북의 언어학자들은 민족어 공동사전을 우리말과 글의 민

족적 특성을 높이 발양시키고 통일의 시대적 요구를 반영하며
오랜 역사를 통하여 창조된 우리 민족어 유산을 총집대성한 겨
레말 총서를 편찬하기로 하였다.

2. 민족어 공동사전의 이름을 '겨레말큰사전'이라고 하였으며 북
과 남의 언어학자들은 겨레말큰사전 공동편찬위원회를 구성하
고 사전편찬 사업을 2005년 2월부터 시작하여 빠른 기간 안에
완성하기로 하였다.

3. 북과 남의 언어학자들은 겨레말큰사전 공동편찬위원회를 분기
에 1차씩 합의되는 장소에서 진행하며 여기에서 사전 편찬과
관련한 제반 문제들을 협의 결정하기로 하였다.

겨레말큰사전 공동편찬위원회 2005년 2월 20일 금강산

여기서 흥미로운 것은 '남과 북'이란 구절이 2회, '북과 남'이
란 구절이 2회 출현하고 있다는 사실이다. 남과 북은 1 대 1의 관
계를 유지하고 있다. 남북의 협상은 반드시 이러한 원칙 아래 이
루어진다. 하나를 받으려면 하나를 주어야 하고, 하나를 주면 다
른 하나를 받아야 한다. 어문 규정의 통합에서도 이러한 원칙은
철서하게 지켜질 것이 확실하다. 이를 지키지 못하면 자국에 돌
아가 비판을 받게 될 것이다. 다만 협상에서 주는 것과 받는 것이
질적으로나 양적으로 동일한 것이 아닐 때, 남쪽의 어떤 것이 북
쪽의 어떤 것과 대등한 것인지 판단하기 어려운 문제가 있을 수
있다. 이를 다음과 같이 제시하기로 한다.

남북 언어 이질화와 그 통일에 대한 시각 문제

(48) 남북 협상의 속성

지금 상태에서 남북 협상을 하는 데에는 철저하게 1 대 1의 원칙
이 지켜지는 것으로 보아야 한다. 하나를 받으려면 하나를 주어
야 하고, 하나를 주면 다른 하나를 받아야 한다. 어문 규정의 통
합에서도 이러한 원칙은 철저하게 지켜질 것이 확실하다.

남북 어문 규정 단일화 작업에 대한 홍윤표(2007)의 언급은 다
음과 같다.

(49) 어문 규정 단일화 작업에 대한 홍윤표(2007)의 언급
　　가. 현재 겨레말큰사전 편찬위원회 내의 '단일 어문 규범위원회'
　　　는, 북은 사회과학원 언어학연구소 담당자들이, 그리고 남은
　　　국립국어원이 지정한 위원이 각각 겨레말큰사전 편찬위원회
　　　산하의 독립된 기구에 소속되어 어문 규정 단일화 작업을 하
　　　고 있다.
　　나. 남북의 공적 기관의 심리적 부담을 줄이기 위하여, 겨레말큰
　　　사전 어문 규범 단일화 위원회가 합의한 남북 어문 규범은 일
　　　단 겨레말큰사전에만 적용하는 것임을 구두로 합의하였다.
　　다. 이렇게 합의된 가칭 '겨레말 어문 규범'은 남북통일이 이루어
　　　졌을 때에 전면적으로 사용될 수 있다.
　　라. 그러나 가장 합리적인 방법은 이 통일안에 따라 남과 북이 각
　　　각 한 항목씩이라도 내부적으로 수정하기를 계속해서, 통일
　　　되었을 때에는 남북의 어문 규정이 하나가 되어 있는 상태가

통일 이후 통일을 생각한다

되는 것이다.

(49가)는 '단일 어문 규범위원회' 가 조직되어 어문 규정 단일화 작업을 하고 있음을 밝히고 있다. (49나)에 의하면 남북 단일 어문 규범은 일단 《겨레말큰사전》에만 적용하기로 하였음을 말하고 있다. 그러나 (49다)는 여기서 더 나아가 이것이 통일 어문 규정이 될 수 있음을 말하고 있다. (49라)는 이상적인 통합을 말한 것이다.

4. 통일 이후 상황과 어문 규정

홍윤표(2007)에서는 위의 (49나)에 보인 바와 같이 겨레말큰사전 어문 규범 단일화 위원회가 합의한 남북 어문 규범은 일단 《겨레말큰사전》에만 적용하는 것임을 구두로 합의하였다고 하였다. 그러나 그 희망은 (50다, 라)와 같은 것이다. 《겨레말큰사전》 공동 편찬위원회에서 정한 단일 어문 규범을 통일 후에도 쓸 수 있을 것으로 보고 있다. 그러나 《겨레말큰사전》 편찬을 위한 어문 규범은 필연석으로 절충안의 성격을 띠는 것이다.

그러나 절충안은 국가적인 배경을 가지지 않으며, (46)에 보인 바와 같이 엄청난 비용을 요구하는 것이기 때문에, 통일 조국이 채택하기 어려운 것이다. 통일 조국이 채택할 수 있는 어문 규정 후보는 단 두 가지밖에 없다. 하나는 남쪽의 맞춤법을 비롯한 어문 규정이며, 다른 하나는 북쪽의 맞춤법을 비롯한 어문 규정이

남북 언어 이질화와 그 통일에 대한 시각 문제

다. 이 둘 중의 하나를 반드시 선택해야 하는가? 그렇지 않다. 북쪽에서는 북쪽의 것을 쓰면 그만이고, 남쪽에서는 남쪽의 것을 쓰면 그만이다. 남북이 통일이 되었는데, 왜 이전의 관습을 그대로 유지해야 하는가 하는 의문을 제기할 수 있다. 그러나 통일이 되기 전에는 남북의 언어 이질화가 통일의 장애가 되는 것으로 인식될 가능성이 있으나, 일단 통일이 된 뒤에는 그렇지 않다. 그것은 지역적인 차이, 방언적인 차이에 지나지 않는 것으로 인식될 가능성이 더 크다.

행정의 편의를 위해 두 가지 어문 규정을 동시에 인정하는 것이 불편하다고 생각될 가능성이 있다. 그 경우 반드시 어느 한쪽의 것을 선택해야 한다면, 남쪽의 것을 선택해야 한다는 것이 필자의 생각이다. 아주 단순한 비교로도 남쪽의 인구가 많기 때문이다. 남쪽의 인구는 2009년 통계청이 조사한 인구주택총조사에 의하면 5,006만 2,320명에 달하고,[34] 북쪽의 인구는 2008년 10월 1일 기준으로 2,405만 1,218명에 이른다.[35] 남쪽의 규정을 선택하면, 못 쓰게 되는 문명의 결과물들이 그만큼 적어지게 된다.[36] 또 위에서 본 바와 같이 남쪽의 〈한글 마춤법 통일안〉은 남북이 분단되지 않았을 때 만들어진 것이므로, 북쪽이 이에 동의하는 것은 자신들이 이전에 참여해 결정한 맞춤법을 받아들이는 것이므로, 크게 타기할 일이 아닌 것이다. 또 위에서 지적한 바와 마찬가지로 〈한글 마춤법 통일안〉은 항일 독립정신을 가지고 만든 것이므로, 그것을 받아들이는 것이 욕된 것은 아니라고 할 수 있다. 이를 다음과 같이 제시하기로 한다.

(50) 통일 조국의 어문 규정

　가. 통일 조국이 채택할 수 있는 어문 규정 후보는 단 두 가지밖에 없다. 하나는 남쪽의 어문 규정이며, 다른 하나는 북쪽의 어문 규정이다. 통일 조국이 이 둘 중의 하나를 반드시 선택해야 하는 것은 아니다. 북쪽에서는 북쪽의 것을 쓰면 그만이고, 남쪽에서는 남쪽의 것을 쓰면 그만이다. 통일 전에는 남북의 언어 이질화가 통일의 장애가 되는 것으로 인식될 가능성이 있으나, 일단 통일이 된 뒤에 그것은 지역적인 차이, 방언적인 차이에 지나지 않는 것으로 인식될 가능성이 많다.

　나. 행정의 편의를 위해 하나를 선택해야 한다면, 남쪽의 것을 선택해야 한다. 남쪽이 인구가 더 많고, 〈한글 마춤법 통일안〉은 남북이 갈라지지 않았을 때 만들어진 것이기 때문이다. 또 〈한글 마춤법 통일안〉은 항일 독립정신을 가지고 만든 것이므로, 받아들인다고 해서 욕이 되는 것은 아니다.

그것이 어떻게 가능할까 의심할 수도 있다. 그러나 가능하다는 것은 확실하다. 통일 후에 지금과 똑같은 북한은 없을 것이기 때문이다. 통일 이후에도 지금과 똑같은 북한이 있는 것이라면, 통일이 안 된 것이거나, 북한 주도로 통일이 이루어진 경우이다. 그때에도 (50)이 유효할 것인가? 북한 주도로 통일이 이루어졌을 경우 그것은 우리가 관여할 바가 아니다. 그러나 앞의 경우라면, 통일을 '위한' 노력을 계속해야 한다.

남북 언어 이질화와 그 통일에 대한 시각 문제

통일 조국의 선택

남북 언어 이질화 문제를 논의하는 자리에서 무엇보다도 먼저 해결되어야 할 문제가 남북 언어는 이질화되었는가 하는 물음이다. 혹자는 남북 언어는 그렇게 이질화된 것이 아니라고 보고, 혹자는 남북 이질화가 그렇게 심각한 것은 아니라고 보았다. 이 문제에 정확하게 답하는 것은 실제로 상당히 어려운 일이다. 북쪽 사람이 쓰는 어떤 말을 한 번 듣고 무슨 뜻인지 알기 어렵다고 그것을 곧 북한의 언어로 판단할 수는 없는 일이기 때문이다. 남쪽 사전에 등재되지 않았다고 그것이 곧 북한의 언어가 되는 것도 아니다. 그것은 어느 지방에서 쓰는 말일 수도 있고, 미처 채록되지 못한 말일 수도 있다.

여기서 우리가 분명히 밝힌 것은 남북 언어 이질화 개념은 통일을 전제로 한 개념이라는 것이다. 중앙아시아의 고려인이나 조선족, 재일 및 재미 한국인의 언어가 우리가 쓰는 말과 엄청난 차이를 가진다고 해서 그 고려말을 이질화되었다고는 하지 않는다. 이는 제주도 방언이 표준어와 의사소통이 되지 않을 정도로 다르다고 해서 이질화되었다고 이야기하지 않는 것과 같다.

이질화의 종류도 나눌 필요가 있다. 북한의 문장을 듣고 '아! 우리와 많이 다르구나' 하고 느끼는 이질화가 있을 수 있다. 이것을 '인상적 이질화'라고 부를 수 있을 것이다. 흔히 말하는 이질화는 이것이다. 북한의 방언이 이질화의 원천이 되는 일도 있다. 이를 '방언적 이질화'라 부를 수 있을 것이다. 그러나 이는 진정한 이질화라고 할 수는 없다. 이것은 남한 내의 어떤 방언이 표준어와 다르다고 하여 이질화되었다고 말하지 않는 것과 같다. 그러나 북한 방언 가운데 평양 방언은 북한의 체제와 밀접히 관련되는 것이기 때문에, 평양 방언과 관련되는 이질화는 방언적 이질화 속에서도 특이한 예에 속한다. 중요한 것은 북한 체제나 이념이 다르기 때문에 생겨난 이질화인데, 여기서는 이를 '체제적 이질화' 라고 하였다. 이는 이질화 가운데 핵심이 된다고 할 수 있다. '문화적 이질화' 는 남북의 문화가 다른 데서 오는 이질화를 가리킨다. 말다듬기에서 유래하는 이질화는 문화적 이질화의 한 가지 예라 할 것이다. 기술적인 부류의 하나는 '합성적 이질화' 와 같은 것이다. 개별 요소는 전혀 이질적인 것이 아닌데, 그것들로 이루어진 합성어는 이질적인 의미를 가지는 경우이다. 이러한 예가 진정한 이질화가 될 것인지에 대해서는 남쪽의 용례에서 확인에 확인을 거듭해야 한다. 그것은 혹시 어느 지방에서 혹은 어떤 사람의 개인어에서 쓰였을 가능성이 있기 때문이다.

어문 규정 가운데는 맞춤법, 띄어쓰기, 문장부호법, 외래어 표기법, 로마자 표기법, 표준어, 문법 규범 등 매우 다양한 부류가 포함된다. 여기서 우리가 주목한 것은 주로 맞춤법에 대한 것이다. 여기서는 남북의 맞춤법이 어떻게 제정되고 변화를 거듭해 왔는가에 주목하였다. 〈한글 마춤법 통일안〉은, 일제의 1912년 〈보통학교용 언문철자법〉, 1921년에 이것이 수정된 〈보통학교용 언문철자법 대요〉 및 1930년의 〈언문철자법〉에 대항하여 만든 것이다. 〈한글 마춤법 통일안〉의 독회가 개성과 인천에서 혹은 서울

남북 언어 이질화와 그 통일에 대한 시각 문제

화계사에서 열린 것은 일제의 감시를 피하기 위한 것이었다고 여겨진다. 이들이 개성에서 집회 허가를 받은 것이 항일 정신에 흠이 되는가? 그렇지 않다. 그것은 불필요한 마찰을 피하기 위한 조치였다고 이해되는 것이다. 또 이 맞춤법은 이후 북으로 간 인사들도 참여하여 만들었다는 점에서 남북의 공통 맞춤법이 될 자격을 충분히 갖춘 것이라고 할 수 있다. 북쪽이 남쪽의 맞춤법에 동의한다고 해서 그것이 그렇게 욕된 것은 아니다.

북한의 철자법이 남쪽과 구별되기 시작한 것은 〈조선어 신철자법〉(1950)에서부터이다. 김두봉이 주도한 이 맞춤법은 형태주의에 입각한 것으로, 형태주의의 극단을 추구한 결과 신자모 6개를 새로 만들게 되었다. 〈조선어 신철자법〉은 조선어학회의 〈한글 마춤법 통일안〉에 대한 비판 검토로부터 출발했음을 천명하고 있을 정도로 남쪽의 규정에서 벗어나는 것을 목적으로 하였다. 〈조선어 신철자법〉은 김두봉의 몰락과 함께 역사의 표면에서 사라지지만, 그 중심 내용은 이후의 규범에 대체로 그대로 이어지고 있다. 자모순이나 반 두음 법칙 표기 등은 그때의 규정이 그대로 내려오는 것이며, 사이표가 없어진 것이 조금 달라진 것이다.

통일 이후 남북 언어 이질화를 극복하기 위하여 남쪽의 학자들에 의해 몇 가지 통합안이 제안되고 있다. 한 가지 예로 들 수 있는 것은 최호철(1999)의 남북 언어 규범 통합안이다. 최호철(1999)의 제안은 남쪽의 어문 규정도 아니고, 그렇다고 전적으로 북쪽의 어문 규범도 아닌 제3의 안이다. 이러한 절충안은 바람직한 것으로 볼 수 없다. 그것은 개인안의 성격을 가지는 것이다. 그런데

통일 이후 통일을 생각한다

남쪽이나 북쪽위 맞춤법이 어떤 개인의 안을 그대로 채택한 것은
아니다. 그것은 많은 논의 끝에 이루어진 규정이다. 어떤 개인의
제안은 국가적인 합의를 능가하는 것이 될 수 없다. 맞춤법은 전
국민의 공감을 배경으로 형성된 것이며, 국가가 채택한 규범으
로, 가능한 한 고치지 않는 것을 기본 방침으로 가지고 있기 때문
이다. 따라서 현행 우리의 〈한글 맞춤법〉이나 북한의 〈맞춤법〉은
이론적인 장단점을 넘어 각각 남북을 대표하는 것이다. 또 남북
언어 이질화 극복이나 남북 언어 규정의 통합이 반드시 남쪽의
맞춤법이나 북쪽의 맞춤법과 다른 것을 새롭게 만들어야 하는 것
은 아니다. 또 반드시 절충안이 되어야 하는 것도 아니다.

 통일 조국이 선택할 어문 규정의 후보로 제시될 것은 두 가지
밖에 있을 수 없다. 하나는 남쪽의 어문 규정이며, 다른 하나는
북쪽의 어문 규범이다. 여기에 절충안이 끼어들 자리는 없다. 절
충안을 만드는 것은 남쪽의 맞춤법도, 북쪽의 맞춤법도 쓸모없는
것으로 만드는 것이다. 절충안은 모든 것을 쓸어버린 후에 새로
운 맞춤법을 만드는 것이다. 무엇 때문에 그런 일을 해야 하는가?
새로운 맞춤법은 통일의 비용을 너무 많이 요구한다.

 그렇다면 통일 조국은 두 어문 규정 가운데 어느 하나를 반드
시 선택해야 하는가? 그렇지 않다. 북쪽에서는 북쪽의 것을 쓰고,
남쪽에서는 남쪽의 것을 쓰면 그만이다. 남북이 통일이 되었는
데, 왜 이전의 관습을 그대로 유지해야 하는지 의문을 제기할 수
도 있다. 그러나 통일이 되기 전에는 남북의 언어 이질화가 통일
의 장애가 될 수 있으나, 일단 통일이 된 뒤에는 그렇지 않다. 그

남북 언어 이질화와 그 통일에 대한 시각 문제

것은 지역적인 차이, 방언적인 차이에 지나지 않는 것으로 인식
될 가능성이 있다.

  행정의 편의를 위해 두 가지 어문 규정을 동시에 인정하는 것
이 불편하다고 생각되면, 즉 두 가지 중 어느 하나를 반드시 선택
해야 한다면, 남쪽의 것을 선택해야 한다는 것이 필자의 생각이
다. 이는 단순 비교로도 남쪽의 인구가 더 많고, 남쪽의 맞춤법에
기초한 소프트웨어나 하드웨어가 북쪽보다 훨씬 많기 때문이다.
즉 좀 더 비용이 덜 드는 쪽을 선택해야 하는 것은 당연하다. 어
문 규정을 바꾸는 것을 아무렇지도 않게 생각하는 사람들이 많으
나, 자모순 하나를 바꾸는 것만으로도 통일 비용은 천문학적인
숫자로 늘어날 가능성이 있다.

통일 이후 통일을 생각한다

* 본고는 2010년 10월 8일 한림대학교에서 개최된 제2회 일송학술대회 '통일 후의 통일을 생각한다'에서 발표된 원고를 부분적으로 수정한 것이다. 대회 발표 때 도움말을 주신 송승철 교수와 홍재성 교수에게 감사를 드린다.

1 김선희(1998)의 논문은 그 제목이 〈중국 조선족 언어의 이질화 연구〉(《한국어문연구》 11)로 되어 있다. 이러한 제목은 다소 과장된 것으로 여겨진다. 이질화 비교의 기준이 한국어에 있기 때문이다. 그러나 중국 조선족은 그렇게 생각하지 않을 것이다. 독자적인 발달을 경험한 언어라고 할 것이다.

2 중앙아시아 고려인은 1937년 사할린에서 카자흐스탄, 우즈베키스탄 등으로 강제 이주된 한국인들을 가리킨다. 이들은 자기들이 사용하는 말을 '고려말'이라고 한다.

3 '뜨게'가 무슨 말인지는 분명치 않다. '뜨내기'의 '뜨–'와 어원이 같을 것으로 추측되는 것이지만, '현대조선말사전(1981)에서는 올림말이 '뜨계부부'와 같이 되어 있다. 그 풀이도 괄호 속에 "(지난날에) 정식으로 결혼을 하지 않고 우연히 어울려 사는 남녀'와 같이 되어 있다.

4 이를 '이'와 '것'으로 나누어 볼 수도 있을 것이나, 여기서는 '이것'을 더 나누지 않기로 한다.

5 '치–'는 '오구탕을 치다'와 같은 연어collocation의 '연어변collocate'에 해당하는 동사로 그 내용은 '하다'와 성격이 흡사하므로, 해당 한자에 '위爲'자를 쓴 것이다.

6 제시 방식이나 풀이는 조선말대사전(1992)에 주어진 대로 보인 것이다.

7 '오구구'라는 말도 우리에게는 좀 낯선 말이다. 이에 대한 조선말대사전

(1992)의 풀이는 "잘거나 작은것들이 한곳에 많이 모여있거나 모여 덤비는 모양을 나타내는 말. ∥ 올챙이들이 ∼ 끓다. ┃ 어느새 앞뒤집 사람들이 뜨락에 나타났고 아이들이 오구구 모여들었다. 《장편소설 "연풍호"》〈참고: 우구구〉"와 같이 풀이되어 있다. "비둘기가 오구구 모이듯이", "돼지새끼들이 오구구 죽먹이를 먹다"와 같은 예들을 더 찾을 수 있다.

8 '말밥¹'은 '한 말 정도의 쌀로 지은 밥'을 뜻하는 '말밥'이다.

9 위의 주 1 참조.

10 '해방하다, 해방되다'와 같은 동사 합성어의 예는 생략한다.

11 이 괄호 속의 숫자는 출현 빈도 수를 보인 것이다. 이에는 '해방되다, 해방하다'의 예도 포함된다.

12 예문은 생략하였다.

13 한국 문학에서는 '해방공간'이라는 말이 상당히 유행하였는데, 이것이 표준국어대사전(1999)에 수록되지 못한 것이 아쉽다.

14 이는 '동무'와 같은 단어가 남북한에서 다른 의미를 가지게 된 것을 말한다. '늘 친하게 어울리는 사람'이란 뜻에서 '노동계급의 혁명위업을 이룩하기 위하여 혁명대오에서 함께 싸우는 사람을 친근하게 이르는 말'이란 뜻으로 변화한 것이 대표적인 것으로 제시되어 있다(홍윤표 2007: 41).

15 (14)의 이질화에서 보면, ①은 (14다)의 '방언적 이질화'에 속하는 것이고, ②나 ③의 새로 만든 말로 인한 차이나 다듬은 말로 인한 차이는 (14마)의 '문화적 이질화'에 속하는 것이다. ④의 의미 변화로 인한 차이는 (14라)의 '체제적 이질화'에 속하는 것이다.

16 〈한글 마춤법 통일안〉은 몇 번의 수정 과정을 겪는다. 처음 발표될 때의 제목은 '맞춤법'이 본절의 제목과 같이 "마춤법"으로 되어 있었다. 1940년 제2차 개정 때에 와서 "맞춤법"이란 철자로 바뀌게 된다. "마춤법"에 대한 비판에 대해서는 박승빈(1936) 참조.

17 김민수(1973: 728)에 수록된 〈한글 마춤법 통일안〉 머리말에는 이 해가 1933년인 것으로 되어 있으나, 이는 1932년의 오식인 것으로 여겨진다.

18 《한글학회 100년사》에서는 제1독회의 시작 예정일을 1933년 12월 26일로 적고 있다. 집회 허가가 늦어져 12월 27일 시작하였다고 한다. '머리말'에서는

통일 이후 통일을 생각한다

왜 시작일을 12월 25일이라 한 것인지 이해할 수 없다.

[19] 이희승 선생의 회고에 의하면, 제2독회는 인천의 어느 초등학교 강당을 빌려 일주일 동안 거기서 열었다고 한다. 그러나 〈한글 마춤법 통일안〉 머리말에는 '인천' 독회에 대한 언급이 들어 있지 않다. 이희승(1977), 이희승·김완진(1976), 전광현(1994) 참조.

[20] 이 분의 이름은 '공진항孔鎭恒'이었다고 한다. 이희승·김완진(1976) 참조.

[21] 편의상 띄어쓰기를 하였다.

[22] 한자로 된 것은 모두 한글로 바꾸었다. 필요한 한자는 괄호 속에 보이었다.

[23] '이전에'의 뜻으로 해석된다.

[24] 편집부(1949) 참조.

[25] 이 내용은 고영근 편(2000)을 참고한 것이다. 그러나 원문의 보존 상태가 나빠 글자 판독에 어려움이 있다. 고영근 편(2000)의 판독을 참고로 했으나, 부분적으로는 필자 자신의 판독을 반영하였다.

[26] 이 부분을 고영근 편(2000)에서는 '조선어'로 하고 있으나, 그것으로는 문맥이 통하지 않는다.

[27] '치'에는 신철자법 모음자 'ㅣ'가 사용되었다. 예문에서 신자모가 쓰인 곳에는 밑줄만 치기로 한다.

[28] 이 부분은 원문이 백면으로 되어 있어 거의 완전한 추측의 영역이다. 고영근 편(2000)에서는 보이지 않는 부분을 '가하게'로 해석했으나, 여기서는 '가져오게'의 북한어인 '내어오게'로 추정하였다.

[29] 예를 다 보인 것이 아니다.

[30] 예를 나 보인 것이 아니다.

[31] 아래에서 자모의 이름은 생략하였다.

[32] 관련 예만을 보인 것이다.

[33] 조선말대사전(1992)에서 '문화어'는 다음과 같이 풀이되어 있다. "주권을 잡은 로동계급의 당의 령도밑에 혁명의 수도를 중심지로 하고 수도의 말을 기본으로 하여 이루어지는 로동계급의 지향과 생활감정에 맞게 혁명적으로 세련되고 아름답게 꾸미어진 언어. 사회주의민족어의 전형으로 전체 인민이 규범으로 삼는 문화적인 언어이다. 우리의 문화어는 위대한 수령 김일성동지의 주

남북 언어 이질화와 그 통일에 대한 시각 문제

체적인 언어사상과 당의 옳바른 언어정책에 의해 공화국북반부에서 혁명의 수도 평양을 중심지로 하고 평양말을 기준으로 해 우리 인민의 혁명적지향과 생활감정에 맞게 문화적으로 가꾸어진 조선민족어의 본보기이다. ∣ 우리는 언어생활에서 사투리를 없애고 문화어를 써야 한다. [文化語]"

[34] 이는 외국인을 포함한 숫자이다. 내국인은 99.5퍼센트이고, 외국인은 0.5퍼센트이다. 위키피디아 참조.

[35] 이는 군시설 거주자 70만 2,373명을 포함한 숫자라고 한다. ohmy-news 블로그 참조.

[36] 이에는 남쪽 사람들이 쓰는 소프트웨어와 하드웨어의 개수 평균치를 더 곱해야 할 것이다.

통일 이후 통일을 생각한다

겨레말큰사전남북공동편찬사업회 (2009), 《겨레말큰사전 보고회: 겨레의 꿈을 가득 담겠습니다》, 자료집.

고영근(1988), 〈남북한 언어·문자의 이질화와 그 극복 방안 (1)〉, 《주시경학보》 2, 47~84.

고영근(1989), 〈남북한 언어·문자의 이질화와 그 극복 방안 (2)〉, 《주시경학보》 3. 40~75.

고영근 편(2000), 《북한 및 재외 교민의 철자법 집성》, 도서출판 역락.

곽충구(2001), 〈남북한 언어 이질화와 그에 관련된 몇 문제〉, 《새국어생활》 11권 1호 봄, 국립국어연구원, 5~27.

국립국어연구원(1992), 《북한의 언어정책》.

국립국어연구원 편(1999), 《표준국어대사전》, 두산동아. [참고] 이를 여기서는 '표준국어대사전(1999)'와 같이 표시하였다.

국어연구소(1988a), 《한글 맞춤법 해설》.

국어연구소(1988b), 《표준어 규정 해설》.

국어학회 편(1993), 《세계의 언어정책》, 태학사.

권인한(1994), 〈남북 맞춤법 어떻게 다른가〉, 《말글생활》 창간호, 말글사.

김두봉(1916), 《조선말본》, 서울: 새글집.

김두봉(1922), 《깁더 조선말본》, 상해: 새글집.

김민수(1973), 《국어 정책론》, 고려대학교 출판부.

김선희(1998), 〈중국 조선족 언어의 이질화 연구〉, 《계명어문학》 11, 4~35.

남기심(1989), 〈남북한 언어의 이질화는 심각한가〉, 《통일논총》 16, 165~168.

박상준(1949), 〈한자어漢字語와 한자漢字의 정리에 대하여〉, 《조선어연구》 1권 3호.

박승빈(1936), 〈조선어학회 사정 〈한글 마춤법 통일안〉에 대한 비판〉, 《정음》 제 16호, 부록.

북한 국어사정위원회 편(1986), 《다듬은말》, 과학, 백과사전출판사.

북한 사회과학원 언어연구소 편(1992), 조선말대사전. [참고] 여기서는 이를 '조 선말대사전(1992)'로 나타내었다.

송기중(1988), 〈북한의 로마자 표기법〉, 《국어생활》 1988 겨울 (제15호), 국어연 구소, 107~124.

송기중(1999), 〈통일을 지향하는 언어 문화〉, 《인문과학논집》 7, 강남대학교 인 문과학연구소, 227~237.

이경희(1997), 〈현행 북한의 맞춤법 규정에 대하여〉, 《김정일 시대의 북한 언어》, 태학사.

이극로[리극로] (1949), 〈보고 요지: 조선어 신철자법의 기본 원칙〉, 《조선어연 구》 1권 8호, 124~126.

이극로[리극로] (1958), 〈소위 6자모의 비과학성〉, 《조선어문》 1958년 4호.

이만규[리만규] (1949), 〈국문 연구 단체의 연혁(沿革)〉, 《조선어연구》 창간호, 4~10.

이희승 · 김완진 (1976), 〈학술대담: 국어학 반세기〉, 《한국학보》 5, 219~237.

이희승 · 안병희 (1989), 《한글 맞춤법 강의》, 신구문화사.

이희승(1959), 《새로 고친 판 한글 맞춤법 통일안 강의》, 신구문화사.

이희승(1977), 《다시 태어나도 이 길을》, 능력개발.

임홍빈(1993), 〈북한의 언어정책〉, 국어학회 편 (1993), 227~368.

임홍빈(1997), 〈맞춤법 규정의 논리성과 명료성〉, 이현복 외 편(1997), 33~84.

이현복 외 편(1997), 《한글 맞춤법, 무엇이 문제인가?》, 태학사.

전수태(2001), 〈서로 다른 표기법의 통일 방안〉, 《새국어생활》 11권 1호, 국립국 어연구원, 47~60.

정지동(1956), 〈조선어 문자 개혁 (1)〉, 《조선어문》, 1956년 6호.

조선어학회(1933), 〈한글 마춤법 통일안〉, 조선어학회. 김민수 (1973: 727~752) 참조.

朝鮮總督府(1930), 〈諺文綴字法〉, 김민수 (1973: 717~727) 참조.

통일 이후 통일을 생각한다

최동주(1997), 〈남북한 언어 연구, 어떻게 할 것인가: 토론 2〉, 《국학총서 2 : 민족통일을 앞당기는 국학》, 집문당.

최호철(1988), 〈북한의 맞춤법〉, 《국어생활》 1988 겨울 (제15호), 국어연구소, 33~48.

최호철(1999), 〈남북한 언어의 통일을 위한 과제: 국어정책부문〉, 《국제고려학회 서울지회논문집》 1, 35~85.

하치근(2002), 〈남북 맞춤법의 통일화 방안〉, 《국제고려학회 서울지회논문집》 3, 95~124..

한글학회(1992), 《우리말 큰사전》, 어문각.

한글학회(2009), 《한글학회 100년사》.

한용운(2007), 〈남과 북의 언어 통일을 지향하는 사전 편찬 방향〉, 《국학연구》 10, 315~342.

홍윤표(2007), 〈'겨레말큰사전' 의 편찬방향〉, 《한국사전학》 9, 23~52

북한 작가의
자율성을 통해서 본
남북 문학 통합의 전망

김재용

북한 작가의 자율성을 통해서 본
남북 문학 통합의 전망

'통일 이후의 통일' 로서의 통합

통일이란 단일한 과정의 주술에서 벗어나 통합의 장구한 과정을 사유하는 것이 현재 우리 학계에서 가장 필요한 일이라고 생각한다. 그동안 통일에 대한 관심에 비해 통합에 대해서는 체계적인 접근을 하지 못했다. 특히 교류에 기초해 남북이 함께 만들어가는 통합에 대해서는 이론적 접근이 거의 없었다. 2000년 6·15 공동선언 이전에는 남북의 교류가 거의 없었기 때문에 통합이란 것은 상상하기조차 힘들었다. 교류가 없는 상태에서 통일에 모든 것을 거는 방식이었다. 하지만 6·15 공동선언 이후 남북 교류가 활발해지면서 통일과는 다른 통합의 측면을 생각하지 않을 수 없게 되었다. 여러 분야에서 교류가 이루어지면서 소통이 가능하게 되자 기존에는 상상조차 힘들었던 통합의 시각이 부상하게 된 것이다. 하지만 학계는 이러한 새로운 현실을 탐색하고 이론화하는 데 게을렀던 것이 숨길 수 없는 현실이다.

통합은 통일과 불가분의 관계를 갖고 있지만 통일과는 분명 다르다. 통일이 정치적 사건이라면, 통합은 비정치적 과정이다. 통일은 정치적 제도의 문제가 핵심을 이루기 때문에 그것에 초점을 맞출 수밖에 없다. 평화적 통일이든 아니든 통일은 분명 정치적인 과정일 수밖에 없는 것이다. 하지만 통합은 정치적인 것을 제외한 경제적·사회적·문화적 충위를 모두 포함하고 있다. 이것은 정치적인 통일과 분리될 수 없지만 그것에 환원시킬 수 없는 대목을 가지고 있다. 그렇기 때문에 정치적 통일과 비정치적 통합은 일정한 차이를 갖는다고 할 수 있다.

통일이 단기적인 것이라면 통합은 장기적인 것이다. 통일은 그것에 이르는 과정이 아무리 험난하다 하더라도 통일 그 자체의 과정은 매우 짧다. 독일을 비롯한 다른 나라의 통일에서 보듯이 통일 과정의 진통은 매우 힘들어도 그것이 귀결되는 과정은 매우 단기적이다. 하지만 통합은 매우 장기적이다. 통일 이전은 물론이고 통일 이후에도 지속되는 것이 바로 통합이다. 교류의 정도에 따라 통합의 기간이 단축될 수 있고 늘어질 수도 있지만 통일에 비해서는 매우 장기적일 수밖에 없다.

통일이 차이를 허락하지 않는다면 통합은 차이를 포용한다. 통일의 과정은 정치적 제도이기 때문에 어떤 형태의 통일이라 하더라도 내부의 차이를 포용할 여지가 거의 없다. 절충적인 형태의 통일이라 하더라도 정치적 제도의 문제이기 때문에 어느 정도 사소한 차이는 해소할 수 있지만 내부의 큰 차이들을 토론을 통해 담아낼 만큼 여유를 갖지는 못한다. 하지만 통합의 경우 사소한 차이는 물론이고 큰 차이도 긴 과정 속에서 차츰 수렴할 수도 있고 경우에 따라서는 그 차이들을 그대로 가져갈 수도 있다.

통일이 국민국가의 완성이라는 내셔널리즘에 기반을 둔 반면, 통합은 내셔널리즘과 비내셔널리즘을 모두 포괄할 수 있다. 통일은 궁극적으로 국민국가의 완성일 수밖에 없다. 분리가 아닌 분단으로 살아왔기 때문에 통일은 그 정치적 제도가 어떤 것이든 관계없이 결국 국민국가의 완성일 수밖에 없다. 따라서 그것은 궁극적으로 내셔널리즘으로서의 국가주의로 귀결될 수밖에 없다. 하지만 통합은 내셔널리즘뿐만 아니라 비내셔널리즘도 얼마든지 수용할 수 있다.

통일은 예측이 어려운 반면, 통합은 상대적으로 예측가능하다. 그 어떤 사회과학자도 통일을 예견하기 어렵다. 김일성 주석 사후 여러 사회과학자들이 북의 붕괴를 이야기했지만 그 어느 하나도 맞지 않았다. 그만큼 통일은 예측이 어려운 것이다. 하지만 통합은 어느 정도 예측이 가능하다. 통일의 형태에 따라 약간 차이는 있겠지만 기본적으로 통합은 남북의 교류를 전제하기 때문에 그 방향을 어느 정도 가늠할 수 있다.

그리고 통합은 통일과는 다른 상대적 자율성을 지니면서 통일 이전과 이후 지속되는 연속성을 갖기 때문에 통일 이전은 물론이고 통일 이후에도 중요하다. '통일 이후의 통일'이란 주제를 생각할 때 통합을 떠올리는 것은 이런 점에서 의미를 갖는다.

북한 작가의 자율성을 통해서 본 남북 문학 통합의 전망

남북 공동 문학 잡지 《통일문학》과 문학적 통합의 단초

2005년 남북의 작가들이 함께 모여 민족문학인대회를 가졌다. 1945년 12월 삼팔선 이남과 이북의 문인들이 서울에 모인 이후 처음으로 남북의 문학인들이 모인 이 회합에서 남북의 문학인들은 과거에는 상상하기도 힘들었던 공동의 문학잡지를 발간하기로 의견을 모았다. 참석한 문학인들 내부에서도 이러한 것이 가능할 것인가에 대한 의구심을 가질 정도이니 그 모임에 참석하지 않은 외부의 문학인들과 일반인들은 불가능할 것이라고 생각했다. 하지만 남북의 문학인들은 각각의 어려운 처지에도 불구하고 간신히 모여 편집회의를 가졌다. 남북의 문학인들이 만나 초보적인 대화를 나누는 것도 쉽지 않은 마당에 공동의 잡지를 내기 위해 편집회의를 한다는 것은 결코 쉬운 일이 아니었다. 처음에는 너무나 막연해 어디에서 시작해야 할지 몰랐지만 만남의 회수를 더하면서 가닥을 잡기 시작했다. 우선 남북이 합의한 것은 남북이 각각 자기 문학작품을 추천하되 상대방이 불가하다고 판단하면 토를 달지 않고 승복하기로 대체적인 원칙을 정했다. 이후 남북이 각각 자기 작품들을 추천했고 합의에 따라 상대방이 이의를 걸지 않는 작품은 수록하기로 하고, 토를 단 작품들은 제외했다.

하지만 편집회의가 회를 거듭할수록 예상치 못한 새로운 문제가 발생했다. 각자 자신의 문학을 추천했을 때 그것이 상대 지역에서 충분히 감동을 줄 수 있는가의 문제였다. 북이 추천한 작품을 읽고 난 후에 남의 편집위원들은 일부 작품들은 남쪽 독자들

에게 북의 문학에 대한 새로운 발견과 애정을 가져다주기보다는
오히려 기대마저 접고 책을 덮는 사태가 발생할 수도 있다고 판
단했다. 북도 마찬가지였다. 그리하여 상대방의 작품 중에서 자
기 지역의 독자들의 눈에 맞을 만한 작품을 각각 추천했고 그 이
유를 서로 논하면서 어느 정도 합의에 이르게 되었다. 이러한 과
정은 어느 정도 효과가 있었다. 이런 과정을 거친 작품들이 남북
독자들의 가슴에 다가가기 쉬웠기 때문이다. 남에서는 북의 작품
을 계속 읽어왔던 이들이 있었고 북에서도 마찬가지로 남의 작품
을 읽었던 이가 있었기 때문에 이 과정은 비교적 순조롭게 진행
될 수 있었다. 만약 남북에서 서로 상대방의 문학에 대해 정통한
이들이 없었다면 이러한 심도 있는 논의 과정은 이루어질 수 없
었다. 남북 모두에서 외면을 받는 잡지가 되지 않을까 하는 걱정
은 기우가 되었다. 이런 문제들이 잘 풀려 남북 각각에서 이 잡지
는 3호까지 나오면서 어느 정도 큰 관심을 끌 수 있었다. 특히 남
쪽의 문학인들과 독자들은 이 잡지에 실린 작품들을 읽으면서 북
의 문학을 새롭게 보았다고 독후감을 말하는 이들이 많아졌을 정
도이다.

　남쪽 편집위원의 일원으로 참가한 필자는 편집회의 과정을 통
해 흥미로운 경험을 많이 했다. 과거에는 상상할 수도 없었던 이
러한 자리가 마련되었다는 것 자체가 경이로웠다. 그리고 논의 과
정을 거치면서 확인할 수 있었던 것은 우려했던 것과는 달리 어느
정도 초보적인 소통이 이루어졌다는 사실이다. 현재 남북의 어느
단체도 해보지 못한 이러한 작업을 직접 해보면서 만남의 다른 가

능성도 읽을 수 있었다. 그리고 그 과정을 통해 남북의 문학이 1945년 12월 이후 매우 달라졌지만 그 차이라는 것이 소통이 불가능한 정도의 것이 아님도 느낄 수 있었다. 특히 남북 문학 간의 소통을 위해서는 남쪽의 문학연구자들이 북의 문학을 읽고 연구해야 한다고 처절하게 깨닫는 자리였다. 앞서 지적한 것처럼 북의 작품 중 남쪽 독자들에게 일정하게 먹힐 수 있는 작품을 고르려고 했을 때 그동안의 독서가 매우 큰 힘이 되었다. 필자는 편집회의 과정에서 이러한 준비가 얼마나 중요한가를 시종 느낄 수 있었다.

그 과정에서 필자가 떠올린 단어가 바로 통합이었다. 통일과는 전혀 관련이 없는 것은 아니지만 분명히 이것과는 다른 통합이란 과정을 생각할 수 있었다. 이 통합은 통일 이전은 물론이고 통일 이후에도 이루어지는 것이다. 남북의 작가들이 한 자리에 모여 편집회의를 하고 이를 기초로 문학잡지를 내는 것 역시 통합의 일부라고 할 수 있다. 또한 미래에 올 정치적 통일 이후에도 이 통합의 과정은 어떤 형태로든 이루어질 수밖에 없는 것이다. 통일 이전의 통합의 상이 다소 구체적인 반면에, 통일 이후의 통합의 상은 훨씬 가늠하기 어려운 것은 사실이다. 하지만 통일 이후에도 이 통합의 과정은 필수적으로 수반될 수밖에 없으며 또한 통일 이전의 통합 과정의 연장선상에서 이루어질 수밖에 없다. 그런 점에서 《통일문학》을 만들면서 가장 강하게 든 생각은 남북의 민주적 작가의 연대를 확보해나가는 일이었다. 당장 힘들겠지만 시간이 지나면서 남북의 민주적 작가들이 소통을 하고 이를 토대로 아주 느슨한 연대가 이루어진다면 이는 통일 이전은 물론이고 통일 이후의 문학적 통합의 주체로서 성장·발전할 수 있기 때문이다.

최근 북한 문학의 정형과 문학적 목소리들

1990년대 초중반의 힘든 세월을 겪으면서 북의 작가들은 현저하게 달라졌다. 전에 없던 시련을 겪고도 아무런 내적 변화가 없을 수 없었던 것이다. 자신들이 처한 환경에 따라 그 변화의 폭과 정도는 다르겠지만 분명히 이전과는 달라진 모습을 보여주었다. 이러한 변화의 모습이 문학에서 드러나기 시작하는 것은 1998년 이후가 아닌가 생각한다. 그 이전에는 고통의 한복판에 있었기 때문에 거리를 두고 볼 수 있는 여유가 없었다. 하지만 격심한 고통이 지나가면서 작가들은 발언하기 시작했다. 작가들의 목소리는 밑바닥의 현실로부터 나오기 시작했다. 그동안의 관행에 대한 비판적 시선을 보여주었다. 가장 뚜렷한 것은 역시 관료주의와 부패에 대한 것이다. 관료주의에 대한 비판은 그동안 끊이지 않았지만 이 시기에 이르러 그 강도가 한층 강화되었다. 이전과는 비교가 되지 않을 정도로 세찬 비판이었다. 관료주의와 달리 부패의 문제는 이 시기에 와서 드러난 현상이라 볼 수 있다. 물론 부패에 대해 다룬 이전의 작품들이 없었던 것은 아니지만 부패에 대한 정면 비판은 없었다. 이런 문제와 더불어 새로운 목소리들은 농촌과 여성들로부터 나오기 시작했다. 고난의 행군은 사

회 전반을 강타했지만 농촌은 더욱 심했기 때문에 농촌의 현실
에 바탕을 둔 목소리들이 나오는 것은 결코 우연이 아니었다. 또
한 고난의 행군에서 가장 고통을 받았던 것이 가족의 생계를 책
임지고 있던 여성들이었기에 여성들의 목소리가 나오지 않을 수
없었다.

　고난의 행군 이전과 이후 문학적 경향이 달라진 대표적인 작가
가 김문창이다. 그는 1999년에 발표한 장편소설 《열망》에서 고난
의 행군 이후 시련을 겪고 있는 북의 사회를 배경으로 관료주의
와 관행에 대해 강하게 비판해 주목을 받았다. 관료주의에 대해
서는 정무원의 고위일군들이 저지르는 부패에 대해서 가차없이
비판을 가했다. 민중들은 어려운 처지에 힘들게 살아가지만 이런
문제에 아랑곳하지 않고 오로지 자신과 가족들의 안위만을 생각
하며 일을 행하는 대도시의 관료들을 비판하고 있는 것이다. 김
문창은 구사회주의권의 몰락이라든가, 미국의 제재 같은 같은 것
은 부차적인 요인일 뿐이고 중요한 것은 내부의 관료주의와 무능
이 위기를 초래한 결정적 요인이라고 보고 있기 때문에 그 비판
이 한층 가혹하다. 과거에는 생각하기 어려운 평양의 고위관료에
대한 비판을 과감하게 행한 것이다.

　관료들의 부패와 무능에 대한 작가의 비판은 관행에 대한 비판
으로까지 이어진다. 그동안 자력갱생이란 이름으로 행해져오던
것을 무조건 신봉하면서 실리를 따지지 않고 일을 행하는 관료에
대해서 비판하고 있다. 부속품을 자체 생산하는 데 드는 비용과
외국에서 수입할 때의 비용을 비교하지도 않고 오로지 자력갱생

을 물신화해 이를 잣대로 일을 처리함으로써 빚어지는 손실을 보여주면서 기존의 관행을 무조건 따르는 것을 비판하고 있다. 외국에서 부속품을 사오는 것이 실익이 될 때 그렇게 하는 것이 오히려 자력갱생의 정신에 부합하는 것이라고 작가는 강하게 주장한다. 관행에 대한 비판에는 기업소의 책임비서도 예외가 아니다. 지배인의 의견이 옳고 책임비서의 의견이 틀림을 보여주는 것도 이전에는 거의 없던 일이다.

김문창은 원래 관료주의에 대한 비판으로 유명한 작가이다. 하지만 이 시기의 작품은 그 이전과는 비교가 되지 않을 정도로 칼날이 예리하다. 1986년에 발표된 장편소설 《탄부》와 비교하면 여실히 드러난다. 1980년대에 들어 작가들이 현실을 직접 다루고 이에 대해 어느 정도 비판이 가능하게 되었을 때 김문창은 관료주의를 향해 비판의 화살을 겨누었다. 외부에 보일 실적을 쉽게 얻을 수 있는 탄광을 우선하면서 어려운 탄광은 저버리는 한 지배인의 행적을 통해 개인의 발전을 위해 전체의 이익을 도외시하는 이기주의와 관료주의를 비판했다. 당시로서는 꽤 새로운 비판이었음에도 불구하고 《열망》에 비하면 그 강도가 대단히 약하다. 단순한 발전에 대한 개인적 욕망 문제 정도만 다룰 뿐이지 부패와 무능까지에는 시선이 미치지 못했다. 또한 당의 책임비서에 대한 비판 같은 것은 상상할 수도 없고, 그저 지배인에 대한 비판에 그쳤다. 이런 점들을 고려하면 부패와 무능을 다루고 당 책임비서의 관행에 젖은 태도를 비판하는 《열망》은 현저한 깊이를 갖게 되었다고 할 수 있다. 고난의 행군이 아니었다면 이러한 전환은 결코 쉽지 않았을 것이다. 지방의 변두리에서 평양의 허위를 비판하는 김문창의 이러한 태도는 현실에 바탕을 둔 작품을 쓰려고 하는 작가의 의지에서 나온 것임은 두말할 필요가 없다.

다음으로는 《황진이》(2003)를 쓴 홍석중을 들 수 있다. 비록 역사소설이기는 하지만 현실에 대한 우회적인 비판이라고 볼 수 있는 여지가 꽤 많은 작품이다. 조선시대 다양한 신분의 사람들의 위선과 무능을 비판하는 이 작품은 고난의 행군 이후 북의 사회를 연상시키고 있어 흥미를 더하고 있다. 그런 점에서 이 작품도 김문창의 《열망》과 마찬가지로 고난의 행군 이후 북의 사회가 겪는 어려움을 바탕으로 나온 작품임을 알 수 있다. 1980년대에 발표한 홍석중의 장편소설 《높새바람》에서는 《황진이》에서 볼 수 있는 예리하고 깊이 있는 비판을 느끼기 어렵다.

1970년대를 전후해 작품을 발표하기 시작한 이 두 작가는 공히 1980년대에 문제작을 선보였다. 그들은 1980년대에 발표한 장편소설 《탄부》와 《높새바람》이 갖고 있던 신선함을 통해 작가로서의 기반을 다졌다. 하지만 이들은 고난의 행군이란 미증유의 시련을 겪고 난 다음 이전에 머물지 않고 새로운 영역을 개척했다. 《열망》과 《황진이》는 바로 이 고통의 산물이라고 할 수 있다.

1980년대 두각을 드러낸 작가들이 고난의 행군 이후 사회 전반에 퍼져 있는 부패와 무능에 대한 비판을 보여주었다면, 고난의 행군 이후 본격적으로 작품활동을 한 젊은 작가들은 새로운 영역을 개척했다. 이전의 작가들이 감히 생각조차 하기 힘들었던 상상력으로 새로운 세상에 대한 열망을 보여주었다.

변창률은 농촌을 무대로 이러한 새로운 상상력을 보여준 대표적인 작가이다. 농촌을 주제로 한 작품은 오랜 역사를 갖고 있다. 그렇기 때문에 비록 고난의 행군 이후 시련을 겪고 있는 농촌을 다룬다 하더라도 그 자체로는 새롭다 하기 힘들다. 변창률의 작품이 새롭게 주목을 받고 있는 것은 바로 농민들의 자발성에 기초한 농민들의 생생한 목소리를 전하고 있다는 점이다. 기존의 농촌 소재 작품들이 주로 도시와 농촌의 격차와 같은 문제에 치중해 농촌으로 들어가서 살아야 할 이유를 보여주는 것이 주를 이룬 반면, 실제로 농민들이 겪고 있는 고통과 꿈에 대해서는 거의 관심을 돌리지 않았던 것이다. 하지만 변창률은 실제 본인이 농촌 마을에서 분조장으로 일하면서 겪은 경험을 바탕으로 농민들이 겪는 고통과 꿈을 아주 생생하게 보여주고 있어 외부의 관찰자로서는 재현하기 어려운 세계를 소개하고 있다.

2004년에 발표한 변창률의 단편소설 〈영근 이삭〉은 이러한 세계를 가장 잘 보여주는 작품이다. 이 작품에 등장하는 여주인공은 이전의 시선과 가치로는 도저히 받아들일 수 없는 인물이다. 자신의 텃밭을 가꾸는 데 열심이고 다른 사람들보다 더욱 많이 일하면 그 대가를 항상 챙기는 그런 인물이기 때문이다. 그러다 보니 사람들로부터 말썽쟁이라고 손가락질도 받곤 하지만 개의치 않고 자신의 길을 걸어가기만 한다. 마을의 분쟁을 일으키는 이런 인물은 예전 같으면 이기주의자 혹은 보신주의자로 낙인 찍혀 제대로 생활할 수 없을 정도였다. 하지만 변창률은 자신이 맡은 일을 잘 처리하면서도 자신의 이익을 위해 힘을 아끼지 않는 이러한 인물을 아주 긍정적으로 그리고 있다. 그동안 북의 사회는 사회주의적 분배, 즉 노동에 따른 분배를 강조했지만 실제로는 그렇게 운영되지 못했다. 일을 많이 하나 적게 하나 꼭 같이 분배하고 이를 미덕으로 간주했다. 원칙과 실제가 어긋났던 것이다. 그런데 작가는 이러한 원칙을 지키지 않고 살아온 관행에 대해 문제 제기를 하면서 새로운 세계를 열어가고 있는 것이다. 또한 농민들이 가지고 있는 실리에 대한 욕망을 그 자체로 존중하는 것이다. 과거에는 이러한 욕망을 갖는 것 자체를 혐오했지만 〈영근 이삭〉에서는 오히려 이를 긍정하고 있다. 이러한 발상 전환은 단순히 변화된 정책을 반영하는 데서 오는 것이 아니다. 오랜 세월 농촌에 살면서 느꼈던 문제들을 토대로 농민의 내부 목소리를 내려고 하기 때문에 가능할 수 있었던 것이다.

젊은 여성 작가 최련도 이 시기 새로운 목소리를 낸 대표적인 작가이다. 2000년대 들어 작품을 발표하기 시작한 그녀도 변창률과 마찬가지로 신진 작가이다. 실제로 고난의 행군 이후 여성들이 남성들보다 더 심한 고통을 받았기에 여성들의 목소리가 나오기 마련이다. 이러한 분위기 속에서 나온 여성 문인들은 최련 이외에도 많이 있다. 특히 시인 렴형미는 매우 많은 주목을 받았다. 시련 속에서도 굴하지 않고 아이와 가족을 돌보아야 하는 어머니의 심정을 대변했던 그녀의 시들은 고난의 행군 그 자체를 다뤄 이채를 발했다. 이처럼 많은 젊은 여성들이 이 시기에 들어 여성의 목소리를 높인 것은 결코 우연이 아니다.

최련의 단편소설 〈바다를 푸르게 하라〉(2004)는 여성문학이면서도 그 이상이다. 소설에서 여성은 집안에서는 가부장적 억압으로 인해 가사를 도맡아야 하고 바깥에서는 사회적 일원으로 맡은 바 책임을 다해야 하기 때문에 이중으로 짐을 떠안고 살아가야 한다. 과거에도 여성들이 처한 이러한 문제를 다룬 작품이 없던 것은 아니지만 항상 그 둘을 원만하게 처리하는 슈퍼우먼의 형상으로 끝나기 마련이었다. 이러한 처리는 한편으로는 당당하고 씩씩한 여성을 내세움으로써 기존의 여성상을 깨뜨리는 의미를 갖지만 다른 한편에서는 여성이 겪는 억압을 은폐하는 효과를 가져다주었다. 이 작품에서는 이 둘을 쉽게 처리하지 않고 오히려 갈등하는 면모를 여실하게 보여주고 있다. 이 점은 이 작품에서 작가가 '이중의 짐'이란 말을 그대로 사용하는 데서도 잘 드러나고 있다.

하지만 이 작품은 여기서 끝나지 않는다. 남성들이 자신의 실적을 높이기 위해 당장의 이익을 향해 매진하는 것과 달리 이 작품의 여주인공은 먼 미래의 삶까지도 바라보는 연구를 한다. 그렇기 때문에 공해를 유발할 수 있는 것이라면 당장 효용이 있다 하더라도 버리고 시간이 걸리더라도 공해를 유발하지 않는 실험 결과를 내려고 노력한다. 장래 아이들이 성장했을 때를 생각하는 이런 마음이 아이를 키우는 여성의 마음에서 나오는 것임을 강조하는 작가의 시선에서 이 작품이 단순한 여성문학이 아니라 여성문학의 외연을 더욱 확장하는 종류의 것임을 알 수 있다. 고난의 행군의 여파로 어려운 처지에 처해 있으면서도 당장의 이익이 아닌 먼 미래의 삶을 생각하는 여유를 보일 수 있는 작가의 사유는 이전의 다른 작가들에서 볼 수 없는 참신한 것임에 틀림없다.

고난의 행군 이후 작가들이 보여주고 있는 이러한 깊이는 결코 이 시기 작가들과 민중들이 겪은 고통이 헛된 것이 아님을 말해주고 있다. 사회의 향방에 예민하게 반응하는 것이 작가들이기 때문에 시대 전체가 겪은 이 고통의 시간을 자기 것으로 하는 일부의 작가들이 이런 작품들을 내놓을 수 있었던 것이다.

2000년대 이후 북의 국가는 흩어진 민심을 붙잡기 위해 남쪽에서 올라온 비전향 장기수 63명을 다룬 장편소설총서를 기획했다. 한 작가가 한 명의 장기수를 소재로 한 편의 장편소설을 쓰는 이 무모한 계획은 일반 민중들로 하여금 이 어려운 처지에서 자기 현실에 대한 자부심을 갖도록 하기 위한 취지에서 기획된 것이었다. 하지만 북의 민중들은 이러한 장편소설에서 손쉬운 위안을 얻기보다는 앞서 거론한 자기 현실에 발을 딛고 있는 작품들에서 자신의 삶을 성찰했을 것이다. 그것은 바로 자신들의 삶을 기반으로 나온 밑으로부터의 목소리이기에 공감할 수 있기 때문이다.

홍석중을 통해서 본 북한 문학계 구성의 복잡성

북의 작가들 중에서 향후 남북 문학의 연대에서 새로운 주체로 등장할 수 있는 작가라고 판단해 언급한 예의 작가들 중에서 소설가 홍석중의 경우를 통해 남북 문학의 통합의 단초를 가늠해보기로 하자. 2000년대에 남북의 문학적 교류를 통한 통합에 있어 홍석중이란 존재는 각별한 의미를 가진다. 그동안 북한 작가 중 남한에 적지 않은 작가들이 소개되었음에도 불구하고 그만큼 강한 파장을 준 작가는 달리 없었기 때문이다. 또한 그의 장편소설 《황진이》는 이미 남쪽의 독자들의 검증을 거쳤기 때문에 향후 남북의 통합을 상상할 때 어느 정도 판단할 수 있는 근거를 마련해주고 있다. 필자가 홍석중을 예로 드는 데에는 비단 이러한 이유만 있는 것이 아니다. 남북 작가의 민주적 연대에 참여할 수 있는 북한 작가들을 고려할 때 그가 작가로서 갖고 있는 복합성이 시사하는 바가 많기 때문이다. 홍석중은 자발성에 기초한 내발적인 측면을 담고 있을 뿐만 아니라 당의 정책에 기초한 창작을 한다는 외삽적인 측면을 담고 있는 복합적인 양상을 갖고 있는 작가이기 때문이다.

남북 문학의 향후 통합은 궁극적으로 남북의 민주적 작가들에 의해 이루어질 것이라고 보고 있던 필자는 북의 작품들을 지속적으로 읽으며 하나하나 이러한 경향에 맞는 작가를 점검하던 중 2003년 북에서 출판된 《황진이》를 보면서 저자인 홍석중이 그러한 작가에 해당된다고 판단했다. 이 작품이 남쪽에 충분히 수용될 수 있다고 보았아 판단한 필자는 이를 계기로 북의 문학에 대한 남쪽의 근거 없는 편견이 깨어지기를 바라며 이 작품에 대한 평을 한 잡지에 실었고 이를 본 출판업자가 남쪽에서 출판했다. 남쪽 독자들의 반응은 필자의 기대를 훨씬 뛰어넘는 것이었다. 금방 화제가 되어 널리 읽혔고 마침내 남쪽의 문학상인 만해문학상을 받기도 했다. 이후 이 작품은 중국어와 일본어로 그리고 영어로 번역되었고 남쪽의 영화사에 의해 영화화되기도 했다.

이러한 대중적 반응과 더불어 남쪽 문학계의 평가도 대대적으로 이루어졌다. 남쪽의 평론가들이 다투어 이 작품에 대한 평을 썼고 이 중 몇편을 모아 책으로 출판하기도 했다. 남쪽의 문학 중에서 한 작품에 대한 평을 담은 평론집이 나오기도 쉽지 않은 마당에 북의 작가 한 작품에 대한 평론을 모은 단행본이 나왔다는 것은 예사롭지 않은 일이었다. 이러한 전문가적 평가는 비단 이 작품에 대한 평을 발표한 사람들에 국한된 것이 아니었다. 많은 문학인들이 이 작품을 읽고 이러한 작가가 북에 존재한다는 것에 놀라워했다. 심지어 냉전의식에 오랫동안 젖어 있던 이가 이 작품이 진짜 북에서 나온 것이냐고 물을 정도였다. 북한이 붕괴할 것이라는 풍문이 떠도는 가운데 북의 문학에 대해 그동안 부분적으로 관심을 가졌던 이들마저도 극히 냉소적으로 변한 마당에 이 작품의 남쪽 내 유통은 북의 문학에 대한 새로운 시야를 열어주었다.

남쪽 독자들과 문학인들의 관심은 다양했지만 특히 다음 세 가지 점에서 의견의 일치를 보여주었다. 첫째는 언어 문제이다. 우리말을 이렇게 정확하고 아름답게 사용하는 것에 놀랐다. 어떤 이들은 이러한 문체를 따라갈 수 있는 작가를 남쪽에서는 찾기 어려울 것이라는 극단적인 언사도 서슴지 않았다. 둘째는 지배층의 부패에 대한 작가의 거침없는 비판이다. 물론 조선시대를 배경으로 하고 있지만 지배자들의 무능과 위선에 대한 비판은 시대를 넘어서 감동을 주었다. 마지막으로는 성애에 대한 활달한 묘

사이다. 과거 북의 작품에서는 보기 힘들었던 자유로운 성애의 묘사는 비록 소재가 기생에 관한 것이기 때문에 검열의 벽을 통과했겠지만 남쪽 독자들의 편견을 깨뜨리기에 충분했다. 이러한 요인으로 해서 이 작품은 북한 남한을 뛰어넘어 분단시대의 걸출한 문학적 성과로 자리매김되었다. 남쪽의 맞춤법으로 다시 조판된 작품만을 본다면 이 작품의 작가가 북의 작가라고 짐작하기조차 어려울 것이다.

하지만 문제는 단순하지 않다. 만약 홍석중이 《황진이》만을 창작했다면 문제는 퍽 간단하다. 홍석중이야말로 남북 작가의 민주적 연대에 있어 단연 이채를 발하는 북한 작가임에 그 누구도 토를 달기 어려웠을 것이다. 하지만 이 작품이 나온 후인 2005년에 홍석중은 다른 장편소설 《폭풍이 큰 돛을 펼친다》를 발간했다. 그런데 이 작품은 《황진이》와는 전혀 다른 모습을 보여주었다. 북으로 귀향한 한 장기수를 원형으로 그린 이 장편소설은 《황진이》의 작가가 썼다고 하기에는 힘들 정도로 저조한 작품이다. 일제시대 유명한 시인인 박팔양의 아들이 한국전쟁 무렵 인민군으로 내려왔다가 포로가 되어 감옥생활을 했다. 이후 풀려나 보호관찰 대상으로 살면서 결혼도 하고 아들도 두었으나 다시 '국가원수암살미수죄'로 감옥생활을 하다가 북으로 돌아간 실제 사실에 기초한 이야기이다. 작품의 언어와 밀도는 말할 것도 없고 전형적으로 냉전시대의 산물이다. 자신이 잘 알지 못하는 남쪽의 상황을 비전향장기수의 입을 통해 간접적으로 전해 듣고 작품을 썼기 때문에 그 한계는 매우 뚜렷하다. 물론 작가는 박팔양이 숙청되었다는 사실을 퉁겨주면서 아들인 장기수를 설득하려고 하는 남쪽 정보당국의 말을 통해 북한 국가에 의해 작가가 숙청당하는 비극적 사실을 노출시키는 등의 다소 파격적인 행보를 하고 또 박정희시대까지만 다루고 그 이후는 거론하지 않는 등의 절제된 노력을 보이지만 그것들이 이 작품의 허물을 덮기는 역부족이다.

《황진이》가 스스로 자발적으로 창작한 것이라면 이 작품은 분명 외부로부터의 정책적 과제를 수행한 산물이다. 그렇기 때문에 자발적인 작품에서 볼 수 있는 그러한 밀도와 사유를 찾기가 어렵다. 이 작품은 2000년대 북한 문학계의 공동작업이었던 장기수 소설화 작업의 일환이었다. 63명의 장기수를 한 명씩 담당해 그들의 삶을 한 편의 장편소설로 형상화하는 것인데 홍석중도 동원되어 이 작품을 창작했다. 2000년대 북한 문학계의 최대 사업이었던 이 기획사업은 '고난의 행군' 이후 힘들었던 북한 인민들의 사기를 북돋아주면서 사상적 동요를 막으려고 했던 선전작업의 일환이었다. 따라서 위로부터 내려온 정책에 순응해 만든 것이기 때문에 내발적인 것과는 거리가 먼 외삽적인 것이라고 할 수 있다.

한 작가의 작품 중 하나는 내발적인 것인 반면, 다른 하나는 외삽적이다. 한 작가 내부에서 이러한 상반된 경향이 공존할 수 있다는 것이 쉽게 믿어지지 않을 정도이다. 아마 남쪽의 독자들이 《폭풍은 큰 돛을 펼친다》를 읽으면 이 작품을 쓴 작가가 과거에 《황진이》를 쓴 작가라고 짐작도 못할 것이다. 이러한 모순이 가능한 것이 현재 북의 문학계의 현실이다. 따라서 남북의 문학적 통합을 이야기할 때 북의 이러한 사정을 충분히 감안해 미래를 기획해야 할 것이다. 북의 작가들이 내발적일 때 가질 수 있는 가능성을 소홀히 해서도 안 될 것이고 동시에 북의 작가들이 외삽적인 작품을 쓸 수밖에 없는 한계도 충분히 고려해야 할 것이다. 북쪽 작가들의 복합적인 면에 대한 종합적인 인식이 없을 때 제대로 연대를 수행할 수 없다. 북의 작가들이 가지고 있는 이러한 양면성을 고려한 상태에서 통합이 기획될 때 남북의 문학적 소통은 방향을 잃지 않고 궁극적으로 바람직한 통합으로 나아가게 될 것이다.

북한 작가의 복합적인 구성과 내적 긴장

홍석중 작가는 자발적인 측면과 외삽적인 측면을 동시에 갖고 있는 작가이기는 하지만 미래 남북 작가의 민주적 연대에서 가장 중요한 북한 작가기 될 수밖에 없는 것은 북한 문학계 전체에서 그가 점한 위치 때문이다. 남북의 민주적 작가란 냉전적 분단구조가 결코 자연스럽지 않다는 것을 깨닫고 이를 타파하려는 지향과 의식을 갖고 있는 작가들을 말한다. 직접적으로 이를 표현하는 작가는 말할 것도 없고 간접적으로 이에 기여하는 작가들 모두 민주적 작가라 할 수 있다. 누가 이런 작가에 해당하는가를 판단하는 문제는 북한 작가 내부의 복합적인 구성을 잘 읽어낼 때만이 가능하다.

　남쪽에서 북한의 문학에 대해 깊이 공부하지 않은 사람들은 북한의 한두 작품을 읽고 북한 문학 전부를 섣불리 판단하는 버릇이 있다. 그럴 경우 대부분의 결론은 북한의 작가들은 하나같이 주체문학으로 통일되어 있고 그들 사이에는 어떤 긴장도 균열도 없다는 것이다. 필자는 과거 북한 문학을 연구하면서 이러한 관측이 얼마나 잘못된 것인가를 깨달을 수 있었다. 북쪽의 문학인들 중에서 정치적 박해를 받고 문학활동을 할 수 없게 된 작가들은 매우 많다. 만약 북한의 작가들이 하나같이 동질적이고 단일화되어 있다면 이런 현상이 생길 수 있겠는가? 흔히 북한 체제의 폭압성으로 이러한 작가들의 정치적 억압을 거론하곤 하지만 사실은 이러한 현상이야말로 거꾸로 북한의 작가들이, 남쪽의 피상적인 관찰과는 다르게 국가에 의해서 일방적으로 관리되는 것이 아님을 보여주는 것이다. 국가와 작가 사이의 긴장이 발생할 때 일부 작가들이 단호하게 자신의 길을 걸었기 때문에 이러한 정치적 박해가 일어나는 것이다. 북한의 모든 작가들이 국가의 규율에 일방적으로 순응한다면 이러한 현상은 처음부터 일어나지도 않았을 것이다. 그런 점에서 북한의 작가들은 남쪽의 피상적인 관찰과 같이 동질적인 집단이 아니다. 거기에는 다양한 경향과 성향의 작가들이 혼재되어 있다.

　흥미로운 것은 정치적 박해를 받은 작가들이 아닌 경우에도 일정한 긴장과 균열이 존재한다는 것이다. 예컨대 북한의 작가들 중에서 김일성과 김정일의 일생을 장편소설화하는 이른바 수령

통일 이후 통일을 생각한다

형상 창조 작업에 동원된 작가들이 소속되어 있는 4·15문학창작단의 작가들과 그밖의 작가들 사이에도 이러한 긴장은 쉽게 찾아낼 수 있다. 4·15문학창작단에 소속된 작가들은 예외없이 수령 형상 창조 작업을 해야 한다. 김일성의 일생을 다룬 '불멸의 역사 총서'와 김정일의 일생을 다룬 '불멸의 향도 총서'는 바로 이 4·15문학창작단에 속한 작가들이 창작해온 것이다. 이외에도 수령 형상 작업을 한 많은 작가들이 바로 이 4·15문학창작단 작가들이다. 하지만 북한의 작가들 중에서 이 창작단에 속하지 않은 작가들도 많다. 본인이 적극적으로 나서지 않을 경우 의무적으로 해야 하는 작업은 아닌 것이다. 이러한 구성만 보더라도 북의 작가들의 성격이 그렇게 단순하지 않다. 홍석중은 이러한 길을 걸었던 작가이기 때문에 자발성과 외삽성의 공존에도 불구하고 민주적 작가라고 단호하게 말할 수 있으며 향후 남북 작가의 민주적 연대에서 중요한 축이 될 수 있다고 생각한다. 남쪽의 사람들이 북의 작가와 문학을 동질적인 것으로 파악하는 것은 북한 문학계의 구체적인 실상에 가까이 가려고 하지 않고 피상적으로 관찰하기 때문이다.

북쪽의 문학이 남쪽에서 보는 것처럼 그렇게 단순하지 않으며 또한 작가들의 구성 역시 단일적이지 않다는 것을 인식하는 것은 매우 중요하다. 필자는 북의 문학 내부에 존재하는 다양한 형태의 문학 경향을 이야기하는가 하면, 때론 한 작품 내에서 드러나는 공식적인 목소리와 비공식적인 목소리의 혼재를 드러내 보여주기도 했다. 이러한 다양한 전략을 통해 북의 문학을 분석하면서 글을 썼던 것은 향후 남북의 문학적 통합의 지난한 과정에서 북의 어떤 작가들이 남북 작가의 새로운 연대의 주체가 될 수 있는가 하는 문제의식 때문이었다. 북의 문학이 남에 비해 분명 경직된 체제 하에 있다는 것은 말할 나위 없다. 하지만 북의 문학 내부에 존재하는 이러한 긴장을 읽지 않고 모두 동질적이라고 판단하는 것 자체도 또 다른 형태의 경직성의 산물이 아닐까? 이 상태로는 북의 문학계에서 어떤 작가가 민주적 작가인가에 대해서 그 어떤 지도도 가질 수 없고 그럴 경우 남북의 교류를 통한 통합이란 기대하기 어렵다.

현재의 노력과 미래의 통합상

북한 문학계의 판도와 정황에 대한 정확한 이해야말로 올바른 남북 문학 교류의 기초이며 또한 문학적 통합의 필수이다. 물론 현실에서 교류 작업을 하다보면 상대가 있는 만큼 이러한 이해에 기초한 만남이 일방적으로 이루어지는 것은 아니다. 하지만 이러한 지도가 없을 때 그 교류는 방향을 잃고 표류하며 끝내 침몰하고 말 것이기 때문에 힘들지만 그러한 노력을 해야 한다. 남쪽 문학계 내에서 북한 문학을 보는 노력이 더욱 가속화되고 널리 확산되어 공감대가 이루어져야 북의 작가들 중 연대할 수 있는 작가에 대한 시야가 한층 분명해지면서 실질적인 작업이 진전될 수 있을 것이다. 이러한 작업이 제대로 이루어지는가 아닌가의 여부

통일 이후 통일을 생각한다

에 따라 통일 이전의 문학적 통합은 물론이고 통일 이후의 문학적 통합의 구체적인 모습이 드러날 수 있다고 본다.

동시대의 세계 문학을 소개하는 잡지인 《*World Literature To-day*》를 1920년대부터 발간해오던 미국 오클라호마 대학교 출판부가 최근 새로운 잡지를 창간했다. 'Chinese Literature Today'라는 제호의 이 잡지는 현재 동시대의 중국 문학을 영어권에 소개한다. 굳이 이 잡지를 독립시켜 발간할 정도로 현재 세계 문학에서 중국 문학은 가장 주목받고 있다. 오늘날 세계 어디로 가도 문학계에서 중국 문학을 빼놓고 현대 세계 문학을 논하기 어려울 정도이다. 그런데 이 중국 문학이 가장 많이 다루는 소재는 문화혁명이다. 현재 활동하는 대부분의 작가들이 문화혁명이 끝날 무렵 대학에 진학해 문학 수업을 받았기 때문에 그들이 청춘 시절에 겪은 문화혁명을 다루는 것은 극히 자연스럽다. 중국의 대표적인 작가 모옌을 비롯해 현재 대부분의 중진 작가들이 이러한 경향의 작품을 창작하고 있다. 하지만 문화혁명 기간은 중국 문학사에는 문학 창작이 가장 힘들었던 시기이다. 창작을 할 수 있는 형편이 아니었던 것이다. 이처럼 창작이 힘들었던 난세를 겪은 이들이 이후 해야 할 많은 이야기를 가지게 되었고 이를 쏟아내면서 중국 문학은 황금시대를 누리고 있다. 현재 북의 작가들은 매우 힘든 나날을 보내고 있지만 훗날 이 시절은 자신들의 창작의 큰 자산이 될 것이다. 점차 서사가 줄어들고 있는 남쪽의 젊은 작가들에 비해 힘든 시대를 살아간 이들은 대서사를 소설에서 재현할 가능성이 있다.

통일이 어떤 형태로 이루어지든지 간에, 현재 남북 문학계의 소통 노력과 이에 기반한 통합의 실천은 통일 이후의 문학적 통합상을 좌우할 것이다.

통일 이후 통일을 생각한다

남북한 음악의 '같음'과 '다름' 그리고 '또 다른 같음'을 위하여

민경찬

남북한 음악의 '같음' 과 '다름' 그리고 '또 다른 같음' 을 위하여

'또 다른 같음' 을 기대하며

북한 음악을 처음 접했을 때 우리의 반응은 어떠했을까? 사람들마다 다소 차이는 있겠지만 일반적으로 동질감보다는 이질감을 먼저 느낀다고 한다. 낯선 창법, 부자연스러운 웃음, 과장되어 보이는 제스처, 인간이 아니라 기계가 만들어내는 것 같은 일사분란한 작위적인 소리, 러시아 또는 중국 영향 같기도 한 국적 불명의 음향, 서양악기를 흉내내어 만든 것 같은 개량악기, 귀엽다기보다는 어딘가 모르게 앙증스럽게 보이는 어린이들의 노래하는 모습, 게다가 경우에 따라서는 우리를 긴장케 하는 가사 등이 그 대표적인 예일 것이다.

그런데 북한 사람들 역시 남한의 음악을 들으면 많은 이질감과 거부감을 느낀다고 한다. 미제국주의와 자본주의 퇴폐문화의 아류와도 같은 국적 불명의 대중음악, 우리 민중의 삶과는 아무런 관계가 없는 부르주아의 향락적 취향을 반영한 서구 고전음악, 우리말 가사조차도 잘 알아들을 수 없는 이상한 창법, 노래인지

괴성인지 구분하기 어려운 젊은이들의 노래, 소음으로밖에 들리지 않는 현대음악, 박물관에 있어야 할 복고주의적인 전통음악 등등. 남한 음악을 비판하거나 공격할 때 자주 등장하는 어휘들이다.

그렇지만 남과 북의 음악 가운데는 다른 점 못지않게 같은 점도 많을 것이라고 예상하기란 어렵지 않다. 반만 년이란 오랜 세월 같은 전통, 같은 문화, 같은 역사를 가지고 있었던 같은 민족이었던 만큼, 같은 점이 많다는 것은 당연한 일일 것이다. 그런 반면 다른 체제 다른 이념은 다른 음악 환경을 만들었고 다른 음악의 길을 걷게 했고 다른 음악을 낳게 했다. 문화적 환경과 조건이 다른 만큼 다른 점이 많다는 것도 어찌 보면 당연한 일일 것이다.

그런데 그 '다름'은 때로는 서로를 긴장시키는 갈등요인으로 작용을 하기도 하고 때로는 상대의 음악을 폄하 및 왜곡시키는 역할을 하기도 하고 때로는 우리 민족의 음악적 심성과 음악적 본질을 제대로 보지 못하게 가로막는 장막의 기능을 하기도 한다. 물론 '다름' 중에는 남북이 공유할 수 없는 것이 많다. 그렇지만 서로를 이해하고 서로를 포용하고자 하는 마음이 있다면, 적지 않은 '다름'이 오히려 '다양함'으로 와닿을 것이고, '다름'으로 가려진 얇은 장막을 걷어내면 그 막 때문에 보지 못했던 '같음'이 보일 것이다.

이 글은 '같음'을 통해 '다름'을 이해하고 '그 다름'을 통해 '또 다른 같음'을 모색해보고자 하는 취지를 가지고 있다. 즉,

통일 이후 통일을 생각한다

"남과 북의 음악은 오천 년의 같음 속에서 육십 년의 다름이 있을 뿐이다"라는 점에 주목해, 남북한의 음악이 어떻게 다르고 또 어떤 점이 같은지를 고찰해 보고, 그것을 바탕으로 남북이 공유할 수 있는 '또 다른 같음' 을 만들기 위해서 우리는 어떤 노력을 해야 할지 등에 관한 방안과 방법을 모색해 보고자 하는 데 그 목적이 있다. 아울러, 통일 후의 남북 음악을 전망해 보고 그것을 바탕으로 통일 이후 통일을 위한 방안을 생각해 보는 것도 또 다른 목적 중의 하나이다.

북한 음악의 총체적 특징

1. 북한 음악의 두 얼굴

남한의 입장에서 보면 북한의 음악은 서로 다른 두 가지 얼굴을 가지고 있다. 하나는 우리와 공유할 수 있는, 즉 같은 얼굴이고 또 다른 하나는 우리와 공유하기 어려운, 즉 다른 얼굴이다.

북한 음악의 가장 큰 특징은 이론이 실제를 규정한다는 것이다. 두말할 것도 없이 김일성시대의 통치이념인 주체사상과 김정일시대의 통치이념인 선군사상은 북한 음악의 특성을 결정하는 가장 중요한 이론으로 역할을 하고 있다. 음악활동과 관련된 전반적인 틀이 이에 입각해 만들어졌고 또 음악가들은 이에 따라 음악활동을 해나가야 하기 때문이다. 그런데 주체사상과 선군사

남북한 음악의 '같음' 과 '다름' 그리고 '또 다른 같음' 을 위하여

상을 바탕으로 한 북한의 음악은 정치성과 사상성을 강하게 띠고 있기 때문에 남쪽과 공유하기 어려우며 오히려 대립과 갈등의 수단이 되고 있다.

그런 한편 '조선 민족 제일주의'이라는 이론이 있다. 김정일 통치 초기에 등장한 이론으로 주체사상을 강화하기 위한 방안의 하나로 나온 것인데, 이에 따른 음악은 대부분 분단 이전의 음악을 대상으로 하고 있기 때문에 남쪽과 공유할 수 있는 것이 많아 주목하게 된다. 북의 입장에서 보면 같은 얼굴이겠지만 남의 입장에서 보면 다른 얼굴인 것이다.

이와 같은 예는 또 있다. 북한에서는 자신들을 '태양민족' 또는 '아리랑민족'이라 부른다. 정치·군사적으로 말할 때는 주로 '태양민족'이란 말을 사용하며, 문화·예술적으로 말할 때는 '아리랑민족'이란 말을 많이 사용한다. 그런데 '태양민족'의 정점에는 김일성과 김정일이 있고, '아리랑민족'의 배경에는 우리 민족의 애환이 서려 있다. 공유할 수 있는 것과 공유할 수 없는 것으로 양분되는 것이다. 물론 '아리랑민족'의 이면에는 "고난의 아리랑을 불렀던 우리 민족은 김일성 주석님의 덕택으로 행복의 아리랑을 부를 수 있게 되었고 김정일 장군님의 덕택으로 강성 부흥 아리랑을 부르게 되었다"[1]라는 식의 정치 논리가 자리를 잡고 있지만, 몇몇 요소를 제외하고 나면 대부분 공유할 수 있는 것들이다. 즉, 주체사상, 선군사상, 태양민족이라는 '다름의 얼굴'과 조선 민족 제일주의, 아리랑민족[2]이라는 '같음의 얼굴'을 동시에 가지고 있는데, 어느 하나가 아니라 두 얼굴의 합이 북한 음악의 본

통일 이후 통일을 생각한다

모습일 것이다.

2. 북한 음악의 지침서, 김정일의 《음악 예술론》

현재 북한 음악의 가장 중요한 이론적 지침서 역할을 하고 있는 것은 김정일의 《음악 예술론》이다. 김정일이 집필[3]했다고 하는 《음악 예술론》은 이른바 주체사상에 기초한 것으로, 북한 음악의 이론서이면서 실천적이고 실제적인 지침서의 역할을 하고 있다.

김정일의 《음악 예술론》은 한마디로 '주체음악' 이라는 말로 집약되는데, 여기서 말하는 '주체음악' 이란, 첫째 주체시대의 요구와 사명에 이바지하는 음악이고, 둘째 그 내용은 인민대중의 자주성을 위한 투쟁을 담고 있어야 하며, 셋째 사람들을 혁명적인 사상으로 교양하는 데 이바지하는 것이어야 하며, 넷째 형식에 있어서는 인민대중의 사상과 감정을 맞는 '인민성' 을 기본으로 해야 한다는 것이다. 그리고 음악에서 주체를 확립하기 위한 본질적 요구로는 "조선의 음악은 반드시 조선적인 것을 바탕으로 해서 인민의 감정에 맞아야 한다"는 것이며, 주체를 세우기 위한 기본 방침은 "교조주의를 극복하고 주체를 세워, 민족음악을 사회주의 건설자들의 정서와 지향에 맞게 발전시킨다"는 것이다.[4] 그리고 음악에서 주체를 세운다는 것은 인민의 사상 감정과 정서에 맞고 공산혁명에 이바지하는 음악을 건설하고 창조해나간다는 것을 의미한다고 설명하고 있다.[5]

남북한 음악의 '같음' 과 '다름' 그리고 '또 다른 같음' 을 위하여

또한 "음악에서 예술성은 사상성과 밀접히 결합되어야 하며 인민성, 민족성, 통속성을 전제로 해야 한다"고 성격을 규정하고 있으며,[6] "음악은 인민들의 계급의식과 공산혁명의식을 고양시키고, 선전 선동의 수단으로 사용해야 한다"고 그 기능을 뚜렷이 하고 있다.

《음악 예술론》에는 그 이론에 근거해 실제로 음악이 어떻게 되어야 한다는 내용을 구체적으로 명시하고 있다. 중심 내용을 살펴보면, "음악은 선율의 예술이다", "음악에서 기본은 선율이다", "선율은 아름답고 유순해야 한다", "선율이 특색 있어야 음악 형상이 살아난다", "절가는 인민음악의 기본형식이다", "악기 편성에서 기본은 민족악기와 서양악기를 배합하는 것이다", "편곡은 창작이다", "편곡은 음악 형상을 풍부히 한다", "선율 본위로 편곡하는 것이 우리 식이다", "편곡은 구상이 좋아야 한다", "음악의 구성 부분을 옳게 처리해야 한다", "반주 편곡을 잘하여야 한다", "다양한 종류와 형식의 음악을 창작해야 한다", "음악은 다양해야 한다", "성악작품 창작에 힘을 넣어야 한다", "우리 식의 기악작품을 창작해야 한다", "〈피바다〉식 가극을 더욱 발전시켜야 한다" 등이다.

김정일의 《음악 예술론》은 1991년 발행되었다. 김일성시대에 김정일의 이름으로 발행되었다는 의미를 가지고 있는데, 여기서 제시한 '주체음악'은 김정일이 새롭게 제기한 것이 아니라 이미 앞 시대에 김일성이 만들었다고 하는 '주체음악론'을 집대성하고 체계화하고 일반화한 것이다.[7] 그렇지만 20년이나 지난 이론

통일 이후 통일을 생각한다

이기 때문에 머지않아 바뀔 가능성이 있다. 바뀐다면 내용적인 면에서는 '공산주의' 보다 '민족' 에 무게를 더 둘 것이고 이름은 '선군음악론' 또는 '선군시대의 음악 예술론' 이 될 것이다. 왜냐하면 북한의 정책이 공산주의보다는 민족에 무게를 둔 쪽으로 바뀌었고 주체사상이 선군사상으로 바뀌었기 때문이다.

그런데 여기서 간과해서는 안 될 것은 김정일의 현장 지도와 김정일 어록의 역할이다. 북한은 최고지도자의 현장 방문 및 지도라는 독특한 제도를 시행하고 있다. 음악 분야도 예외가 아닌데, 주로 《음악 예술론》에서 제시한 이론을 현장에서 구체화시키고 응용하게 하는 지침 역할을 하지만 경우에 따라서는 새로운 방침과 지침을 전달하는 역할도 한다. 이는 '김정일 어록' 이라는 이름으로 정리 및 발표가 되며 《음악 예술론》에서 제시한 것과 똑같은 권위와 효력을 갖게 된다. 따라서 오늘날 북한 음악의 실체는 김정일의 음악 예술론과 김정일 어록에서 제시한 것을 음악적으로 구현한 것이라고 말할 수 있다.

3. 음악적 특성

북한의 음악은 대부분 사상미학의 원칙에 입각해 만들어졌고 또 선전·선동의 수단으로 사용하는 등 기능적인 측면이 강하기 때문에 음악적인 측면보다는 가사의 메시지 전달을 중요시하고 있다. 따라서 추상적인 기악음악보다는 가사가 있는 성악음악이 발달되었다.

남북한 음악의 '같음' 과 '다름' 그리고 '또 다른 같음' 을 위하여

성악음악의 분류방식[8]도 우리와 많이 다른데, 우선 성악곡을 크게 '가요', '가극노래', '영화노래', '아동가요', '민요' 등 다섯 개의 장르로 나누고 있다. 그리고 '가요'를 다시 불멸의 혁명송가, 불후의 고전적 명작가요, 혁명가요, 광복전가요, 광복후가요로 나누고, '가극노래'를 혁명가극, 민족가극, 창극, 가극, 전설가극, 경가극, 혁명적 음악무용 서사시극, 음악무용이야기, 음악무용서사시, 민속무용조곡, 무용극, 혁명연극, 연극, 경희극으로 나누고 있다. 또한 '영화노래'를 예술영화, 텔레비전영화, 기록영화, 과학영화, 아동영화로, '아동가요'를 학생소년 노래와 어린이 노래로, '민요'를 전통민요와 신민요로 나누고 있다. 이 중 항일무장투쟁 시기에 불렀다는 '혁명가요', 김일성 일가를 찬양하는 노래인 '송가', '민요'를 중시하고 있다. 그리고 항일抗日무장투쟁과 항미抗美무장투쟁을 소재로 한 극음악인 '혁명가극'을 특히 중요시하고 있다.

북한은 사회주의 국가인 만큼 음악에서도 그 특성이 그대로 나타난다. 즉 집단에 의해, 집단적으로 만들어지고, 집단적 정서가, 집단적으로 수용이 되는 '집단의 음악'이라는 특징을 가지고 있다. 다시 말해 음악적 소양이 있건 없건 누구에게나 쉽게 이해되고 친숙해져야 한다는 인민성과 통속성과 대중성을 추구하고 있기 때문에 어렵고 전문적인 음악보다는 누구나 이해하기 쉬운 대중음악이 발달되었다. 여기서 말하는 대중음악이란 우리가 이해하는 상업적 성격의 대중음악이 아니라 비상업적인 대중음악이다.

북한 음악의 또 다른 특징 중의 하나는 '정치적 민감성'에 있다. 북한에서는 일찍부터 "음악은 정치사상적 무기로서 인민의 이익과 혁명의 이익에 복무해야 한다"는 원칙이 정해졌기 때문에, 음악이 정치성을 띠고 또 음악이 정치의 수단으로 사용되는 것을 당연시해왔다. 더구나 최근에 들어서는 '음악정치'라는 용어가 등장했을 정도로 음악과 정치를 일체화시키고 있다. 음악정치란 용어는 2000년에 등장한 것으로 "음악을 통해 당면한 온갖 어려움과 난관을 극복하고 사회주의 건설을 향해 매진해나간다"는 일종의 김정일 식의 통치방식을 일컫는 말이다. 그 주된 내용은, 김정일이 음악을 사상이나 총대처럼 중시하고 음악을 통해 전체 인민들을 하나로 묶어 그 위력으로 혁명의 승리를 이룩해왔다는 것이다. 그와 함께 근로현장에서 음악으로 생산을 독려하는 경제선동방식을 음악정치의 한 유형으로 제시하고 있으며, 중요한 정책을 노랫말에 담아 전하는 것을 음악정치의 한 형태로 소개하고 있다. 그리고 공식 석상에서 연설 대신 하는 공연도 음악정치의 한 예로 들고 있다. 북한의 음악은 결국 정치에 예속되어 있나는 것을 의미하는데, 그 정치적인 내용이 바로 남과 북의 음악을 더욱더 멀게 하는 요인으로 작용하고 있다.[9]

그 외 북한 음악의 특징으로는, 서정적인 음악보다는 서사적이고 사실적인 음악이, 복잡한 대위법적 음악보다는 단순한 화성적 음악이 발달되었다. 그리고 음악에는 반드시 '주제'가 있어야 하는데, 여기서 말하는 주제란 음악적인 주제가 아니라 음악외적인 주제, 즉 가사의 주제나 음악을 통해 무엇인가 말하려고 하는 내용적인 주제를 의미한다.

그런 반면 개인적인 창의성과 창조성, 실험정신, 고도의 전문성과 추상성, 음악에 내재되어 있는 자체적인 질서, 개개인의 내적 욕구에 의한 미적 가치의 창조 및 향유와 같은 것들은 철저하게 배제 및 배척되었다. 그리고 12음기법 음악과 같은 현대음악과 재즈는 반동적 부르주아 음악이라는 이유에서 배척을 하고 있는데, 남한에서의 "12음기법 음악은 인민들의 계급적 및 민족적 의식을 마비시키는 사상 문화적 도구로 복무하고 있으며, 재즈는 인민들의 민족적 및 계급적 의식을 마비시켜며 썩어빠진 미국식 생활을 퍼뜨리는 사상적 수단으로 이용하고 있다"고 비난을 하고 있다.

한편, 우리는 어려서부터 "음악에는 국경이 없다"라는 말을 듣고 자랐기 때문에 대부분 사람들이 상식적으로 그렇게 생각하고 있다. 그런데 오늘날의 음악학자들은 이 말이 서구 중심적 사고라고 비판하고 있다. 북한 역시 "음악에 국경이 없다는 사고는 현대 부르주아 이론가들의 궤변"[10]이라고 폄하하고, '음악에는 국경이 있다' 라는 견해를 견지하고 있다.

4. 음악 요소 및 형식의 특징

음악의 3대 요소라고 하면 선율, 리듬, 화성을 말하며 4대 요소라고 하면 여기에 형식이 첨부된다.

우선 북한의 음악은 김정일의 《음악 예술론》에서 밝힌 바와 같

통일 이후 통일을 생각한다

이 "음악은 선율의 예술이며, 음악에서 기본은 선율이다"라고 할 정도로 선율을 중요시하고 있다. 선율이란 음의 높낮이와 음의 길고 짧음이 결합된 것으로 정의되는데, 음의 높낮이는 음계의 구성음을 음악적으로 배열한 것이며 거기에 음의 길고 짧음, 즉 리듬을 더하면 선율이 된다. 북한 음악에서 사용하는 음계는 크게 서양의 장단음계와 민요음계로 나뉜다. 그리고 리듬은 주로 2박자, 3박자, 4박자, 6박자에서 생성되는 리듬을 사용한다. 이 모든 요소는 남한의 음악에도 그대로 있다. 선율의 측면에서 북한의 음악은 다양성을 추구하는 남한 음악의 부분집합으로 설명할 수 있다.

리듬은 앞에서도 말한 바와 같이 2박자, 3박자, 4박자, 6박자를 기조로 한 서양의 박절적 분할 리듬을 주로 사용하고 있다. 쉽게 설명하자면 남한의 초등학교 음악시간에서 배운 수준의 리듬이다. 이 역시 다양성을 추구하는 남한 음악의 부분집합으로 설명할 수 있다.

화성은 3화음 시스템에 의한 서양의 전통적인 기능화성[11]을 주로 사용하고 있으며 화성의 진행은 초보적인 수준에 머물러 있다. 도-미-솔, 파-라-도, 솔-시-레와 같은 화음이 정해진 룰에 따라 진행하는 방식인데, 이 역시 남한 음악의 부분집합으로 설명할 수 있다.

음악의 형식은 김정일의 《음악 예술론》에서 밝힌 바와 같이 '절가'를 기본으로 하고 있다. '절가'란 남한에서는 '유절 형식 song form'이라고 하며, 여러 개의 절로 나뉘어져 있는 정형시

남북한 음악의 '같음'과 '다름' 그리고 '또 다른 같음'을 위하여

형태의 가사를 하나의 곡에 맞춰 반복적으로 부르도록 하는 노래 형식이다.[12] 절가, 즉 유절 형식은 북한뿐만 아니라 여러 문화권에서 사용하고 있는 보편적인 음악 형식이다. 그런데 북한에서는 절가에 특별한 의미를 부여하고 있다. 다시 말해 절가는, 첫째 인민음악의 가장 기본적인 형식의 하나이며, 둘째, 간결한 구조 속에서 현실생활의 크고 작은 모든 내용을 풍부한 형상으로 구현할 수 있는 다양한 서술적 가능성을 가진 세련되고 위력한 음악 형식의 하나이며, 셋째 절가의 가장 기본적인 특징은 가사와 곡이 조화롭게 밀착되어 있는 것이며, 넷째 인민대중에 의해 인민들의 창조적 노동과 윤무輪舞놀이와 같은 집단생활 속에서 창조되어 오랜 역사적 과정을 통해 다듬어지고 발전해온 인민의 노래 형식이라는 것이며, 다섯째 인간의 내면세계와 정서, 시대정신을 매우 훌륭하게 재현해내고 있을 뿐 아니라 집단 또는 개인의 사상과 감정에 예민하게 작용하며 그들의 기분과 활동을 조절하고 통일시키는 데 유력한 수단으로 이용되며, 여섯째 음악 발전의 견지에서 볼 때 현시대는 절가의 시대이며 혁명의 새 시대, 주체의 시대는 인민대중이 다 알아듣고 즐겨 부르는 전투적이며 통속적인 절가를 내세우고 발전시켜야 한다는 것이다.[13]

북한의 절가는 일반적으로 전렴과 후렴으로 되어 있는데, 전렴에 비해 후렴이 정서적으로 폭이 더 넓고 고양된 성격을 띠고 있는 것이 특징이다. 이는 전렴에서 제시된 사상과 감정이 후렴에서 긍정확인되어 전렴의 물음에 후렴이 대답하거나 전렴의 설명

통일 이후 통일을 생각한다

을 후렴에서 결론을 짓고 사상의 본질을 천명하는 듯한, 표현적 논리를 보여주기 위한 것이라고 한다.[14]

절가는 작곡가들에게는 가사를 음악화하기 쉽다는 점과 함께 통일된 음악적 형식을 유지시켜 준다는 장점을 가지고 있다. 그리고 청중들에게는 반복된 선율이 많기 때문에 쉽게 그 곡을 익힐 수 있고 또 가사를 외우는 데도 도움을 주고 있다.

이와 같이 음악 요소 및 형식적인 측면에서는 북한 음악이 남한 음악의 부분집합관계에 있기 때문에 남쪽 사람이 북의 음악을 이해하는 데는 전혀 문제가 없다. 다만 북쪽 사람들은 복잡하고 다양한 남한의 음악을 이해하는 데 있어 다소 어려운 측면이 있을 것이다.

5. 표현 방식(연주)의 특징

음악의 요소 및 형식적인 측면과는 달리 발성법과 창법, 관현악법 등 음악의 표현 방식, 즉 연주의 측면에 있어서는 차이가 있다. 남북 음악의 차이점을 느끼게 하는 것은 대개 이 때문이다.

발성법이란 소리를 원만하게 내기 위한 기술적 방법을 말하며, 창법이란 노래를 부르는 표현 방법을 말한다. 남한의 경우는 서양의 벨칸토 창법 등 서양식 창법과 발성법을 구사하는 데 비해 북한의 경우는 자신들이 개발한 독특한 방법을 쓰고 있다.

북한이 지향하는 이상적인 발성법은, '민족적 선율과 감정에 맞게, 자연스러우면서도 부드럽고, 아름다우면서 고운 소리를 내

남북한 음악의 '같음' 과 '다름' 그리고 '또 다른 같음' 을 위하여

는 것'이다. 북한의 발성법은 무엇보다도 조선어의 발음법과 연관이 있으며, 좋은 조선말의 모음과 자음을 정확히 내도록 하고 있다. 그리고 우리와 같이 목이나 머리를 공명시켜 내는 소리가 아니라, 소리를 얼굴의 앞쪽으로 몰아서 낸다. 그렇기 때문에 부드럽고 고운 소리가 나고 또 가사의 발음이 정확히 난다는 장점을 가지고 있지만, 다른 한편으로는 콧소리가 많이 섞여 난다는 특징을 가지고 있다. 우리가 들으면, 부드럽고 소박하면서도 열정과 호소성이 강한, 즉 격정적 서정성을 특징으로 하고 있다. 또한 창법은 서도민요를 바탕으로 하고 있으며, 아름답고 부드러운 목소리로 자연스러우면서도 곱게 부르는 것을 기본으로 하면서 그 위에 곡의 사상 정서적 내용과 가수의 개성적 특성을 더하도록 하고 있다.[15]

그런 한편, 관현악법과 같은 악기 편성도 남한과 많이 다르다. 남한의 경우는 서양의 악기만 사용하거나 전통악기만 사용하는 등의 경우가 많은데, 북한의 경우는 개량한 전통악기[16]와 서양의 악기를 같이 편성해 연주하는 경우가 많다. 이로 말미암아 북한 특유의 관현악 색깔을 낼 수 있게 되었다.

그런데 북한 음악을 북한 음악답게 만드는 가장 큰 요인은 전통악기의 개량에 있을 것이다. 북한은 거의 모든 전통악기를 개량했고 몇몇 악기는 새로 만들었다. 개량악기란 말 그대로 원래 악기의 단점을 보완하고, 악기의 구조와 형태·음량·음색·음역 등이 한층 더 좋아지도록 개선한 악기를 의미한다. 북한에서는, 우리의 전통악기가 우수한 특징을 가지고 있지만 그에 못지않게

통일 이후 통일을 생각한다

결함도 가지고 있기 때문에 전통음악을 현대화하고 또 동시대 인민들의 정서를 표현하는 데 있어 충분하지 못하다는 이유로 대대적으로 개량했다.

전통악기의 개량은 표현 능력의 확대와 서양악기와의 앙상블이라는 면에 초점이 모아졌다. 그 결과 음구와 음역이 확대되었고 음량이 풍부하게 되었으며 음색이 맑고 부드러워졌다. 그와 함께 한 옥타브를 똑같은 12개의 반음으로 나눈 서양의 12평균율에 맞게 개조했고, 반음의 움직임도 자유롭게 했으며 앙상블의 효과를 높였고 서양악기와의 협연도 가능하게 했다. 그러나 국악기 고유의 음색이 많이 사라졌고, 우리 국악만이 가지는 독특한 아름다움도 변하게 되었다. 악기의 개량과 조율체계의 변화란 항상 음의 합리성이라는 측면과 전통 음감각의 고수라는 측면 사이에서 갈등을 겪게 되는데, 북한은 결국 음의 합리성이라는 측면에 따라 서양식으로 악기를 개량한 것이다.[17] 그 때문에 경우에 따라서는 서양악기의 아류 같아 보이기도 한다.

조선 민족 제일주의와 북한의 음악

1. 조선 민족 제일주의의 영향

변할 듯이 변할 듯이 변하지 않다가 변화의 실마리를 제공한 이론이 '조선 민족 제일주의'이다. 이 이론은 1986년 7월 김정일

남북한 음악의 '같음'과 '다름' 그리고 '또 다른 같음'을 위하여

의 담화 〈주체사상 교양에서 제기되는 몇 가지 문제에 대하여〉에서 처음 제시된 이후 오늘날까지 북한 사회를 움직이는 중요한 통치이념의 하나로 역할을 하고 있을 뿐 아니라 북한 음악을 변화시키고 있는 이론으로서도 기능을 하고 있다. 비록 대내적으로는 북한 주민들의 사상을 강화시키기 위한 목적이 있고 대외적으로는 통일전선을 구축하려는 의도도 있는 것으로 보이지만, 그 일환으로 등장한 음악 중에는 우리들이 주목할 만한 것들이 적지 않다.

대표적인 예로, 전통음악의 발굴 및 원형보전에 관한 관심이 고조되었다는 점, 궁중음악과 정악正樂에 대한 인식이 달라졌다는 점, 산조와 판소리를 수용하기 시작했다는 점 그리고 분단 이전에 만들어진 근대음악의 장르인 창가·동요·가곡·대중가요·신민요 등을 재평가한 후 적극적으로 발굴하고 보급하고 있다는 점을 들 수 있다.

조선 민족 제일주의가 등장하기 이전만 하더라도 민요 이외에는 전통음악의 발굴에 관해서는 별로 관심을 보이지 않았고 원형보존은 오히려 복고주의라고 비판했었다. 그러다가 대대적인 발굴 사업을 전개해, 고구려의 〈동동〉, 백제의 〈정읍사〉, 신라의 〈처용가〉, 가야의 〈다스름〉, 발해의 〈용춤〉, 고려의 〈청산별곡〉 등 삼국시대와 고려시대의 고전음악과 춤 250여 편을 발굴했다고 발표했다. 당시에는 음악을 기록하는 기보법이 없었기 때문에 악보도 존재할 수 없었는데 어떻게 발굴을 했다는 것인지 알 수 없지만, 음악 유산의 발굴 및 보존에 대한 중요성을 인식하게 된 계

통일 이후 통일을 생각한다

기가 되었다는 점만은 틀림없는 사실이다.

궁중음악과 정악正樂은 부르주아 음악이라고 배격되었던 대표적인 장르이다. 북한의 이념과도 맞지 않기 때문에 그동안 "착취계급의 음악", "봉건적 음악", "복고주의 음악", "통치배들의 향락적 취미를 반영한 음악" 등의 이유로 비판을 해왔었다. 그러다가 재평가를 내리고 수용을 하기 시작했는데, 당대의 음악 발전에 일정한 기여를 했고 음악사 연구에 일정한 자료적 가치를 가지고 있다는 이유와 그 안에도 인민적인 요소가 있다는 이유 때문이다.

산조는 전문음악인들의 음악이라는 비판을 받았었고, 판소리는 인민들의 정서에 맞지 않는다는 이유로 배격되었었다. 그렇지만 이제는 전통적 민족음악 유산의 보존·연구라는 차원과 음악 발전에 일정한 기여를 했다는 이유로 수용하고 있다.

이로 말미암아 전통음악 중에는 미신迷信의 음악이라고 배격하고 있는 무악巫樂을 제외하고는 남북이 모두 공유할 수 있게 되었다. 북한에서 이를 수용하면서 견지하고 있는 태도는 비판적 수용 내지는 조건부 수용이지만 사실상 금지시켰던 것을 해금시킨 것과 다름 아니다. 그렇지만 아직 일반화와 대중화는 되지 못했는데, 그 이유는 대부분 서울을 비롯해 남쪽 지역의 음악이기 때문에 전승자도 없었고, 음원자료나 악보자료, 문헌자료와 같은 자료가 북에는 별로 없기 때문일 것이다. 남에는 이에 관련한 자료가 풍부하기 때문에 마음만 먹으면 얼마든지 북을 도울 수 있다.

그런 반면, 북한에는 '민족음악'이란 장르가 발달했다. 북에서

남북한 음악의 '같음'과 '다름' 그리고 '또 다른 같음'을 위하여

말하는 민족음악이란 민요에 기초한 민속악을 사회주의 내용에 부합되고 동시대 인민의 정서에 맞게 새롭게 만든 것[18]이라는 뜻을 가지고 있다. 전통음악 분야에서 가장 심혈을 기울이는 부분은 민요이며, 오래전부터 발굴·정리해 이제는 기본적으로 남북의 모든 민요를 수집했다고 한다.[19] 이 중에는 〈경상도 아리랑〉, 〈영천 아리랑〉과 같이 남한에서는 사라진 민요도 상당수에 이른다. 그리고 전통음악의 미적 특성을 '우아함', '아름다움', '유연함'으로 정리하고 이를 동시대화시키려고 노력하고 있다. 민족음악 분야는 북이 발달했기 때문에 이 또한 마음만 먹으면 얼마든지 남을 도울 수 있을 것이다.

2. 남북한 공동의 근대 음악 문화유산인 계몽기 가요

남북이 만나 협력해 '또 다른 같음'을 만들어낼 수 있는 원천 중의 하나가 근대음악의 장르인 창가·동요·가곡·대중가요·신민요 분야이다. 모두 서양 음악의 영향을 받아 19세기 말에서 20세기 초에 걸쳐 새로운 노래 양식으로 등장해 향유되었던 것들이며, 이 중 창가를 제외하고는 지금도 널리 사랑을 받고 있다.

북에서는 창가를 계몽가요, 동요를 동요 또는 아동가요, 가곡을 예술가요 또는 서정가요, 대중가요를 류행가, 신민요를 신민요라 칭하고 있으며, 이를 모두 묶어 '계몽기 가요'[20]라 부르고 있다. 김일성시대만 하더라도 계몽기 가요 중 몇몇 곡은 불리기는 했어도 그리 사랑을 받지 못했다. 혁명적인 것이 못 되고 봉건적이며 자본주의적인 요소가 있다는 이유에서였다.

그런데 조선 민족 제일주의의 등장과 함께 "우리나라 근대 및 현대음악 발전 역사만 놓고 보아도 일제 식민지 통치를 반대하는 우리 인민의 반일애국사상이 높아가던 시기에 계몽가요와 아동가요, 서정가요와 신민요와 같은 음악 종류와 형식이 발전했으며 그것은 애국적인 인민들과 청년학생들 속에서 반일애국 사상감정을 불러일으키는 데 기여했다"[21]라는 김정일의 언급이 있었다. 그리고 이를 계기로 재평가를 받기 시작했고, 본격적인 연구가 이루어져 수많은 연구 결과물과 악보집 등이 등장하기에 이르렀다. 그리고 지금은 그 수를 셀 수 없을 정도로 많은 노래가 보급되어 애창이 되고 있는 실정이다. 남북한의 근대음악 유산 그러니까 북한에서 말하는 계몽기 가요를 장르별로 좀 더 구체적으로 살펴보면 다음과 같다.

동요

우리나라 동요의 역사는 1920년대 초부터 시작된다. 주지하다시피 1920년대는 일제 강점기였지만, 남북이 분단되지 않았던 시기이기도 하다. 동요에 대한 북한에서의 평가는 "선율 형상이 밝고 명랑하며 구조 형식이 간결하고 민족적 향기도 그윽하며, 이러한 특성으로 말미암아 일제의 가혹한 탄압 속에서도 어린이들뿐만 아니라 어른들의 마음속 깊이에 뿌리를 내리게 했으며 그들에게 애국의 정신과 민족의 넋을 키어주는 데서 큰 역할을 했다"[22]는 것이다.

남북한 음악의 '같음'과 '다름' 그리고 '또 다른 같음'을 위하여

수많은 동요가 발굴 및 정리가 되었는데, 그중 "나의 살던 고향은 꽃피는 산골 ……"의 〈고향의 봄〉, "푸른 하늘 은하수 하얀 쪽배엔 ……"의 〈반달〉, "울 밑에 귀뚜라미 우는 달밤에 ……"의 〈가을밤〉, "고드름 고드름 수정 고드름 ……"의 〈고드름〉, "날 저무는 하늘에 별이 삼형제 ……"의 〈형제별〉 등이 명작 또는 중요 곡으로 꼽히고 있다. 북한에서는 이 곡들을 다음과 같이 평가하고 있다.

〈고향의 봄〉은 잃어버린 조국에 대한 열렬한 사랑, 행복한 생활에 대한 지향과 염원 등을 소박하면서도 민족적 정서가 풍부한 아름다운 선율로 진실하게 표현한 노래로, 당시 어린이들과 인민들의 깊은 사랑을 받았으며 오늘날까지도 전해지고 있다. 〈반달〉은 일제 식민지 통치 밑에서 살길을 찾아 헤매는 근로인민들과 어린이들의 서글픈 생활감정을 진실하게 반영한 노래 가운데 하나로, 일제 강점 하의 불합리한 사회현실 속에서 벗어나 새 생활을 꾸려보자는 어린이들의 지향과 염원이 담겨 있다. 〈가을밤〉에는 일제 식민치 통치 밑에서 온갖 천대와 멸시를 받으며 고통스럽게 살아나가는 가난하고도 불행한 사람들에 대한 동정과 착취와 억압이 없는 사회에서 행복한 생활을 누려 보려는 그들의 절절한 염원과 지향이 반영되어 있다. 〈고드름〉은 생생하고도 흥미 있는 사상주제적 내용과 음악적 형상의 진실성으로 하여 어린이들의 깊은 사랑을 받았다. 〈형제별〉은 하늘에 반짝이는 별을 쳐다보며 혈육을 그리워하는 소녀의 애달픈 심정을 의인화의 수법으로 소박하고도 부드러운 선율 형상에 담아 노래

통일 이후 통일을 생각한다

하고 있다.

그런데 여기서 간과해서는 안 될 한 가지는 북한의 동요를 보면 원가사가 그대로 남아 있는 것이 많은 데 비해, 남한의 동요 중에는 가사가 바뀐 것이 적지 않다는 점이다. 이는 작사자가 월북을 했기 때문에 생긴 현상으로, 한때 월북문인의 가사로 만든 곡을 금지시킨 적이 있다. 가사를 바꾸면 허용을 했는데, 이로 말미암아 같은 곡임에도 불구하고 북쪽에서는 원래의 가사 그대로 불렀고 남쪽에서는 바뀐 가사로 부른 경우가 종종 있었다.

가곡

가곡의 역사 역시 동요와 마찬가지고 1920년대 초부터 시작된다. 사실 북한에서는 다른 장르의 노래들에 비해 가곡이 그다지 발달하지 못했다. 자신들의 문예관에 맞지도 않고, 어렵고 또 인민들이 별로 좋아하지 않는다는 이유 때문으로 보인다. 그러던 것이 김정일의 "일제시대 때 만들어진 서정가요가 애국적인 인민들과 청년학생들 속에서 반일애국 사상감정을 불러일으키는 데 기여했다"는 언급이 있은 후, 가곡은 새롭게 평가를 받기 시작했고 또 중요한 장르로 등장하게 되었다. 그리고 "예술가요들은, 비교적 높은 예술적 형상력과 사색적인 정서, 고전미가 풍기는 선율적 사유의 무게 있고 절도 있는 품격 등으로 인해 독특한 정서적 감흥을 불러일으켰으며, 계몽가요 등의 가요들에 비해 새로운 예술적 경지를 개척함으로써 당대의 가요 예술 발전 수준을 일정하게 끌어 올렸다는 데 그 의의가 있다"[23]는 평가를 받게 되었다. 홍난파, 현제명, 안기영, 박태준, 나운영의 가곡이 이에 속하며, 대표적은 작품으로는 "울밑에선 봉선화야 네 모양이 처량하다 ……"의 〈봉선화〉, "봄의 교향악이 울려 퍼지는 ……"의 〈동무생각〉, "성불사 깊은 밤에 그윽한 풍경소리 ……"의 〈성불사의 밤〉, "내 놀던 옛 동산에 오늘와 다시 서니 ……"의 〈옛 동산에 올라〉, "봄 처녀 제 오시네 새풀 옷을 입으셨네 ……"의 〈봄처녀〉 등이 있다.

북한에서 주목을 받은 가곡은 한결같이 가곡의 개척기인 20년대에서 30년대 초에 작곡된 곡이라는 공통점을 가지고 있다. 그런데 30년대에 수많은 가곡이 만들어졌는데도 불구하고, 북한에서는 이 시기를 공백기로 보고 있다. 30년대 가곡에 관한 자료가 없어서 그런지, 30년대 작곡가들이 대부분 월남을 해서 그런지, 30년대의 작품이 북한 인민들의 취향에 맞지 않아서 그런지 현재로서는 알 수 없지만, '공백기'란 말로써 30년대를 대신하고 있는 것이다. 그러나 "1939년에 작곡된 나운영의 〈가려나〉로 인해, 다행스럽게도 완전한 공백기를 면하게 되었다"[24]고 설명하고 있다. 그리고 "이 작품은 어딘가 모르게 동요적인 낭만이 있기는 하지만 《동아일보》의 현상모집에서 우수작으로 입상되어 사람들 속에서 널리 불려졌다"[25]고 곡의 해설을 곁들이고 있다.

현재 북한에서 언급하고 있는 예술가요, 즉 가곡은 20편 정도에 지나지 않지만, 점점 확대될 것으로 보인다. 〈가려나〉가 북한 가곡사의 공백기를 면하게 한 역할을 했다면, 그와 함께 다른 곡들은 남북 분단의 골을 메우는 역할을 할 수 있을 것이다. 그런 의미에서 북한에 자료를 제공하거나 공동으로 연구하는 일은 그 자체가 통일의 밑거름이 될 것이다.

대중가요

대중가요의 역사는 1920년대 말부터 시작된다. 근대음악을 보는 시각 가운데 가장 변화된 것이 아마 이 분야일 것이다. 대중가요는, 일제시대에 식민 자본 즉, 음반 산업과 밀접한 관련을 가지고 탄생된 것이기 때문에 태생적 한계를 가지고 있었고, 또 자본주의적 속성을 띠고 있기 때문에 북한에서는 늘 비판의 대상이었다. 얼마 전까지만 해도 북한에서는 대중가요를 평가하기를, "일본 제국주의자들의 식민지 예속화정책에 복무하면서 조선인민의 민족적 및 계급적 의식을 흐리게 하고 그들을 퇴폐와 타락의 길로 이끌기 위한 반동적 작용을 했다." 그리고 "이로부터 퇴폐적인 류행가는 느리고 비장한 애수에 잠긴 음조로 되어 있다"[26]고 혹평을 했다. 그러던 것이, 대중가요 중에는 퇴폐적이고 건전한 두 가지 부류가 있는데, "건전한 류행가들 중에서 많은 비중을 차지하는 것은 비가류의 노래들이며, 이들 노래들은 우리 인민들이 당하는 망국노의 신세를 한탄해 부른 다시 말해 내용과 정서에서 비교적 건전한 사실주의적 경향의 노래들이다"[27]라고 긍정적으로 그 태도가 바뀌었다. 즉, 비장한 애수에 잠긴 퇴폐적인 노래가 건전한 사실주의적 경향의 노래들로 재평가되었으며 그 대표적인 것으로는 "두만강 푸른 물에 노 젓는 뱃사공 ……"의 〈눈물 젖은 두만강〉, "황성옛터에 밤이 되니 월색만 고요해 ……"의 〈황성옛터〉, "사공

의 뱃노래 가물거리며 ……"의 〈목포의 눈물〉, "울려고 내가 왔던
가 웃으려고 왔던가 ……"의 〈선창〉, "아 아 으악새 슬피 우니 가
을인가요 ……"의 〈짝사랑〉 등이 있다.

대중가요에 대해 북한에서 견지하고 있는 태도는 비판적 수용,
즉 퇴폐적이며 반동적인 대중가요를 철저히 배격하는 한편 내용
과 정서에서 비교적 건전하고 사실주의적인 대중가요들은 동시
대의 미감에 맞게 비판적으로 계승 발전시키자는 것이다. 그렇지
만 "비장한 애수에 잠긴 퇴폐적인 노래"와 "건전한 사실주의적
경향의 비가류의 노래"에 관한 구분이 매우 애매하며, 경우에 따
라서는 모순이 되기도 한데, 이 애매한 기준은 오히려 대중가요
폭을 넓게 해 줄 것이다. 또한 북한에서 언급하고 있는 대중가요
중 상당수가 남한에서도 '흘러간 옛 노래' 또는 '정다운 옛 노래'
등으로 오늘날까지도 널리 애창이 되고 있다. 물론 왜색가요라고
비판을 받고 있는 곡들도 적지 않지만, 끈질긴 생명력을 가지고
오늘에 이르고 있다. 북한에서 말하는, "비장한 애수에 잠긴 퇴폐
적인 노래"와 "건전한 사실주의적 경향의 비가류의 노래" 그리고
남한에서 말하는 '왜색가요'와 '정다운 옛 노래'의 사이에서 발
생되는 모순을 어떻게 설명하고, 어떻게 받아들여야 하며 또 어
떻게 통합시켜야 하는가라는 문제 또한 동시대에 살고 있는 우리
들이 해결해야 할 과제 중 하나일 것이다.

(신)민요

남북한은 모두 민요와 신민요의 차이를 혼돈하고 있다. 민요는

통일 이후 통일을 생각한다

전통음악의 한 부류이고 신민요는 1920년대에서 30년대에 걸쳐 서양 음악과 결부되어 레코드 음악으로 만들어진 대중가요의 속성을 가진 노래이다. 우리 민족의 대표적인 민요로 알려진 〈아리랑〉을 비롯해 경상도 민요로 알려진 〈울산아가씨〉와 경기 민요로 사랑을 받고 있는 〈노들강변〉 등 우리가 전통민요로 알고 있는 수많은 노래가 사실은 신민요인 것이다. 아이러니컬하게도 전통민요가 새롭게 변해 신민요로 된 것보다, 신민요가 새롭게 변해 전통민요로 편입된 것이 의외로 많다.

아무튼 북한의 음악은 (신)민요에 그 뿌리를 두고 발전했다고 해도 과언이 아니다. 북한에서 일관되게 견지한 프롤레타리아 민족주의 정신과 사회주의 사실주의라는 창작 원칙에 가장 잘 부합된 음악이라는 이유 때문이며 또 그것을 바탕으로 다양한 장르의 음악을 만들었기 때문이다. 따라서 신민요는 처음부터 중요한 장르로 취급되었다.

그런데 '계몽기 가요'를 논할 때 새삼 신민요를 다시 언급하면서 평가를 절하하고 있는 것을 발견할 수 있다. 즉, 1991년에 발산된 《문학예술사전(중)》(과학백과사전종합출판사)을 보면 신민요를 "해방 전 우리나라에서는 일제의 식민지 통치와 당대 사회를 개탄해 나라 잃은 슬픔과 애수를 반영한 노래들이 많이 창작되었다. 이러한 노래들 중에는 우리나라 민요의 맑고 연한 그리고 부드러우면서도 경쾌한 특성을 체현한 것들이 적지 않았는데 이러한 것들은 신민요라고 불리워졌다. …… 신민요는 당시의 사회적 환경과 창작가들의 세계관적 제한성 그리고 일제의 혹심한 탄압

남북한 음악의 '같음'과 '다름' 그리고 '또 다른 같음'을 위하여

으로 인해 그 사상적 내용이 뚜렷하지 못하고 적극적인 반일감정을 표현하지는 못했다. 그러나 일제 식민지 통치 밑에서 당하고 있는 우리 인민들의 무권리한 처지와 썩고 병든 사회에 대한 개탄의 감정을 반영한 것으로 하여 사람들에게 민족적 의식을 넣어주고 반일감정을 불러일으키는 데서 일정한 작용을 했다. 특히 그것은 민요를 선율적 바탕으로 하고 있는 것으로 하여 우리의 민족음악발전에 기여했다"[28]고 기술하고 있다.

그렇지만 1999년에 발간된 《계몽기가요선곡집》에서의 평가는 다르다. 우선, 신민요가 당시 인민들과 일제 침략자들 간의 첨예한 계급적 대립을 적절하게 대처를 못했다는 점 둘째, 당면한 사회정치적 문제들에 주의를 돌리지 못했다는 점, 그리고 다양한 양상의 선율을 개척하지 못했다는 점 등이 그것이다.[29] 그러면서도 〈아리랑〉, 〈울산아가씨〉, 〈노들강변〉 등과 같은 신민요를 여전히 전통민요라 하면서 높이 평가하는 모순을 범하고 있다.

남북한 모두 민요와 신민요를 구별해야 하는 공통적인 과제를 가지고 있다. 그런데 전통민요 자료는 북한이 많이 가지고 있고, 신민요 자료는 남한에 많기 때문에 서로 협력해야만 이 문제를 잘 풀어나갈 수 있을 것이다.

창가

창가는 여러 얼굴을 가지고 있다. 창가란 19세기 말에서 20세기 초에 걸쳐 당시 불렸던 서양의 노래 또는 서양식의 노래 모두를 지칭하는 포괄적인 의미로 사용되었기 때문이다. 따라서 찬송가 선율을 차용해 만든 모든 노래, 찬송가 이외의 서양 노래의 선율을 차용해 만든 모든 노래, 일본의 군가와 창가 및 그 선율을 차용한 모든 노래, 한국의 창작동요와 창작가곡이 출현하기 이전에 만들어진 모든 창작 성악곡, 1945년 이전 학교 교육에서 사용된 모든 노래, 교육용으로 불린 모든 노래들이 창가의 범주 안에 들어간다. 그리고 그 노래의 국적國籍을 불문하고 신식노래를 모두 창가라 했기 때문에, 서양의 노래뿐만 아니라 일본인이 작곡한 노래와 한국 사람이 작곡한 노래도 모두 창가라 했다. 또한 여러 종류의 애국가와 독립군가, 항일투쟁가 등과 같이 항일과 반일을 내용으로 한 노래도 창가라 했고, 역으로 친일적인 내용의 노래도 창가라 했다.

북한에서는 창가와 유사한 장르를 '계몽가요'라 칭하고 있다. 그렇지만 내용을 보면 약간 차이가 있다. 즉 창가 중에서 애국문화계몽운동의 영향 하에 나온 계몽적 성격을 띤 노래를 '계몽가요'라 하고 있으며, 계몽가요의 본질적 특성을 계몽적인 내용을 가진 것에 두고 있다. 그리고 "계몽가요들은 당시 청년 학생들 속에 널리 보급되어 그들의 향학열을 높여주고 애국적 감정을 불러일으키는 데 일정한 작용을 했다"는 긍적적인 평가와 함께 "계몽가요에 반영된 애국주의는 부르주아 민주주의적 테두리 내에서 벗어나지 못한 계급적 제한성을 가지고 있었으며 많은 노래들에서는 분초를 아껴가면서 공부를 하여 큰 인물이 되라는 것을 고취했는가 하면 일부 노래들에서는 자본주의 사회를 미화 분식한 것과 같은 약점도 발로시켰다"[30]는 비판도 겸하고 있다. 북에서

남북한 음악의 '같음'과 '다름' 그리고 '또 다른 같음'을 위하여

발굴한 대표적인 창가로는 〈거북선〉, 〈국치일가〉, 〈글자배우기〉, 〈금주가〉, 〈단군탄생가〉, 〈망향가〉, 〈무궁화동산〉, 〈부모의 은혜〉, 〈살수에서의 승리〉, 〈소년남자가〉, 〈을지문덕〉, 〈조선13도가〉, 〈조선은 반도요 삼천리 강산〉, 〈조선의 자랑〉 등이 있다.

동요, 가곡, 대중가요, 신민요는 발굴보다는 남북 상호 협력을 요하는 분야이지만, 창가는 공동으로 중점 발굴해야 할 분야이다. 음악적으로는 근대음악의 뿌리라는 중요성을 가지고 있고, 애국·애족·애민·계몽·독립정신·자유·민권사상 등 우리 민족의 근대성을 담은 노래임에도 불구하고 남북 공히 상당수 미발굴 상태로 남아 있기 때문이다.

이와 같이 남북의 근대음악 유산, 즉 계몽기 가요는 모두 남북이 공유하고 있다는 중요성을 가지고 있다. 남북이 협력한다면 이를 통해 모두가 공감하는 현대적 미감의 '또 다른 같음'의 노래를 창출해낼 수 있을 것이다.

3. 남북관계의 '독'이 될 수도 있는 계몽기 가요

그런데 계몽기 가요 중에는 경우에 따라서 '독'이 될 수도 있는 것들도 있다. 남북관계가 그리 좋지 않았던 1990년대 말, 북한 최고의 음악단체인 '조선음악가동맹'의 성명과, 미국에서 발간하는 친북계 신문의 기고문, 한국 내에 있는 지하언론 그리고 《민족수난기의 가요들을 더듬어》[31]라는 저작물 등을 통해 계몽기 가요 중 대중가요 1,000여 편을 매우 강하게 문제삼은 적이 있다. 남한에서 북의 저작물을 '도절' 했다는 것이다. '도절' 이라는 용어 외에도, '도작', '도용', '파렴치한 역사위조 범죄 행위', '민족영구분열정책' 등 험한 표현을 써가면서 남한을 공격했고, 이에 대한 '사과' 및 '응당한 보상' 을 요구했다.

예를 들어, "아 아 으악새 슬피 우니 ……"로 시작하는 박영호 작사의 〈짝사랑〉이 김능인 작사로, "백마강 달밤에 물새가 울어 ……"로 시작하는 조영출 작사의 〈꿈꾸는 백마강〉이 김용호 작사로, "문패도 번지수도 없는 주막 ……"으로 시작하는 박영호 작사의 〈번지없는 주막〉이 추미림 작사로, "울려고 내가 왔던가 ……"로 시작하는 조영출 작사의 〈선창〉이 고명기 작사로 날조 및 도절을 했다는 것이다. 그리고 "이와 같은 역사의 죄록은 남조선 당국자들의 반민족적인 반북적시정책과 민족영구분열정책에 기인하는 것으로 실로 경악을 금치 못한다." 이는 "파렴치한 역사위조 범죄 행위"이며, "온 민족의 경악과 격분을 자아내는 범죄 행위다"라고 강도 높게 비난했다. 이 문제는 한때 정치 문제로까지 비화될 조짐이 있었다.

북한 측 주장은 전혀 근거기 없는 것이 아니었다. 계몽기 가요 중에는 월북한 문인들이 가사를 만든 것이 적지 않았다. 그런데 이 노래들은 분단 이후 남쪽에서 금지가 된 적이 있었다.[32] 대중가요의 경우는 작사자든 작곡자든 한 사람만 월북했어도 그 작품은 금지가 되었고, 동요와 가곡의 경우는 작사자가 월북을 했을 경우 가사를 바꾸면 허용해주었다. 그리고 신민요의 경우는 작사자의 월북 사실을 몰랐기 때문에 금지가 안 되었다. 따라서 곡을

남북한 음악의 '같음' 과 '다름' 그리고 '또 다른 같음' 을 위하여

살리기 위해, 대중가요의 경우는 일부 개사를 해서 다른 사람의 이름으로 발표한 것도 있었지만, 다른 작사가 또는 가공의 인물로 발표한 것이 많았다. 북한에서 이것을 문제삼은 것이다.

당시 북한의 의도는 정치적, 역사적, 경제적 효과 등 다각적 효과를 노린 것으로 보인다. 다시 말해 "민족영구분열정책" 등을 운운 하는 것을 보면 정치적으로는 대한민국 정부를 공격하기 위한 것으로 보이고, "파렴치한 역사위조 범죄 행위" 등을 운운 하는 것을 보면 남북한의 정통성 시비에서 우위를 점하기 위한 것으로 보인다. 그리고 저작권법과 연계시켜 보상 운운 하는 것을 보면 경제적으로는 외화벌이의 수단으로 활용하려는 것으로 보인다.

주목할 만한 사실은 6·15 공동선언 이후 지금까지 이 문제를 거론하지 않고 있다는 점이다. 각종 언론매체를 동원해 강도 높게 동시다발적으로 공격을 하다가 갑자기 중단한 것이다. 거기에는 그만한 이유가 있을 것으로 추정되는데, 그 이유란 남북관계에서 찾을 수 있을 것이다. 즉, 남북관계가 나빠지면 이 문제는 다시 수면 위로 부상할 것으로 보인다. 이번에는 대중가요뿐만 아니라 가곡, 동요, 민요 등으로 그 범위가 확산될 것이고, 공격의 수위도 높아질 것이다. 일종의 문화전쟁인 셈이다.

그런데 똑같은 논리로 보자면 북은 더 심각하다. 김일성이 작곡했다고 하는 '혁명가요'는 대부분 일본의 군가[33]이며, 북에서 불리는 계몽기 가요 중에도 가사가 바뀐 것이 적지 않고, 또 북쪽보다 남쪽에 저작권이 있는 작품이 더 많다. 따라서 계몽기 가요를 남북 공동의 민족문화 유산이라는 차원에서 접근한다면 남북

통일 이후 통일을 생각한다

협력 방안의 길이 보일 것이고, 문화전쟁의 무기라는 차원에서 접근한다면 또 다른 갈등의 요인으로 작용할 것이다. '약'이 될 수도 '독'이 될 수도 있는 것이다. .

새로운 가능성을 향하여

우리가 북한의 음악을 접할 수 있는 기회는 그리 많지 않다. 북한의 경우도 마찬가지로 남한의 음악을 접할 기회가 많지 않다. 남북한이 상대의 음악을 접하기 어려운 가장 큰 이유는 상호 불법으로 되어 있기 때문일 것이다. 따라서 상대의 음악을 접한다는 것은 그 자체가 불법 행위일 가능성이 높다. 연구를 목적으로 하거나 합법적인 교류와 같이 예외적인 경우도 있기는 하지만 아주 드문 예에 속하며, 대부분의 사람들은 합법과 불법의 경계도 잘 모르고 있는 실정이다. 한마디로 서로가 서로를 보지 못하게 만든 것이다. 또한 남북한의 대결 구도는 상대의 음악을 폄하 및 왜곡시키게 했다. 듣지도 못하게 만들었을 뿐만 아니라 설사 듣게 된다면 잘못 듣게 만든 것이다.

이런 가운데 미풍이기는 하지만 한때 변화의 바람이 불기도 했다. 먼저 그 바람의 진원지는 북한의 윤이상음악연구소였다. 동 연구소는 1990년 《우리의 소원은 통일》이라는 제목으로 통일노래 100곡집을 편찬한 적이 있다. 이 중에는 북에서 창작된 노래와 해외에서 창작된 노래뿐만 아니라 동요 〈우리의 소원〉을 비롯하여, "보라 동해에 떠오르는 태양 ……"의 〈내 나라 내 겨레〉, "사랑도 명예도 이름도 남김없이 ……"의 〈님을 위한 행진곡〉, "거센 바람이 불어 와서 ……"의 〈솔아 솔아〉 등 분단 이후 남에서 창작된 노래도 적지 않게 수록되었다. 그리고 〈반달〉, 〈고향의 봄〉 등과 같은 동요, 〈동무생각〉, 〈봉선화〉 같은 가곡, 〈타향살이〉, 〈황성 옛터〉 같은 대중가요도 수록되어 있다. 남쪽의 노래가 북에서 출판한 노래집을 통해 알려지게 된 희귀한 경우에 해당하는데, 북쪽의 노래도 대부분 남쪽에서 수용할 수 있는 것들이어서 흥미를 끈다. 북에서 단독으로 만들었고 그 후 지속되지 못했다는 아쉬움은 있지만, 새로운 가능성을 시사해주고 있다는 중요성을 가지고 있다. 그 가능성이란 남북이 합의만 한다면 얼마든지 분단의 벽을 초월하고 마음과 마음의 끈을 이어주는 '통일 음악교과서'를 만들 수 있다는 점이다.

또 다른 변화의 조짐 중의 하나가 현재 북한에서 남한의 노래가 알게 모르게 널리 애창되고 있다는 점이다. '북한판 한류韓流'라고도 할 수 있는데, 〈사랑의 미로〉를 비롯해, 〈아침이슬〉, 〈노란 셔츠 입은 사나이〉, 〈바람 바람 바람〉, 〈독도는 우리 땅〉, 〈그때 그 사람〉, 〈돌아와요 부산항에〉, 〈허공〉, 〈이별〉, 〈동백아가씨〉 등이 애창되고 있으며, 특히 〈아침이슬〉은 화면 반주음악으로 제작되기도 했다.

그런 한편 〈휘파람〉, 〈반갑습니다〉, 〈우리는 하나〉, 〈심장에 남는 사람〉 등 북한의 가요가 한때 남한에서도 유행한 적이 있고, 〈초소의 봄〉이라는 가야금 곡도 많은 사랑을 받고 있다. 최근에는 북한 음악을 전문으로 연주하는 탈북 음악가 중심의 공연단체도 생겼고, 비록 불법이지만 마음만 먹으면 언제든지 북한 음악을 감상할 수 있는 사이트도 생겨났다.

이와 같이 남과 북이 공유하거나 공유할 수 있는 음악은 수를 헤아릴 수 없을 정도로 많다. 그리고 남과 북이 함께 부를 수 있는 노래는 우리가 생각하는 것보다 훨씬 많다. 다만 '다름' 이라는 얇은 막에 가려져 우리가 잘 보지 못하고 있을 뿐인데, 그 막을 거두어내면 '같음' 이 보일 것이다. 그리고 그 '같음' 은 정서적 공감대를 형성시켜주어 긴장완화에 도움을 줄 뿐 아니라, 남북한이 공유하고 있는 공통적인 민족적 정서를 찾게 해줄 것이고 나아가서는 분단으로 말미암아 이질화된 민족정서의 동질성을 회복시킬 수 있는 방안과 민족화합의 길도 제공해줄 것이다. 그리고 동시에 '다름' 도 이해시켜 주고 그 다름을 통해 문화적 다양함도 제공해줄 것이다.

남북의 음악은 대립한다면 서로에게 '독' 이 되고 협력하면 우리 민족 모두에게 '약' 이 된다는 이중성을 가지고 있다. 앞에서 살펴본 바와 같이 남북이 마음만 먹으면 음익으로 협력할 수 있는 일과 함께 할 수 있는 일들이 무진무궁하다. 이것을 실현시키는 일이 우리의 과제일 것이다. 그리고 그 과제의 결과물은 바로 '통일 후 또 다른 같음' 을 만드는 데 있어 초석으로써의 기능을 하게 될 것이다.

남북한 음악의 '같음' 과 '다름' 그리고 '또 다른 같음' 을 위하여

통일 이후의 전망

　그럼 통일 이후 남북의 음악은 어떻게 될 것인가? 물론 그것은 어떤 식으로 통일이 될 것이냐에 따라 달라질 수밖에 없을 것이다. 그렇지만 남북통일은 자유민주주의 체제로의 통일을 전제로 하는 것이고, 여러 가능성 중에서 그 가능성이 가장 높으며, 또 그렇게 해야만 하는 것이기 때문에 이를 전제로 언급을 하도록 하겠다.

　우선, 분단시대에 살고 있는 우리가 통일음악을 위해 어떤 노력을 하는지 여부가 통일 후에도 커다란 영향을 줄 것이다. 남북 음악 교류, 통일음악 연구, 북한 음악 전문가 양성 등과 같은 일련의 작업은 공존과 상생을 전제로 하는 것이기 때문에 통일 후 문화적 혼동과 갈등을 최소화시키고 남북을 문화적·정서적으로 통합시키는 있어 긍정적인 역할을 할 것이다. 흔히들 통일을 하는 데 천문학적인 비용이 든다고 언급한다. 천문학적인 통일 비용을 천문학적으로 줄이는 가장 좋은 방법 역시 교류와 전문가 양성 등과 같은 통일을 위한 일련의 노력일 것이다.

　둘째, 무엇보다도 자유민주주의 체제가 통일음악의 성격을 결정짓는 가장 큰 요인으로 작용을 할 것이다. 자유민주주의 체제 하에서는 마약과 폭력을 미화하는 내용의 노래, 근친상간을 미화하거나 정당화시키는 반인륜적인 내용의 노래, 상대방을 비하하거나 폄하하는 내용의 노래 그리고 표절과 같은 법적인 문제가 있는 것 이외에는 모두 허용한다. 통일 직후에는 반통일적인 내용의 노래와 남북 상대방을 자극할 수 있는 노래는 규제를 해야 하겠지만 시간이 지남에 따라 이런 노래는 점차 자취를 감추게 될 것이다. 통일이 되면 음악의 문제는 결국 '취향'과 '선택'의 문제로 귀결이 된다는 것을 의미한다.

셋째, 분단으로 인한 규제로부터 해방이 될 것이다. 남북은 모두 국가 안보와 예술 사이에서 충돌이 생기면 국가 안보를 우선시했다. 그로 말미암아 수많은 규제가 있었고 지금도 영향을 끼치고 있다. 그 규제는 음악의 자율적인 발전을 어느 정도 억제시키는 역할을 했는데, 그것이 없어짐으로 말미암아 음악도 그만큼 자유롭게 발전을 하게 될 것이다.

넷째, 다양한 음악문화가 창출될 것이다. 통일음악이란, 남에는 없고 북에만 있는 음악 그리고 북에만 있고 남에는 없는 음악이 만나고 또 이 둘이 결합해 새로운 음악을 창출한다는 의미를 가지고 있다. 다시 말해 다양한 음악문화 속에서 개인이 자기 취향에 따라 선택을 하게 될 것이다.

다섯째, 통일로 말미암아 생길 수 있는 음악적 소외계층을 지원하는 정책이 강구되어야 한다. 앞에서 살펴본 바와 같이 음악적인 측면에서 북한의 음악은 남한 음악의 부분집합관계에 있다. 따라서 가사를 제외하고는 남쪽 사람들이 북쪽의 음악을 이해하는 데는 별 어려움이 없지만, 역으로 북쪽 사람들이 남쪽 음악을 이해하는 데는 많은 어려움이 따를 것이다. 통일이 되더라도 얼마 동안은 북쪽 사람들이 좋아하는 음악을 계속 향유할 수 있도록 제도적으로 뒷받침을 해주어야 한다. 그리고 자유경쟁, 자본

주의, 자유민주주의 체제의 음악에 익숙해지도록 지원해주어야
한다. 통일로 말미암아 음악적 소외계층이 생겨서도 안 되고 그
로 인한 또 다른 갈등도 생겨서도 안 된다.

통일이란 결국 남북한이 모두 행복하게 잘 살자는 데 있을 것
이다. 통일음악 역시 남북한을 모두 행복하게 만드는 데 초점이
모아져야 한다. 그리고 그것을 만드는 주체는 다름 아닌 '우리'라
는 것을 간과해서는 안 될 것이다.

1 북한의 대표적인 공연 예술인 '아리랑 축전'의 기본 개념이기도 하다. 필자의 졸고, 〈북한의 '아리랑 축전'과 음악〉, 《민족무용》 창간호, 2002년 참조. 일설에 의하면 '아리랑 축전'은 원래 '태양의 노래'로 기획된 것이었다고 한다.

2 김일성시대만 하더라도 악보집, 음악교과서, 음악관계 서적 등에서 가장 중요하게 다루었던 노래는 〈김일성 장군의 노래〉였다. 그런데 지금은 〈아리랑〉이 그것을 대신하는 경우가 적지 않다. 화면 반주음악의 첫 번째 곡이 〈아리랑〉이고, 북한의 대표적인 영화 《민족과 운명》의 주제가도 〈아리랑〉이다.

3 북한에서의 저자의 개념은 우리와 많이 다르다. 김일성 저서 또는 김정일 저서라 함은 경전經典과도 같은 절대 권위를 가지고 있으며, 또 그 기능을 하고 있다. 김일성과 김정일이 직접 집필했는지의 여부는 중요하지 않으며, 그 분야에서 가장 영향력이 있는 책이라는 뜻으로 이해하면 될 것이다.

4 김정일, 《김정일선집》 제11권 《음악예술론》, 조선로동당출판사, 1997, 379~425쪽.

5 김정일, 《음악예술론》, 396쪽.

6 김정일, 《음악예술론》, 414쪽.

7 졸고, 〈북한의 음악〉, 《북한 문화, 둘이면서 하나인 문화》, 한울아카데미, 2006, 349쪽.

8 2002년 문학예술출판사에서 편찬한 《조선노래대전집》을 참고한 것이다. 이 책은 북한의 노래를 집대성한 것으로 총 8,000여 편의 곡이 수록되어 있다.

9 졸저, 《청소년을 위한 한국음악사—양악편》, 두리미디어, 2006, 375쪽.

10 김정일, 《음악예술론》, 396쪽.

11 도-미-솔, 파-라-도, 솔-시-레와 같은 화음이 정해진 룰에 따라 진행하는

방식.

12 쉽게 말해 찬송가나 애국가를 생각하면 된다. 1절, 2절과 같은 절이 있는 노래 형식이다.

13 과학백과사전출판사(편), 《문학예술사전》, 과학백과출판사, 1972.

14 과학백과사전출판사(편), 《문학예술사전》, 450쪽.

15 졸고, 〈북한의 음악〉, 《북한의 문화예술》, KBS남북교류협력단, 2008, 89~90쪽 참조.

16 북에서는 이를 개량악기 또는 민족악기라 칭하고 있다.

17 졸저, 《청소년을 위한 한국음악사─양악편》, 377~378쪽 참조.

18 과학백과사전종합출판사(편), 《문학예술사전》 상, 과학백과사전종합출판사, 1988, 814쪽.

19 과학백과사전종합출판사(편), 《조선의 민속전통》 제6권, 1995, 226쪽.

20 남한에는 이에 해당하는 용어가 없기 때문에 이하 북한에서 만든 용어인 '계몽기 가요' 라 칭하겠음.

21 최창호의 《민족수난기의 가요들을 더듬어》와 《계몽기가요선곡집》에 수록된 김정일의 어록 중에서.

22 문학예술종합출판사(편), 《계몽기가요선곡집》, 문학예술종합출판사, 1999, 51~52쪽.

23 문학예술종합출판사(편), 《계몽기가요선곡집》, 108쪽.

24 문학예술종합출판사(편), 《계몽기가요선곡집》, 108쪽.

25 문학예술종합출판사(편), 《계몽기가요선곡집》, 118쪽.

26 과학백과사전출판사(편), 《문학예술사전》, '류행가' 항.

27 문학예술종합출판사(편), 《계몽기가요선곡집》, 234쪽.

28 과학백과사전종합출판사(편), 《문학예술사전(중)》, 과학백과사전종합출판사, 1991, 343쪽.

29 문학예술종합출판사(편), 《계몽기가요선곡집》, 134쪽.

30 문학예술종합출판사(편), 《계몽기가요선곡집》, 14쪽.

31 최창호, 《민족수난기의 가요들을 더듬어》, 평양출판사, 1997.

32 정부는 1988년 10월 27일 '월납북 작가의 작품 규제 해제' 조치를 했다. 이에

통일 이후 통일을 생각한다

따라 월북자의 작품 중 1948년 8월 15일 이전에 발표한 것은 해금이 되었다.
그 후의 작품은 지금도 금지된 상태임.

33 졸고, 〈北韓의 革命歌謠와 日本의 노래〉, 《韓國音樂史學報》 제20집, 1998, 참
조.

남북한 음악의 '같음' 과 '다름' 그리고 '또 다른 같음' 을 위하여

참고문헌 ―――――――――――――――――――――――――――――――――――

2.16예술교육출판사(편), 《조선민족음악유산 계몽기가요600곡집》, 2.16예술교육
　　출판사, 2004.
과학백과사전종합출판사(편), 《문학예술사전》 상, 과학백과사전종합출판사, 1988.
과학백과사전종합출판사(편), 《조선의 민속전통》 제6권, 1995.
과학백과사전종합출판사(편), 《문학예술사전(중)》, 과학백과사전종합출판사, 1991.
과학백과사전출판사(편), 《문학예술사전》, 과학백과출판사, 1972.
김용범 외, 《김정일과 북한문화예술》, 통합문화연구소, 1996.
김정일, 《김정일선집》 제11권 《음악예술론》, 조선로동당출판사, 1997.
문학예술종합출판사(편), 《계몽기가요선곡집》, 문학예술종합출판사, 1999.
문학예술출판사(편), 《조선노래대전집》, 문학예술출판사, 2002.
민경찬, 《청소년을 위한 한국음악사―양악편》, 두리미디어, 2006.
민경찬, 〈북한의 '아리랑 축전' 과 음악〉, 《민족무용》 창간호, 2002.
민경찬, 〈북한의 음악〉, 《북한 문화, 둘이면서 하나인 문화》, 한울아카데미, 2006.
민경찬, 〈북한의 음악〉, 《북한의 문화예술》, KBS남북교류협력단, 2008.
민경찬, 〈北韓의 革命歌謠와 日本의 노래〉, 《韓國音樂史學報》 제20집, 1998.
윤이상음악연구소(편), 《통일노래100곡집 우리의 소원은 통일》, 윤이상음악연구
　　소, 1990.
최창호, 《민족수난기의 가요들을 더듬어》, 평양출판사, 1997.

통일 이후 통일을 생각한다

남북한 교육 통합을 위한 교육정책의 구조

이종재

남북한 교육 통합을 위한 교육정책의 구조

서론

이 글은 남북통일과 통합의 과정에서 제기될 수 있는 교육 분야에서의 문제를 검토하기 위한 것이다. 남북한이 통일과 통합을 향해 나아가는 과정에서 남북 교육 통합의 맥락은 구성된다. 따라서 통일을 지향하는 각 단계마다, 그리고 남북한 통합의 맥락에 따라 교육 통합의 의미와 내용 및 이에 따른 전략은 달라질 수 있다. 2011년 현재 남북한은 통일 과정을 선명하게 예측할 수 없는 상황에서 제한적인 교류와 협력을 모색하는 과정에 머무르고 있다.

이 글에서는 남북한 각각의 현재 교육구조를 분석하여 그에 따른 교육 통합의 맥락을 검토하고자 한다. 구체적으로 전반부에서는 남북한 간의 통합이 이루어지는 맥락을 '교육 통합의 맥락' 이라는 제목으로 검토하고, 후반부에서는 통일과 남북한 간의 교육 통합을 지향하는 교육정책의 구조를 검토한다.

이에 따라 몇 가지 가능한 남북한 통합의 맥락을 먼저 검토하고 예상되는 통합의 맥락을 설정한 다음 교육 통합을 지향하는 교육정책의 구조를 조망하고자 한다. 남북한 간 통합의 맥락에 대한 고찰은 통일 유형(표1 참조), 북한의 국가전략에 대한 가정, 그리고 통일 방안 이렇게 세 가지 변인을 중심으로 전개된다. 이 세 가지 변인을 연결할 때 통합의 네 가지 상황적 맥락을 설정할 수 있다(표2 참조). 즉, 북한의 전략에 끌려가는 '종북從北상황의 맥락, 남북한 대결상황에서 북한에 체제 개혁을 하도록 압박하는 상황, 점진적·장기적 통합 과정, 그리고 흡수통일에 의한 급격한 통합 상황이다.

남북한 간의 통합을 정책적으로 추진하기 위해서는 보다 현실적인 가정에 근거한 상황맥락을 검토해야 한다. 이러한 입장에서 북한 정권은 체제 개혁보다는 정권 유지를 우선할 것으로 가정한다. 따라서 교류협력에 의한 합의통일보다는 급변상황으로 인한 흡수통일에 대한 대비를 정책화해야 한다는 입장에서, 남북한 대결상황에서 북한에 체제 개혁을 하도록 압박하는 상황과 연결되는 교육정책의 구조를 검토하려 한다. 이러한 정책을 '통일을 지향하는 교육정책의 구조'라고 그 성격을 규정한다.

교육 통합의 맥락

먼저 통일과 통합의 의미를 간단하게 규정해 본다. 통일이 남한과 북한의 분단 상황을 극복하고 하나의 국가가 되는 것을 의미한다면, 통합의 의미는 '남한과 북한의 서로 다른 체제가 같은 목적을 위해 순기능적으로 연계해 작용하는 것'이라 할 수 있다.

통합을 기능적으로 볼 때, 그 기능적 수준에 따라서 낮은 단계의
통합도 있을 수 있고 높은 단계의 통합도 생각할 수 있다. 이러한
관점에서 교육 통합을 '남한과 북한의 두 교육 체제가 서로 공동
의 목적과 가치를 추구하며 순기능적으로 연계해 작용하는 것'이
라고 정의한다. 통일과 통합의 인과관계를 살펴보면 통일 이후에
통합을 시도할 수도 있고, 통일 이전에도 통합을 시도할 수 있다.
교육 통합은 그때그때의 맥락과 상황 속에서 이루어질 것이다.
이러한 상황적 맥락을 전제하지 않고 교육 통합을 논의할 수는
없다.

교육 통합의 의미와 내용과 전략은 통일을 지향하는 단계와 맥
락에 따라 달라질 수 있다. 남북한 간의 교류협력 과정에서는 교
육 통합이 주도적인 역할을 하기 어렵기 때문에 교육 통합은 정
부의 대북정책과 남북관계의 영향을 받는 종속변인의 특성을 가
진다. 그러나 통일정책의 수립 과정과 통일국가 수립 이후에는
교육 통합은 국가 통합을 위해 작용하는 중요한 독립변인이 될
수 있다.

그렇다면 남북한 통합을 담아내는 상황적 맥락을 어떻게 구성
할 수 있을까? 여러 가지 방법이 있을 것이나 통일 유형, 북한의
국가전략에 대한 가정, 그리고 통일방안을 중심으로 남북 통합
의 상황적 맥락을 구성해 본다. 여기서 통일과 통합은 어느 한 쪽
의 일방적인 활동에 의해 이룩되는 것이 아니라 상호 간의 교류
에 의해 전개된다. 그렇기 때문에 통일과 통합을 위한 문제 검토
에서는 남한의 상대가 되는 북한의 국가전략에 대한 분석이 필

요하다.

1. 통일의 유형類型

남북통일의 유형은 통일의 주체와 통일 방식에 따라 다음 〈표 1〉과 같이 몇 개의 기본적인 유형으로 정리할 수 있다. 통일을 주도할 주체로는 남한과 북한 각각과 '남북한'을 생각할 수 있다. 그리고 통일 방식으로는 교류협력에 의한 점진적 통일 방식, 전쟁에 의한 무력통일 방식, 그리고 상대 체제의 내부 붕괴에 의한 급변상황에 의한 흡수통일 방식을 생각할 수 있다. 전쟁 방식을 제외한다면 검토할 수 있는 통일 유형으로는 교류협력에 의한 점진적 통일 방식으로서 남한 주도의 '민족공동체 통일방안'과 북한 주도의 '고려연방제 통일방안'이 있다. 또한 표에서 제시하지는 않았으나 남한과 북한의 합의에 의한 통일 유형도 있을 수 있다. 그러나 남북한 교류협력 과정과 남한 주도의 유화적인 대북 관여정책에도 불구하고 남북관계가 경색된 상황에서 볼 때, 이러한 교류협력에 의한 통일과 통합의 실현 가능성은 낮을 것으로 예상된다.

<표1> 통일 주체와 통일 방식에 따른 통일 유형*[1]

통일 주체 ＼ 통일 방식	교류협력에 의한 점진적 통일	전쟁	급변상황 (상대 체제의 내부 붕괴에 의한 접수)
남한	유형 I ('민족공동체통일')	유형 II ('북진통일')	유형 III ('흡수통일')
북한	유형 IV ('고려연방제통일')	유형 V ('무력적화통일')	유형 VI ('인민전선통일')

* 통일 유형의 명칭은 통일 주체의 입장에서 제기하는 통일 방안이나 통일 논리를 가리킴.

1994년 김영삼 정부가 발표한 '민족공동체 통일방안'은 교류협력에 의한 점진적 통일 방안으로서 통일을 지향하는 3단계 과정을 설정하고 있다. 이 3단계 과정은 교류협력의 단계, 남북연합단계, 그리고 통일국가 완성단계이다. 이 방안에서는 통일국가 완성단계에서 남한과 북한의 합의에 의한 통일을 목표로 설정했다. 민족공동체 통일방안은 통일 원칙으로서 자주·평화·민주를 설정하고, 분단 현실을 인정하며 흡수통합보다는 공존의 관점에서 점진적 통일 과정을 설정했다. 즉 정치공동체를 구축하기 이전에 사회·문화·경제 각 영역에서 통합공동체를 구성하기 위해서 기능적 통합 과정을 전제하고 있다. 이 통일 방안은 현상 유지와 교류협력에 치중해 상대적으로 통일에 대한 비전과 전략을 깊이 있게 추진하지 못했다는 평가를 받고 있다.[2] 남한 주도의 교류협력에도 불구하고 통일을 지향하는 점진적·단계적 이행은 진척되지 않고 있다. 교류협력 과정에서 오히려 북한은 핵무기 개발과 무력도발로 한반도에서의 긴장 수위를 높여왔다.

이 과정에서 남북관계와 북한을 보는 이념적 성향에 따라 정부

남북한 교육 통합을 위한 교육정책의 구조

의 대북정책에 대한 평가는 달라졌다. 북한에 비판적인 입장에서는, 점진적 통일방안에 따라 '국민의 정부'와 '참여 정부'가 추진해온 '대북 포용정책(햇볕정책)'이 한반도 평화 정착과 북한의 체제 변화에 기여하기보다는 북한이 북핵 위기를 조장하는 데 기여했다고 비판한다. 한편 북한에 호의적인 입장에서는 이명박 정부의 '비핵개방 3000정책'은 북한의 동조를 이끌어내지 못하고 있으며 오히려 남북관계의 경색과 북한의 도발에 의한 위기 조성을 유발했다고 비판한다. 앞으로 어떠한 통일 유형에 따라 언제 통일이 될지는 알 수 없다. 그러나 현재 북한의 상황과 남북한관계를 비추어 볼 때, 북한의 붕괴 혹은 이와 유사한 국면을 맞아 남한 주도의 흡수통일이 이루어질 가능성을 염두에 두고 이에 따른 통일 유형을 검토할 필요성이 있다.

2. 북한의 국가전략에 관한 두 가지 가정

통일과 통합은 남한 일방이 아닌 북한과의 관계에서 이루어지기 때문에, 남북한 통일과 통합에 대한 논의는 북한 정권과 북한의 국가전략에 관한 전제를 요구한다. 북한이 남북한 간의 교류 협력에 의한 통일과 기능적 통합을 조성하는 방향으로 다음의 두 가지 방식이 존재한다. 즉 북한의 체제를 민주정치 체제와 시장경제 체제로 개혁하고 대외적으로 개방하는 노선으로 나올 수 있을 것이라는 '낙관적' 가정과 북한의 개혁과 개방의 가능성에 대해서 '비관적'인 가정이 있다. 낙관적 가정에 서있

통일 이후 통일을 생각한다

는 관점에서는 선의에 입각한 교류협력 과정이 궁극적으로 남
북한 간의 통일과 통합을 이룩할 것이라고 기대한다. 반면에,
비관적 관점에서는 남북한 간의 교류협력 과정만으로는 통일과
통합을 더 어렵게 하는 상황을 초래할 것으로 우려한다. 어떤
방식을 따르느냐를 떠나 북한이 핵무기 개발과 확산을 시도함
으로써 이른바 '북핵 위기'가 조성된 현재, 북한의 국가전략을
파악하는 것은 매우 중요한 의미를 가진다. 북한 정권과 북한
국가전략의 실체적 지향에 대한 가정假定은 통일 과정에서 북
한의 전략에 대응할 때 참고할 수 있는 중요한 전제가 되기 때
문이다.

미국의 케이티 오Katy Oh Hassig와 랄프 해시그Ralph Hassig의
연구와 국내의 '선진화통일론'은 '수령 체제'와 이에 입각한 '수
령 체제 정권 유지'에 집착하고 있는 것이 북한 정권의 실체라고
평가한다. 이 관점에서는, 북한의 국가전략은 수령 체제의 고수
를 목표로 하며 선군 체제, 핵무기와 대량살상무기의 개발, 계산
된 도발과 한반도에서의 긴장과 갈등상황의 조성, 체제의 개혁
과 개방에 대한 저항 등을 그 핵심전략으로 삼고 있다고 본다.[3]
북한의 이러한 국가전략은 남북한 간의 선의에 입각한 교류협력
의 어려움을 제기하고 남한의 대북 관여정책의 실효를 기대하기
어렵게 한다. 또한 최근 북한의 '3대세습'과 후계 승계의 불안정
성, 배급제의 붕괴, 산업가동률의 급감, 식량부족, 탈북사태, 국
제적 제재에 따른 고립 등의 상황은 북한의 급변사태 가능성을
전망하게 한다.[4] 이 관점은 북한의 개혁과 개방의 가능성에 대해

서 '비관적'인 가정을 대표하는 예가 될 것이다. 이에 반해, '대북 포용정책(햇볕정책)'은 북한의 개혁과 개방의 가능성에 대해서 낙관적 가정에 입각하고 있다. '연성복합통일론'은 북한이 변화할 수 있도록 도와주면 결국에는 북한이 변화할 것으로 전망한다.

이 시점에서 북한의 안정화 수준의 중요성이 제기된다. 북한의 안정화 수준은 곧 통일 유형에 영향을 주기 때문이다. 북한 체제가 불안정해 급변사태로 갈 경우에는 우리가 원하지 않더라도 급변사태에 대응하는 통일 유형으로 들어갈 수밖에 없다. 북한의 국가전략에서 정권 유지와 체제 개혁은 그 속성상 양립하기 어려운 구조 속에 있다고 분석된다.[5] 북한이 수령 체제를 중심으로 한 정권을 유지하려 할 경우에 북한의 체제는 정치적으로는 민주적 정치 체제로, 경제적으로는 중국의 개혁과 같이 국가통제형에서 시장경제 체제로 개혁, 개방하는 방향으로 변화되기는 힘들 것이다. 북한의 안정화 수준은 북핵 문제의 해결 가능성, 북한의 개혁개방정책 추진 가능성, 외부 지원 가능성, 그리고 북한 내부의 위기관리 능력에 따라 달라질 것으로 전망된다.[6] 따라서 북한이 수령 체제 중심의 정권 유지 쪽으로 국가의 목표와 전략을 설정할 경우에 북한의 안정화 수준은 현저하게 낮아질 것으로 전망된다.

현재 북한 정권의 실체와 기본 국가전략의 중심이 무엇인지 정확하게 파악하는 것은 쉽지 않다. 북한은 왜 핵무기를 개발하려 하는가? 북한은 핵무기를 포기할 것인가 아니면 동북아에서 핵무기를 소유한 국가로 등장할 것인가?[7] 이러한 질문에 대해서도 확실한 답을 내릴 수는 없을 것이다. 다만 앞으로 남북한 통일과 통합에 관한 논의에서 북한의 핵무기는 고려의 대상이 되지 않는 지 아니면 중요한 변수가 되는 것인지 면밀히 검토해야 할 것이 다. 정부의 정책은 최악의 상황을 대비하기 위해서도 비관적 가 정에 터한 전망에도 준비가 있어야 할 것이다. 남북한 간의 교육 통합을 검토하는 이 논의도 이와 같은 가능성을 상정하고 교육 통합 문제를 검토해야 할 것이다. 따라서 남북한 교육 통합 문제 를 바라볼 때에도 북한 정권의 실체와 북한의 국가전략에 대한 전제가 필요하다.

3. 두 가지 통일 방안

이 논의에서는 남북통일 방안에 대한 여러 대안적 방안들 중에 서 '선진화통일론'[8]과 '연성복합통일론'[9]이 정부의 대북정책에서 실행 가능한 정책 선택의 범위를 설정한다고 보고 이 방안들을 중 심으로 남북한 교육 통합의 맥락을 김도힌디. 이 두 개의 통일론은 크게 보아 교류협력에 의한 점진적 통일 방안에 포함된다. 정책적 으로는 대북 관여정책engagement에 해당된다고 볼 수 있다. 단지 북한의 북핵과 체제 개혁과 개방 문제에 대해 북한이 취하고 있는 입장에 대해서 대응 방법상의 차이를 보이고 있다. 선진화통일 방 안이 '원칙에 터한 대북 관여정책principled engagement'의 입장이 라면, 연성복합통일론은 대북 포용정책(햇볕정책)보다도 좀 더 온

건하고 유연한 '유화적 관여' 쪽에 있는 것으로 보인다.[10]

선진화통일론

'선진화통일론'은 북한의 태도에 따른 두 가지 접근 방안을 담고 있다. 즉 북한이 '비핵화'와 '체제 개방'을 거부하는 방향으로 대남전략을 설정했다면 '대북 관여' 정책 또한 이에 대응해 인도주의적인 차원에서의 협력과 지원에 국한한다. 그러나 북한이 비핵화와 개방노선으로 체제 전환을 시도할 경우에는 북한의 경제 개발을 지원하는 과감한 유인 체제를 동원한다는 방식이다.

또한 선진화통일론은 이보다 더욱 중요한 시사점을 내포하고 있다. 즉 우리에게 대북정책은 있어도 통일정책은 없다고 지적하고 있는 것이다.[11] 이 방안은 '통일정책'을 수립해 통일의 목표와 비전 및 핵심가치 그리고 국가전략을 수립해 이를 추진할 것을 제안하고 있다. 이때 통일정책에는 북한의 급변사태에 대비하기 위한 '통일외교 방안'도 포함된다.[12] 교육 통합정책 또한 '통일정책'의 중요한 내용이 될 수 있다.

선진화통일론은 교류협력 단계에서 북한의 경제개발을 지원하는 것을 핵심으로 삼고 있으나, 이러한 제안이 북한 체제의 개방을 유도할 수 있을 가능성은 낮은 것으로 평가한다. 북한은 김정일 체제의 유지를 위해서 개혁과 개방을 하지 못할 것이고 북한의 핵무기 개발은 김정일 체제의 생존이 걸린 문제이기 때문에 핵 문제 또한 풀지 못할 것이다. 북한의 상황은 중앙집권적 약탈경제 체제에서 규율의 붕괴와 부패의 만연을 수반하는 분권화된

통일 이후 통일을 생각한다

약탈경제 체제로 넘어갔다고 평가한다. 따라서 이 방안은 북한의 비핵화와 개혁개방의 가능성을 매우 낮게 보고 있다.

선진화통일론은 '원칙에 터한 관여정책'으로서 북한을 상대하지만 북한이 원칙에 동의하지 않을 경우에는 한계를 갖게 된다. 예를 들어 북한의 경제개발에 대한 지원에 대해 북한이 호응하지 않을 경우에 인도적 지원 이외에 북한에 대응할 수 있는 방법을 찾기가 어렵다. 이런 점에서 볼 때, 선진화통일론은 교류협력에 따른 북한의 지원보다는 오히려 통일정책의 수립과 급변사태에 대한 준비에 역점을 두고 있는 것으로 보인다. 또한 교류협력을 통해 남북통일을 지향하는 단계적 이행을 낙관적으로 가정하기보다는, 통일의 목표와 가치, 그리고 이를 실현하기 위한 전략을 설정할 것을 주장한다. 그리고 북한의 체제 위기가 북한의 실질적 붕괴 이후에도 새로운 분단 상황으로 고착화할 가능성이 있다고 보고, 남한의 통일역량을 개발하고 통일에 대해 주도적으로 접근하는 정책적인 노력이 필요함을 강조한다. 즉 선진화통일론에서는 교육 통합의 맥락으로 통일정책을 수립함으로써, 원칙에 터한 교류협력관계를 추진하고 북한의 급변사태 가능성에 충실하게 대비해야 함을 강조한다.

연성복합통일론

'연성복합통일론'은 통일 이전에 통합을 추구할 필요가 있음을 강조한다. 이 관점의 상황인식은 다음과 같다. 북핵 문제로 남북 교류와 협력은 한계를 보이고 있으며 남북 간의 격차와 비대칭성 역시 남북연합의 걸림돌로 작용하고 있다. 이러한 상황에서 연성복합통일론은 다원적 요소 간의 통합과 급변사태에 따른 급격한 통합도 준비하기 위해 새로운 관여 모형이 필요함을 지적한다.

연성복합통일론은 남북관계와 통일 문제를 연성적으로 접근하고 복합적 차원에서 검토한다. 통일국가 수립을 장기적 목표로 하되, 북한이 부드럽게 체제 개방과 체제 전환을 할 수 있도록soft landing 지원함에 중점을 둔다. 즉 통일을 추진하는 과정에서 정치군사적인 경성요인보다는 경제, 사회, 문화 등의 연성요인soft power의 작용을 확대하는 연성적 접근을 제안한다. 이에 따라 국가 중심의 체제 및 영토 통일만이 아닌 개방적 민족공동체, 정치공동체, 경제공동체, 사회문화공동체의 여러 영역과 차원에서 기능적 연계와 실질적인 통합을 추구한다. 특이한 점은 통일 이전의 기능적 통합을 통일로 간주한다는 것이다. 즉 두 체제 간의 기능적 연계와 통합을 추구하는 통일론으로 평가할 수 있다. 통일과 통합의 단계에서 정치적 통일 이전에 통합을 먼저 생각하는 방안이다.

연성복합통일론도 크게 보아 대북 관여정책에 해당한다. 연성복합통일론은 남북한 간에 바람직한 변화를 향해 북한의 문제에 관여engagement하되, 정책 수단 간에 '느슨한 결합' loosely coupled으로 한쪽이 잘 안 되더라도 다른 한쪽이 기능적 연계와 실질적 통합을 추진할 수 있는 기능적 교류 통합의 가능성을 높이고자 한다. 연성복합통일론은 통일의 유형으로 장기적인 연성복합통일, 대북 관여정책의 성공을 통한 통일, 급변사태에 의한 통일을 상정

통일 이후 통일을 생각한다

하고 있다. 그러나 연성복합통일론은 정치적 통일보다 교류협력 단계에서 두 체제 간의 다양하고 복합적인 상호 작용을 통해 실질적인 기능상의 연계와 통합을 중시한다. 다만 북한이 북한 체제의 전환과 체제의 개방에 동의하지 않고 국가전략을 수정하지 않을 경우에 대한 접근은 분명하지 않다. 연성복합통일론은 북한의 국가전략에 대해서 낙관적 가정을 전제하고 있다. 이 점에서 연성복합통일론은 대북 관여정책의 분포 범위 안에서 온건하고 유화적인 관여에 해당한다고 볼 수 있다.

4. 교육 통합의 맥락

앞에서 살펴본 논의들은 남북한 간의 교육 통합이 이루어지는 맥락으로서 통일 이전 단계뿐만 아니라, 통일 이후 장기적 통합 추진단계에서도 교육 통합을 진행해야 함을 시사한다. 남북한 간의 실질적인 교육 통합은 통일 이후의 통합단계에서 장기적으로 추진되어야 할 것으로 논의해 왔으나,[13] '선진화통일론'은 통일 이전부터 정부의 '통일성책' 안에 교육 통합의 구상이 만들어져야 하며, 교류협력 단계에서도 교육 분야에서 북한이 체제 변환을 추진할 수 있도록 적극적인 변화 유인을 제공해야 함을 시사한다. '연성복합통일론'은 교류협력 단계에서 북한 측의 소극적인 반응에도 불구하고, 교육 통합이 다소의 독자성을 가지고 남북한 간에 기능적 연계와 통합을 추진해야 함을 시사하고 있다. 이처럼 두 가지 통일론에서 모두 교육 통합의 필요성을 강조하는 바 이를 준비하기 위해서 통일을 지향하는 교육정책의 구조를 설계할 필요가 있다.

　교육정책 구조를 도출하기 위해 먼저 남북한 통합의 맥락을 다음의 세 가지 변인에서 검토한다. 첫째, 지금까지 논의한 통일 유형(표1 참조), 둘째, 북한의 국가전략에 대한 가정, 셋째, 통일 방안이다. 이 세 가지 변인을 연결하면 남북한 통합의 상황적 맥락으로서 다음의 네 가지 맥락을 설정할 수 있다(표2 참조). 첫째, 북한의 전략에 끌려가는 '종북從北 상황'의 맥락, 둘째, 남북한 대결 상황에서 북한에 체제 개혁을 압박하는 상황, 셋째, 점진적·장기적 통합 과정, 넷째, 흡수통일에 의한 급격한 통합상황이다. 북한의 국가전략은 정권 유지라고 가정할 때, 우리가 선택해야 할 상황적 맥락은 선진화통일 방안에서와 같은 압박상황이 되어야 할 것으로 판단된다. 따라서 교육 통합모형은 북한의 체제 개혁을 위한 압박상황에서의 교육정책 구조로 상정한다.

〈표2〉 통일 방안과 북한 정권의 실체에 대한 가정에 따른 남북한 통합맥락

북한 정권의 우선목표에 대한 가정:　　통일유형	교류협력에 의한 점진적 합의통일: (연성복합통일 방안)	급변상황에 따른 흡수통일: (선진화 통일 방안)
정권 유지	종북 상황	남북 간 대결상황: 체제 개혁을 위한 압박상황
체제 개혁	점진적·장기적 통합 과정	급격한 통합

교육 통합모형—통일을 지향하는 교육정책의 구조

교육 통합을 추구하는 교육정책 구조를 검토하기 위해서 먼저 북한 교육 체제 운영의 실제를 개관한다. 남북한 교육이 통합되기 위해서 변화되어야 할 북한 교육의 내용과 방향을 검토할 필요가 있기 때문이다. 이 글에서는 통일을 지향하는 교육정책의 구조를 교육 통합모형으로 생각한다. 이 관점에서 통일정책과 교육정책의 정합성, 보편적 교육적 관점, 북한 주도적 추진 지원전략, 북한 교육 체제 개편 과제, 예상되는 주요 문제와 과제 등을 검토한다.

1. 북한 교육 체제 운영의 실제

북한의 교육 체제 운영의 실제를 알기는 쉽지 않다. 교육에 대한 기본통계도 제한적이고 탈북자를 통한 단편적 상황정보를 넘어 북한의 교육 체제와 운영의 실제를 구조적으로 분석한 결과를 얻기가 어렵다.[14, 15] 북한의 교육 체제는 정치 체제의 유일적 통치 구조 속에서 낭의 지도와 통제를 받고 있다. 이러한 교육 체제는 매우 열악한 교육조건 속에서도 북한 주민들에게 북한 체제의 정당성을 부여하는 이념교육과 사상교육을 담당하고 있다. 또한 교육 체제는 교육 기회의 차별적 배분을 통해 주민을 통제하는 기능을 담당하고 있다. 북한의 교육 체제는 당과 수령 중심의 유일적 통치구조 속에서 정치, 경제, 행정 체제와 긴밀한 연관관계에서 운영되고 있는 것으로 파악된다.

북한의 교육은 주체사상에 따른 '북한식 사회주의 교육 방법 및 내용의 틀'과 '사회주의 교육제도의 전체주의적 효율관리 체제'에 의해 운영하고 있는 것으로 분석된다.[16] 북한 교육 체제는 체제의 상부구조에 의해 동원되는, 교육 체제의 자율성이 위축된 동원형 교육 체제를 운영하고 있다. 또한 조기교육과 11년제 무상의무교육제도를 동질적 사회 통합을 이루는 중요한 교육기제로 활용하고 있다.

이러한 북한 교육 체제는 고난의 삶 속에서도 절제와 인내, 강인한 심성을 기르고 있는 것으로 평가되었으나 2000년 이후로는 주민 통제와 동원에 한계를 보이는 것으로 평가된다. 북한의 경제가 그 기능을 제대로 수행하지 못함으로써 배급제가 붕괴되면서 교육 체제를 지원하지 못하고 있기 때문이다. 학교 운영은 부실화되면서 교육을 통한 주민 통제력도 많이 약화된 것으로 분석되고 있다.[17] 또한 혁명적 인간 양성을 표방하고 있으나 북한 주민의 의식은 '생존' 문제에 매달려 있어 겉과 속이 다른 '이중적 의식구조' 속에 있는 것으로 보인다. 북한은 경제 자본만이 취약한 것이 아니라 사회적 자본도 붕괴되고 있다고 평가된다. 북한 교육은 획일적인 체제 운영으로 비효율을 제도에 체질화하고 있고 교육 내용 또한 다양성이 결여되면서 인간계발 기능이 약화되어 있는 것으로 평가된다. 따라서 북한 교육은 표면적 강점 속에 이면적 약점을 안고 있으며 교육외적 활동에 엄청난 시간을 투입함으로써 매우 높은 교육 기회 상실 비용을 부담하고 있는 것으로 평가된다.

통일 이후 통일을 생각한다

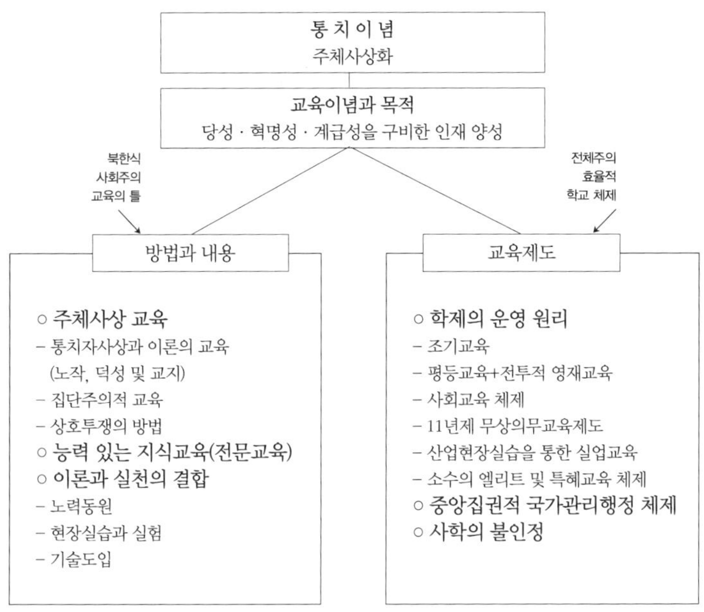

〈그림1〉 북한 교육의 구조적 특성과 기능

북한 교육은 교육의 보편적 가치를 지향하는 방향으로 변화되어야 한다. 그 이념지향성도 당성 · 혁명성 · 계급성을 구비한 인재 양성으로부터 보편적 교육이념이 되는 전인적 인간계발을 위한 전인교육의 이상으로 전환해야 한다. 교육의 억압 체제도 풀어 기본적 인권을 보장하는 자유 속에서 다양한 개성을 신장하는 자율적 교육 운영 체제로 전환해야 한다. 그리고 열악한 학교 교육여건을 획기적으로 개선해야 할 것이다.

2. 교육정책의 중점—
체제 변화와 주민 대상, 원칙에 터한 연계적 접근

교육 통합을 위한 교육정책은 정부의 통일정책과 대북정책과의 정책적 정합성을 유지해야 한다. 교육 통합 변인은 다른 정책의 종속변인이 되면서 정부의 정책 목표를 위한 독립변인이 될 수 있다. 따라서 교육 통합모형은 정부의 통일정책 및 대북정책과 정책목표를 공유하면서 정책수단 간에 적절한 연계가 필요하다. 이때 교육 통합을 추구하는 교육정책의 관점과 중점을 어디에 두어야 할 것인가는 중요한 문제가 된다.

1990년대 이후 지금까지 미국의 대북한정책의 전개 과정에 대한 케이티 오와 랄프 해시그의 분석은 통일정책과 대북정책의 지향점을 시사한다.[18] 이들의 분석에 의하면 북한 문제의 중심에는 김정일 정권의 정권 유지전략이 있고, 이 전략이 북한의 비핵화와 개혁개방을 어렵게 만든다. 따라서 북한의 상황은 당장 붕괴하지는 않는다 하더라도 체제의 변화는 불가피한 것으로 전망하고 있다.[19]

미국의 대북한정책은 그 목표를 첫째, 한반도 평화 체제의 유지, 둘째, 북한 주민에게 민주주의를 운영할 수 있는 역량을 계발할 수 있는 기회를 제공하고, 셋째, 대량파괴무기의 확산을 억제하는 것에 두고 있다. 북한 주민의 안위를 인질로 삼고 벼랑끝전술을 구사하는 북한 정권의 리더십을 고려할 때, 대북정책의 효과는 제한적이고 대북한정책 목표의 달성 가능성도 매우 낮을 것

으로 평가한다. 그동안 미국은 북한에 대해 대결정책confrontation
과 봉쇄정책Containment과 무시정책disengagement의 틀을 따라
왔으나 북한의 핵 위협이 등장한 이후로 무력억제, 제재, 핵확산
금지조약 등을 내용으로 하는 봉쇄정책은 한계를 갖게 되었다.
무시정책도 북한의 행태에 상관하지 않을 수 있다면 몰라도 북한
의 핵개발과 지속적인 무력도발 가능성에 대응하는 현실적 방안
이 되기에는 한계가 있다. 결국 미국도 대북 관여정책의 틀을 따
를 수밖에 없다. 따라서 문제는 대북 관여정책의 틀을 어떻게 설
계해야 하느냐에 있다.

케이티 오와 랄프 해시그는 미국의 대북한 관여정책에는 세 가
지 난점이 있다고 평가한다. 첫째로, 대북 관여정책의 성과가 북
한 정권의 결정에 지나치게 의존하고 있는 상황이다. 즉 북한이
상황을 주도하고 있다는 점이다. 둘째로, 북한 정권의 이해관계
는 정권의 유지에 있고, 이것이 북한 주민의 장기적인 이해관계
와 서로 어긋난다는 점이다. 미국이 북한에 제시하는 북한 정권
의 이해에 부합하는 보상은 장기적으로 북한 주민을 돕는 길이
아닐 수 있다. 셋째로, 북한의 상기적 이해를 위해 제공히려는 보
상을 북한 정권이 수용하기를 거부하는 점이다.

세 가지 난점에 대해서는 남한도 비슷하게 고민하는 것으로 보
인다. 이러한 난점은 남북한 통일 문제와 대북 관계정책의 관점
및 중점을 수립하는 데 있어 몇 가지 시사점을 제공한다. 이러한
관점과 중점을 통일정책의 관점으로 설정한다.

첫째, 통일과 통합을 구상함에 있어 단기적 성과도 고려해야

하지만 장기적으로 북한의 변화를 추구하는 긴 안목이 요구된다. 이 점에서 통일정책의 필요성을 다시 확인할 수 있고 교육 통합은 장기적인 북한의 변화를 고려해야 한다. 즉 통일정책에서 교육 부분은 장기적으로 민주주의 체제를 운영하는 주체로서 북한 주민의 역량을 계발하고 북한 체제를 개혁하는 것을 돕는 것을 목표로 삼아야 할 것이다.

둘째, 통일정책과 대북정책은 북한 정권을 상대하는 것이나 정책의 궁극적인 대상 목표는 북한 주민에 두어야 할 것이다. 이것은 정책의 성과를 북한 주민에게 주는 의미와 의의를 중심으로 평가해야 함을 의미한다. 즉 북한 정권의 대응에 따라 대북관계를 운영하기보다는 선제적으로, 그리고 여러 통로를 통해 북한 주민을 위한 정책 목표를 설정하고 관련정책을 수행할 것을 요구한다. 이 점에서 연성복합통합론은 중요한 관여정책의 한 요소를 제시한다고 볼 수 있다.

셋째, 대북 관여정책의 실효를 높이기 위해서 정책 수단 간에 어느 정도의 연계가 필요하다. 국민의 정부의 햇볕정책은 북한 체제의 접수나 흡수를 시도하지 않고, 북한의 무력도발도 허용하지 않고 호혜적 협력을 확대하는 원칙을 세우고 추진했다. 그러나 북한의 정책 변화를 요구하지 않고 북한이 필요로 하는 지원과 협조를 제공하는 일방적 포용정책이 되었다. 햇볕정책은 그 추진 과정에서 정경분리와 국제적 공조를 방법론으로 삼았다. 그러나 지나친 정경분리de-coupling도 문제가 되고, 전제조건에 의한 관여정책도 추진하는 데는 한계를 갖는다. 이러한 점

통일 이후 통일을 생각한다

을 고려할 때, 원칙에 의거하면서도 정책 수단의 자율성을 어느 정도 허용하는 '원칙에 터한 느슨한 연계' 방식이 필요할 것으로 생각된다. 북한의 체제 개혁과 주민의 삶의 여건을 개선하기 위해서는 북한이 필요로 하는 자원의 제공과 연계해 활용할 수 있는 '원칙에 터한 느슨한 연계' 방식과 남북한 사이에 상호 호혜 제공의 원칙을 세울 필요가 있다.

넷째, 남북관계에서 정권에 대한 직접적인 지원보다는 북한의 체제 개혁에 대한 지원으로 그 중점을 전환해야 할 것이다.

교육 통합을 지향하는 교육정책은 통일정책의 관점과 그 맥을 같이하여 정책적 정합성을 세워야 할 것이다. 교육정책은 그 중점에서 북한의 체제 개혁, 북한 주민의 삶과 역량의 계발을 지원하고, 원칙에 터한 연계 방식의 준용을 교육정책 운용의 중요한 원칙으로 설정해야 할 것이다.

3. 교육적 관점

교육 통합을 위한 교육성책은 정부의 통일정책과 대북정책과의 정책적 정합성을 유지해야 한다. 그러나 그 핵심에는 보편적인 교육적 관점을 내포해야 할 것이다. 교육은 본질상 인간 성장 지향적이고 보편적 가치를 추구한다. 또한 그 속성상 단기적 대응과 성과를 추구하기보다는 장기적 목표를 추구한다. 남북 교육 통합을 추구하는 교육정책은 북한 주민의 교육권을 보장하고, 교육을 통해 북한 아동의 교육적 성장을 돕는 것을 목표로 해야 할 것이다.

이러한 목표를 구체적으로 정의하면, 홍익인간의 교육 이상을 향해 전인全人과 공인의식公人意識[20] 그리고 전인專人의 역량을 계발하는 방향으로 목표를 삼아야 한다. 이러한 북한 교육이 통합적으로 추진해야 할 교육의 보편적 방향은, 독재 정권의 체제에 순응하는 체제순응형 인간 형성의 교육 목표와 충돌할 가능성이 매우 높다. 교육 통합을 지향하는 교육정책은 교육의 보편적 가치와 기본적 인권과 자유가 존중되어야 한다. 이러한 관점을 남북 교육 통합에 임하는 '교육적 관점'이라고 규정한다. 통일정책에서의 교육정책은 교육적 관점을 내포해야 할 것이다.

교육 통합을 구상하는 교육정책의 지향은 대북 관여정책이 안고 있는 한계를 고려해 교육적 관점을 세우고, 북한 주민의 역량을 계발하고 교육 체제를 혁신하는 것을 추구하는 장기적 관점과 다각적 교류와 협력을 보장받을 수 있도록 필요한 협상 자원을 활용하는 '원칙에 터한 느슨한 연계' 방식을 활용할 필요가 있다. 이러한 틀 안에서 다음의 내용을 검토할 수 있을 것이다.

통일 교육정책의 수립

'통일정책'은 통일의 필요성, 통일의 원칙, 통일한국의 미래 모습, 통일을 추진하는 전략과 과제 등에 대해 비전과 전략을 제시해야 할 것이다. 따라서 통일정책은 통일 외교정책, 통일 국방정책 등을 포함해 통일 교육정책도 포함해야 한다. 통일 교육정책에 담아야 할 교육 통합의 목표는 총론적으로 민주주의 원칙과

통일 이후 통일을 생각한다

시장경제 체제의 운영을 지향해나가고 북한을 이끌어나갈 민주체제 운영의 주인과 북한의 경제를 운영할 수 있는 북한 주민의 역량 계발에 두어야 할 것이다. 이 점에서 '홍익인간'의 교육이상은 통일한국의 교육이상으로 삼아도 될 것이다. 교육 통합에서 보편적으로 수용 가능한 기본목표와 원칙이 지켜진다면 각론에서의 여러 가지 다양성과 자율성을 수용하는 추진 방법을 택할 수 있을 것이다.

이렇게 북한 교육 체제 개편의 방향과 원칙과 목표를 정한다면 북한 교육 체제의 구조와 그 운영을 새롭게 설계하기보다는 '가감법'에 의해 제거해야 할 것과 넣어야 할 것을 규정해 반영하는 접근을 따를 수 있을 것이다. 주체사상과 수령독재사상, 사상통제, 주민통제 기제 등이 제거되어야 할 요소라면, 그 비워진 자리에는 인간으로서의 기본권 및 자유의 보장과 민주주의 정치 체제와 시장경제 체제를 도입해야 할 것이다. 북한의 상황을 고려할 때, 특히 사상통제로부터의 자유, 감시와 억압으로부터의 자유, 생존을 위협하는 빈곤으로부터의 자유, 표현의 구속으로부터의 자유 등을 보장해야 할 것이다.

통일 교육정책은 민주주의 원칙, 시장경제 체제의 도입, 기본적 인권과 자유를 보장하는 원칙 위에서 통일한국 교육의 보편적 이념과 가치, 중요한 추진전략을 제시해야 할 것이다. 우리의 통일역량과 통일 이후 한국의 미래에 대해 북한의 주민과 국제적으로 신뢰와 인정을 획득하도록 노력할 필요가 있다. 그럼으로써 인권의 존중과 보호, 북한 교육 체제의 안정화와 활성화, 교육 기

남북한 교육 통합을 위한 교육정책의 구조

회의 확대, 교육의 질적 수준의 향상, 북한 교육 체제의 역량을
제고하기 위한 원칙과 추진방안을 제시할 수 있어야 할 것이다.

추진방법— 북한 주도형 체제 개혁과 운영 지원

이를 위해서는 교육 통합의 과정에서 통일에 이르는 단계에 따
라 적합한 접근방법을 제시해야 할 것이다. 즉 교류협력 단계, 급
변사태 그리고 통일 이후 단계에서 북한 교육 체제의 원칙을 제
시해야 할 것이다. 흡수통합형에 대한 우려와 저항을 줄이기 위
해서 북한이 체제 운영의 역량을 개발할 수 있도록 지원하고, 북
한 주도형 체제 개혁과 운영을 지원할 필요가 있다. 이러한 원칙
으로 다음의 다섯 가지를 제안한다.

(1) 보편성의 원칙: 교육의 보편적 가치에 터해 목표를 설정하고 추진
원칙을 정해야 한다.

(2) 효율성의 원칙: 남북 교육 체제의 운영에서 장기적으로 효율성을
높일 수 있는 내용을 수용해야 한다. 이를 위해서는 북한의 학제를 남
한의 학제에 통합하는 문제를 검토할 필요가 있다.

(3) 자율, 자주, 주도성의 원칙: 기본이 되는 중요한 사항은 남북한의
협의에 의해 결정하되, 북한이 북한 교육 체제의 개편 문제를 주도적
으로 검토하고 자율적으로 결정하는 원칙이다.

(4) 남측의 재정 지원의 원칙.

(5) 남북한 관련기관 간의 연계와 협조 원칙: 관련기관과 지역이 서로 연
계해 학습하며 연구해 개선해나가도록 하는 원칙 등을 제시해야 한다.

통일 이후 통일을 생각한다

교류협력 단계에서의 교육 통합

교류협력 단계에서는 북한의 북핵과 개혁개방 문제에 대한 결정에 따라서 세 가지 접근방안을 설정할 수 있다. 이 단계에서의 교육 통합방안은 상황조건의 영향을 받게 될 것으로 전망된다. 그러나 교육의 연성적 특성을 살려 교류협력의 실효를 높여갈 수 있도록 노력할 필요가 있다. 교류협력 단계에서는 북한이 비핵화와 개방을 거부할 경우에도 인도주의적 차원에서의 연성적 협력과 지원을 통한 기능적 연계를 시도해야 할 것이다. 이때는 대북정책 간에 느슨한 연계 체제에서 어느 정도 독자적 자율성을 갖는 교육 통합모형을 적용할 수 있을 것이다. 북한의 연성복합적 교류와 협력에 대한 태도가 이 접근의 성과를 결정할 것이다. 단지 북한이 보다 유연하게 이 접근을 수용할 수 있도록 정책 수단 간의 연계를 분리하거나 느슨하게 하고 점진적으로 그리고 국제적 연대를 통해 추진하는 전략을 검토할 필요가 있다.[21]

또한 교류협력 단계에서 남북한 간에 존중해야 할 최소한의 원칙을 지켜나가고, 교류와 지원의 확대를 통해 교류협력의 제한 속에서도 북한의 교육 체제의 변화와 발전에 기여할 수 있는 토대를 만들어갈 필요가 있다. 따라서 북한의 교과서 공급, 학습기자재 보급, 교육 정보자료의 활용 네트워크 구축, 북한 아동을 위한 학교급식 지원, 북한의 직업기술교육센터의 지원, 다양한 인적 교류 등 북한이 초기에는 거부하더라도 체제 붕괴의 두려움을 극복하고 장기적으로 수용할 만한 사업을 개발할 필요가 있다.

또한 북한에 대해서 남북한 당국 간의 통로뿐만 아니라 유엔UN, 유네스코UNESCO, 국제부흥개발은행IBRD 등의 국제기구를 통한 다자 간의 협력프로그램을 활용해 교류와 지원의 확대를 시도할 필요가 있다.

북한이 비핵화와 개방노선으로 체제 전환을 시도할 경우에는 북한 교육 체제의 안정화와 활성화를 지원하는 과감한 프로젝트를 추진해야 할 것이다.[22] 남북 교육 통합의 장기적 가능성을 고려할 때, 가장 효과적인 남북 교육 통합은 교류협력 단계에서 북한 교육 체제의 발전을 지원하는 것이기 때문이다.

급변사태 이후 통일국가에서의 교육 통합

급변사태에서는 북한 교육 체제의 안정화에 초점을 맞추어야 할 것이다. 급변사태를 맞았을 때에는 이에 대응할 수 있는 명분과 역량에 대한 국제적 신뢰와 지원을 얻는 사전적事前的 기반을 구축하는 일이 중요한 과제가 된다. 급변사태 이후 남한은 이에 개입해 북한 지역에서 교육 체제의 안정화와 활성화를 도모해 통합의 용이성과 적절성 그리고 통합 비용의 절감을 도모해야 할 것으로 판단한다.[23]

통일국가에서의 남북한 교육 체제의 통합은, 통일이 남북한의 합의에 의한 경우에는 그 합의에 따라 이루어져야 할 것이다. 그러나 남한 주도적 통일이 이루어질 경우에는 위에서 제시한 통일정책의 틀에 따라야 할 것이다. 이때 남북 교육 통합의 추진 원칙으로서 위에서 제시한 보편성의 원칙, 효율성의 원칙, 북한 주

통일 이후 통일을 생각한다

도·자율결정의 원칙, 남측의 재정 지원 원칙, 협력적 연계 추진의 원칙 등을 구체화해 적용해야 할 것이다. 이 과정에서 일정 기간 북한 지역을 독자적으로 운영하도록 해 통합 부분의 최소화와 비용 최소화를 검토할 필요가 있다.

통일한국에서의 남북한 교육 통합에서는 먼저 북한 교육의 주체사상에 의한 사회주의 교육의 틀을 자유민주주의 교육 체제로 전환해야 한다. 그리고 이 토대 위에서 인권 차원에서 교육권과 교육의 기회균등을 보장하며 학교 교육여건의 획기적 개선과 함께 교육의 필요에 부응하는 교육 기회의 질적 다양성을 확보하는 데 중점을 두어야 할 것이다.

남북한 교육 체제의 통합은 정치·경제·사회·행정 등 타 분야의 통합 과정 및 방안과 무관하게 추진하기는 어렵다. 북한 체제의 접수와 관리 단계에서는 타 분야의 통합방안의 틀 안에서, 그리고 이들과의 관계 속에서 교육 통합을 추진해야 할 것이다. 그러나 타 분야의 통합 방안에 의한 교육 통합 과정의 의존성에도 불구하고 통일 이후의 국가 통합을 위해서는 교육 체제의 통합이 실질적으로 가장 중요한 통합 기능을 수행하게 될 것으로 기대된다. 이 점에서 정부의 통일정책안에 남북한 교육 통합의 비전, 원칙, 전략과 기본 구상을 반영해야 할 것이다.

남북한 교육 체제의 통합을 위한 북한 교육 체제의 개편

장기적 관점에서 '통일한국' 의 교육 체제 수립을 위한 남북한 교육 체제의 통합은 북한의 교육 체제를 남한 교육 체제로 통합

하는 것을 기본 방향으로 삼아야 할 것이다. 두 교육 체제 운영의 효율성 차원에서 북한 교육의 학교 체제 개편은 불가피한 것으로 평가된다. 북한 교육은 1-4-6-4의 기간학제로, 4년제 인민학교와 6년제의 고등중학교를 운영한다. 즉 중등교육까지의 이수기간을 남한보다 2년 단축해 운영해왔다. 이 학제를 남한형의 (1)-6-3-3-4기본학제로 전환해, 유치원 1년을 공교육화하고, 4년제 인민학교를 6년제 초등학교로 개편하며, 6년제 고등중학교를 3년제의 중학교와 3년제의 고등학교로 개편해 유치원부터 중학교까지 10년제 의무교육을 실시하는 것을 골격으로 삼을 수 있다.

이 골격 위에서 특성화한 실업계 학교를 설립하고 대학을 정비해 일부 대학은 세계적 수준의 대학으로 육성하고, 평생학습 체제를 육성하고 특수계층을 위한 학교를 특수목적학교로 전환하는 것이 필요하다. 북한의 학교 체제를 개편하는 데에는, 입학생부터 단순 인수방식으로 체제 개편을 할 경우에 12년이 소요된다. 이 기간 동안에 학교의 설립, 학교의 개편, 교육 과정의 정비, 교사의 재배치 그리고 제도의 정비를 추진해갈 수 있을 것이다. 참고로 북한 지역의 교사재임용 과제를 보면, 북한 지역 학교를 개편하는 과정에서 공산주의 이념 교육과 개인 숭배사상의 주입을 위한 교과를 폐지할 경우에 인민학교 교원의 10퍼센트, 고등중학교 교원의 12퍼센트, 고등교육기관 교원의 20퍼센트 내외의 교원 교체가 불가피할 것으로 예상된다.

북한 교육 체제의 개편 과정에서 예상되는 주요 문제를 네 가

통일 이후 통일을 생각한다

지로 유형화할 수 있다. 첫째, 주민과 학생들의 이념적 혼란, 둘째, 주민과 학생들의 심리적 불안과 정체감의 상실, 새로운 체제에 대한 적응 불안과 차별감, 셋째, 대량탈북사태의 혼란 속에서 북한 교육 체제 관리와 개편에 따른 저항, 그리고 넷째, 통합 비용이다. 북한 교육 체제 개편 방안은 이러한 문제를 고려해 그 해결 방안을 검토해야 할 것이다.

북한 교육 체제 개편 과정은 구체적으로 다음과 같은 두 가지 방향을 고려할 필요가 있다. 첫째는 점진적·북한 주도적 개편 방향이다. 점진적으로 체제 개편을 시도하고 이 과정에서 북한 주민 주도로 그 관리 능력을 높여가면서 큰 틀 안에서 북한 교육기관의 자율성과 다양성을 최대한 보장하고 신장하는 방향으로 가야 할 것이다. 둘째는 남북한 관련기관 간의 유기적 협력 체제를 통해 체제의 통합을 추진하는 방향이다.

그리고 이를 위해서는 통일 이후에 북한 교육 체제 운영을 위한 연간 재정소요를 감안해 통일교육 재원에 대한 철저한 준비가 필요하다. 긴급하게 학교 운영지원을 비롯해 통일한국의 건설과 국가 통합을 위한 초기 기반을 조성하기 위해 전후 유럽의 먀샬 플랜Marshal Plan과 같은 북한 지역의 사회간접자본 구축 사업에 교육 사업을 적극적으로 반영해야 할 것이다.

이와 같은 북한 교육 체제의 개편을 준비하기 위해서는 전략적 과제를 설정해 추진할 필요가 있다. 이 과제를 네 가지로 정리해 제시한다. 첫째, 새터민 정착 과정과 그 자녀들의 학업적응 과정에 대한 점검과 분석이 필요하다. 이 분석은 향후 북한 지역에서 통합 교육 체제로의 이행을 준비하기 위해서 필요하다. 둘째, 교육 과정의 구조모형과 교과서 시안의 개발이 필요하다. 북한의 학제를 개편할 경우에 학교급별·교과별 교육 과정과 이에 따른 교과서의 모형을 개발하고 준비사항을 점검해야 할 것이다. 셋째, 북한 지역 교사들을 위한 연수프로그램의 준비가 필요하다. 넷째, 북한 교육 체제의 관리모형과 교육 재정 운영에 대한 검토와 준비가 필요하다.

통일을 위한 준비 과제

향후 남북한 통일을 위한 힘을 기르고 통일을 감당할 수 있는 역량에 대해 국제적 신뢰를 획득하는 한편 북한에 급변사태가 발생할 경우에 이에 대응할 수 있는 구체적인 준비가 필요하다. 이러한 역량을 '통일자본'[24]이라고 할 때 통일을 준비하기 위해서는 그 축적이 필요하다.

구체적으로는 남북 교육 통합에 대한 비전과 원칙, 전략과 기본 구상을 수립해야 한다. 그리고 이것을 '통일정책'에 반영해야 할 것이다. 한국의 공교육은 지난 60여 년 동안 괄목할 만한 발전의 과정을 지나왔다. 이러한 한국 교육의 수준과 역량을 세계적 수준으로 높여가는 일이 향후 통일을 지향하는 중요한 전략과 자원이 될 것이다. 즉 통일을 염두에 두고 남한의 공교육을 혁신·발전시키는 것은 매우 중요한 통일교육 과제가 된다. 이 점은 다

통일 이후 통일을 생각한다

른 모든 분야에도 공통적으로 적용되는 기준이 된다고 생각한다.

남한의 경제 개발과 국가 발전의 실적은 국제적으로 인정을 받고 있다. 남한은 60여 년 전에 경제적 빈국으로부터 출발해 현재 G20에 들어갈 정도로 발전했다. 피원조국에서 원조국의 국제적 지위를 획득했고 이에 대한 높은 기대를 받고 있다. 한국은 국제적 분쟁 지역에는 유엔의 평화유지군을 파병하고, 재난 지역에서는 구호 지원활동 국가로 그 역할을 수행하고 있다. 한국의 발전 경험은 개발도상국가에게 국가 발전을 위한 중요한 지침과 전략을 제공하고 있다. 이러한 역할을 더욱 강화해 앞으로 개발해야 할 지역으로 등장할 '북한의 문제'에 대해서도 개입해 지원할 수 있는 교육 분야에서의 국제 협력과 지원국가의 위상을 높여가야 할 것이다. 통일을 추진할 수 있는 에너지와 역량도 중요한 자본이 된다. 이제 통일자본의 개발을 위해 통일세대 육성을 위한 진정한 '통일교육'이 필요하다.

1 이종재 외, 〈남북한 교육통합 방안 연구〉(미간행 연구보고서), 1999. p. 9.

2 박세일, 《대한민국선진화 전략》, 서울: 21세기북스, 2006.

3 Kongdan Oh and Ralph C. Hassig, *North Korea: Through the looking Glass*, The Brookings Institution, Wahington D.C 2000.

4 Ralph Hassig and Kongdan Oh, *The Hidden People of Noth Korea: Everyday Life in the Hermi Kingdom*, Rowman & Littlefield Publishing, Inc, Lanham, MD, 2010.

5 Kongdan Oh and Ralph C. Hassig, *North Korea: Through the looking Glass*, The Brookings Institution, Wahington D.C, 2000. pp. 185~200.

6 박명규 · 이근관 · 전재성 외, 《연성복합통일론》, pp. 141~143.

7 장성민, 《전쟁과 평화》, 서울: 김영사, 2010.

8 박세일, 〈한반도 위기의 본질과 선진화 포용통일론〉, 화해상생마당, 《전환기에 선 한반도 통일과 평화의 새로운 모색》, 2009.9.2 서울 프레스센터 발표 논문과 조용기, 정낙근, 〈새로운 통일 방안의 모색: 선진화 통일 방안〉, 한반도 선진화재단, 선진화통일정정책 세미나 발표논문, 2009. 11. 5 배재대학교.

9 박명규 · 이근관 · 전재성 외, 《연성복합통일론》, 서울대학교 평화통일연구소, 서울: 2010.

10 박명규 · 이근관 · 전재성 외, 상게서, pp. 170~173.

11 박세일, 전게서, pp. 14~16.

12 오승렬, 〈한반도 선진화 통일의 대내외전략 소고小考〉, 한반도 선진화재단, 선진화통일정정책 세미나 발표논문, 2009. 11. 5 배재대학교.

13 이종재 외, 〈남북한 교육통합 방안 연구〉(미간행 연구보고서), 1999.

[14] 구조적 분석 연구의 한 예로 다음의 연구를 들 수 있다. 김동규, 〈남북한 학교 교육 체제의 이질화 과정과 통일 이후 동질화 방안〉, 한림과학원(편), 《남북한 통합 그 접근방법과 영역》(하). 1996.

[15] 이향규·조정아·김지수·김기석, 《북한교육 60년: 형성과 발전, 전망》, 서울: 교육과학사, 2010.

[16] 이종재 외, 상게서. pp. 14~32

[17] Ralph Hassig and Kongdan Oh, 전게서, 95~132.

[18] Oh and Hassig 전게서, 'Dealing with DPRK', pp. 185~212.

[19] Hassig and Oh, 전게서, 'The end comes slowly', 2010, pp. 239~254.

[20] 정범모, 〈교육을 왜 하는가?〉, 한림과학원 일송학술회의 기조강연, 춘천: 한림대학교, 2009. 10. 9.

[21] 박명규·이근관·전재성 외, 상게서, 2010, pp. 213~231.

[22] 통일연구원, 〈비핵·개방 3000구상과 대북개발지원〉, 《북한개발지원의 쟁점과 해결 방안》, 서울: 통일연구원, 2009, pp. 126~153.

[23] 통일연구원, 상게서, 〈북한의 급변사태와 개발지원〉, 《북한개발지원의 쟁점과 해결 방안》, pp. 200~233.

[24] 여기서 자본은 재정적인 자본뿐만 아니라 '우리가 추구하는 가치를 구현할 수 있는 역량'이라는 의미에서의 자본을 말함.

종합토론

통일 후의 통일을 생각한다

사회 : 박명규(서울대 사회학과 교수)

김학준
박명규
박명림
김영윤
임홍빈
민경찬
이종재
김재용
김인영
송승철
조건식

박명규●●● : 지금부터 일송학술대회 '통일 후의 통일을 생각
한다'의 종합토론을 시작하겠습니다. 저는 이 토론의 사회를
맡은 서울대학교 통일평화연구소 소장 박명규입니다. 통상 이
런 학술대회에서는 실제 예정된 시간을 초과하기 쉽습니다. 그
래서 종합토론 시간에 이르면 예정 시간보다 삼십 분 정도 늦
게 시작하면서 그만큼 토론이 짧게 진행되는 경우가 많았는데,
오늘은 너무 잘 조직하셔서 단 1분의 지체 없이 일정 그대로 4
시에 시작하게 되었습니다. 그만큼 한림대학교에서 본 행사에
대해 깊은 애정과 관심을 가지고 준비한 것이 아닌가 생각합니
다. 먼저 감사드리며, 이렇게 귀한 자리에 사회를 맡게 되어서
어깨가 무겁다는 느낌도 듭니다.

설립자 고故 윤덕선 이사장님 때부터 한림대학교가 남북통일
문제에 대해 많은 관심을 가지고 있다는 이야기를 들은 바 있
습니다. 또 지금 이영선 총장님도 통일에 관심이 많으시고, 실
제로 제가 맡고 있는 통일평화연구소가 개소할 때 정운찬 전
총장님과 함께 개소식 심포지엄에 오셔서 축하를 해주시기도

하셨습니다.

김용구 선생님도 늘 여기서 중요한 역할을 맡고 계시는 것을 먼발치에서나마 보며 경탄과 존경의 마음을 품고 있었는데, 연초에 오셔서 일송학술대회라는 큰 행사가 있고 그 두 번째 주제로 통일을 준비했다는 말씀을 하셨을 때 사실 그 당시에는 약간 '이게 잘 될까' 하는 생각을 했었습니다.

지금은(2010) 8·15경축사에서 이명박 대통령이 통일 문제를 꺼낸 탓에 통일론이 약간 유행처럼 된 감이 있습니다만, 실제로 올 초만 해도 통일은커녕 남북대화를 하기도 어려운 시점이었기 때문입니다. 그런데 굉장히 큰 범주로 통일을 주제로 선정하고 그것도 당장의 어떤 정책적 논의가 아니라 큰 흐름 속에서 국민의 미래를 구상하는 심포지엄을 기획하고 구상하겠다는 말씀을 듣고, '과연 김용구 선생님이고 과연 한림대학이다'라는 생각을 했습니다. 이런 열정이 미쳐서인지 지금 한국 사회는 통일에 대한 논의가 꽃을 피우고 있습니다. 유행이 된 감이 없지 않지만 결코 부정적인 것은 아닌 것 같고, 이런 논의들이 지금 여러 가지로 교착상태에 빠져 있는 남북관계와 한반도 주변의 동북아 정세가 보다 평화롭고 통일지향적인 방향으로 나아가는 데 조그마한 힘이라도 되길 기대하고 또 충분히 그런 역할을 할 것을 믿어 의심치 않습니다.

오늘 학술대회는 최근의 통일 행사들과는 조금 다른 듯합니다. 연구소를 맡고 있는 탓에 종종 그런 곳을 가지만 통일 논의를 별로 하지 않을 때에는 통일을 얘기할 때 다양한 주제들이 언급이 되었던 듯한데, 최근 통일론이 유행을 타면서부터 오히려 정치 경제 중심의 논의로 좁혀지는 감이 있습니다. 북한의 급변사태가 어떻게 될 것인가 또는 이 부분에 대해서 우리는 무엇을 해야 하는가 하는 논의들이 조금 좁혀지는 느낌이 있는데, 그에 비해서 오늘 심포지엄은 잘 아시다시피 정치, 경제뿐만 아니라, 교육, 음악, 문학이라는 다양한 영역을 아우르면서 통일에 대한 종합적이고 총체적인 준비, 연구의 필요성을 조목조목 짚어낸 귀한 자리가 아닌가 생각합니다.

각 발표자에 대한 개별 토론시간이 없기 때문에 종합토론은 다음과 같이 진행하고자 합니다. 두 시간의 여유가 있는데, 먼저 한 시간 동안은 약정 토론자 세 분께서 여섯 분의 발표 논문에 대해 토론을 해주시고, 발표자들이 이에 대해 답변하는 방식으로 진행하겠습니다. 지정토론과 지정토론에 대한 답변이 끝나면 민경찬 교수님께서 준비한 멋진 음악을 잠시 들은 다음 계속해서 토론을 진행하도록 하겠습니다. 방청석에 계시는 분들은 선생님, 학생을 막론하고 오늘 발표된 내용뿐만 아니라 평소 가지고 계시던 궁금증을 쏟아내셔도 모두 답변해주실 수 있다고 생각합니다. 그러면 세 분의 토론자를 소개하겠습니다. 한림대학교 김인영 교수님입니다. 한림대학교 송승철 교수님입니다. 통일부 차관과 현대아산 대표를 역임하고 현재 현대아산 고문으로 계시는 조건식 선생님입니다. 아마도 각

통일 이후 통일을 생각한다

선생님들이 오늘 발표하신 여섯 분들의 토론을 조금씩 분업하시기로 약정이 되어 있는 것 같습니다. 준비하신대로 토론해주시면 감사하겠습니다. 먼저 김인영 교수님께 부탁드리겠습니다.

김인영●●● : 반갑습니다. 한림대 정치외교학과 김인영입니다. 제가 여기 초대를 받은 이유는 민족통합연구소의 소장이기 때문인 듯합니다. 민족통합연구소에서는 상당히 오랜 기간 그리고 상당히 많은 양의 민족 통합 문제에 관한 연구를 해왔었습니다. 요즈음은 조금 정체되어 있는 상태인데, 다시 도약할 수 있는 계기를 김용구 선생님이 마련해주신 것 같습니다. 사실 제가 예전에 배웠던 선생님들도 계시고, 학문적으로 많은 빚을 지고 있는 분들이 나오셔서 긴장되기도 합니다. 통일관련 주제는 일송세미나였는데요, 일송 윤덕선 선생님의 글 《주춧돌》이라든가 《숨은 거인의 길》을 보면 그분이 의사였음에도 불구하고 사회 전반적인 문제에 대해서 상당히 깊은 관심을 가지셨고, 특히 통일 문제에 대해서 많은 관심을 가지시고 해박한 지식으로 날카로운 비판을 많이 하셨습니다. 양호민 선생님이 30분 이야기하시면 윤덕선 이사장님이 20분 이야기하실 정도로 그렇게 관심이 많으셨던 것 같습니다. 이사장님이 앉아 계신 자리에 김영희 교수님이 산증인으로 계시는데, 그 자리에 총장님이 앉아 계신 것 같습니다. 그래서 그분의 유지에 맞는 주제인 학술회의라는 생각입니다. 제가 지정토론 비슷하게 질문 드리게 될 분야가 정치와 경제 부분입니다. 김학준 선생님하고 박명림 선생님 논문인데요. 대체적으로 공통된 요지를 거론한다면 첫 번째는 감상적 민족 논의를 통일 논의에서 배제하자는 말씀인 것 같습니다. '민족통일에서 민족을 빼면 무엇이 남느냐'라는 이야기도 가능하겠지만 제가 보기에는 모든 선생님들이 동일하게 민족을 빼는 것이 좋겠다, 지나치게 감상적인 것을 빼자고 말씀하시는 것 같습니다. 그렇다면 결국 무엇이 남느냐고 했을 때 박명림 교수님도 이야기하시고 많은 분들이 이야기하시는데, 우리가 한민족이긴 하지만 두 개의 다른 국가에서 다른 방식으로 60년 이상을 생존해왔기 때문에 통일 문제를 두 국민의 통합으로 접근하는 것이 냉정한 움직임인 것 같다는 생각이 듭니다. 사실 이런 통일에 관한 논의는 요즘 갑자기 이야기되는 것 같지만, 김영삼 대통령 시절에 북한의 붕괴를 염두에 두고 논의되었던 바 있습니다. 이후 김대중 대통령 시절 초기에 잠깐 진행되었지만, 그 이후로는 노무현 대통령 시절이나 한 7, 8년 동안은 거의 이야기가 없었습니다. 그러다 사회자가 말씀하신 대로 최근에 다시 거론되었습니다. 예전과 지금의 논의의 차이는 오늘 쭉 이야기 들어보니까 상당히 민족주의적인 색채가 탈색된 것 같고, 단일국가로의 회귀나 남한 일방의 진행이 아닌 남한과 북한, 양 체제를 인정하는 시각에서 통일 문제에 접근하자는 말씀이신 것 같습니다. 여기서 중

통일 이후 통일을 생각한다

요한 점이, 민족주의가 우리의 통일에 도리어 도움이 되지 않을 것이라는 이야기였습니다. 주체사상이라든가, 선군정치, 민족적 자립경제나 민족의 자주성 등의 북한식의 논의가 아닌 민족주의도 통일에 저해되는 요소라는 것입니다. 동서독의 통일 사례를 살펴보았을 때도 독일은 민족 개념 자체를 상당 부분 탈색시켰기 때문에 통일에 성공했던 것이 아닌가 합니다. 김학준 교수님의 말씀처럼 독일이 민족주의를 강조했다기보다는 독일 통일이 유럽 평화에 어떻게 기여할 것인지를 이야기했기 때문에 독일 통일에 대한 논의가 국제적으로 받아들여졌고, 이러한 태도가 통일에 대한 촉진제가 되지 않았는가 하는 생각이 듭니다. 따라서 우리도 민족주의보다는 국제주의, 또는 동아시아 공동체적인 관점에서 통일 논의를 전환시켜볼 필요가 있다는 혜안을 받았습니다.

두 번째로는 독일 통일이 주는 교훈에 대한 경계론을 여러 분이 중요하게 이야기하셨습니다. 박명림 교수는 서독보다는 동독 시민단체라든가 동독에서의 민주화운동의 중요성을 강조하긴 했지만 우리나라의 언론이라든가 또는 학계에서 접근하고 있는 독일 통일지상주의 또는 이론화된 것 같아 보이는 그런 것이 사실은 현실과 격리된 이론들이었습니다. 간단히 이야기하면 북한은 동독이 아니고 남한도 서독이 아님에도 불구하고 상당히 거기서 많은 교훈을 찾으려고 노력을 했습니다. 그런데 교훈보다는 제가 보기에는 참고사항 정도가 되지 않겠는가 생각합니다. 진정한 교훈은 이라크를 점령했던 미국의 점령방식이라든가 또는 남아프리카공화국에서 흑백 간의 사회 통합을 이루었던 그런 것들 또는 예멘의 통일 같은 경험에서, 곧 예멘의 통일 경험에 대한 연구가 축적이 안 된 것도 아닌데, 그런 것들에서 우리가 더 많은 교훈을 찾을 수 있는 것이 아닌가 합니다. 물론 동서독 통일이 피를 흘리지 않았고, 선진국가였다는 의미에서 우리가 교훈을 얻으려고 하는데, 조금 잘못된 모델을 가지고 이야기하고 있는 것은 아닌가 합니다. 예를 들어서 동서독은 한국전쟁 같은 동족 간의 전쟁을 치른 적도 없고 우리처럼 남북한 간의 민족적 갈등을 겪은 적도 없으며 경제적 격차도 동서독을 4 대 1로 한다면 우리는 10 대 1도 넘는 상태입니다. 그래서 지금 우리는 새로운 모델을 찾아야할 때라는 교훈을 오늘 발표된 글들을 통해서 얻게 되었습니다.

세 번째로 이야기할 수 있는 것은 통일이나 통일 이후의 통일, 통합이라고 할 수 있는데, 지금 상당히 많은 부분에 있어서 통일과 통합의 개념적인 혼란들이 있으며, 이 세미나에서도 그 점은 해결되지 않은 것으로 보입니다. 가장 간단한 해결방식은 영어로 표현하는 것 같습니다. 즉 통합은 integration이고 통일은 unification입니다. 그랬을 경우 integration 다음에 unification이 있는 것이 여러 사람이 이야기하기를 학계의 합의라고 알고 있었는데, 다시 이런 합의가 깨진 것 같습니다. 통합 이후에 통일이 원칙인 것이라고 알고 있는데, 지금 혼란한 상태로 있습니다. 그런데 앞부분에서 말씀하실 때 통일이든 통합이든 그것이 하나의 과정이어야지 보편은 아니어야 한다는 말씀들이 있는 것 같습니다. 십 년 전의 통일 논의보다도 상당히 유연해진 것 같다, 십 년의 격차를 통해서 이번의 통일 논의들은 부드러워진 것 같다는 생각이 듭니다. 그런데 하나 아쉬운 것은 십 년의 변화, 그리고 세계의 변화 등 여러 가지 변화, 즉 예를 들면 세계화, 정보화 이런 시대에 적합한 통일 문제 해결방안에 대해서는 방안 제시가 앞 부분에서도 조금 소홀하지는 않았는가라는 생각입니다. 즉 통일이나 통합이라는 것도 시대의 영향을 받고 시대의 배경 속에서 이루어질 수밖에 없습니다. 그런데 북한 주민들이 상당수 핸드폰을 쓰고 트위터를 하는 상황이 올지는 모르겠지만, 만약 세계화, 정보화의 흐름에서 북한 역시 그러한 상황을 맞게 된다면 통일방식이나 통합방식도 그에 맞춰 바꿔야 하는데, 오늘은 약간 구태의연한 부분들이 상당히 존재했습니다. 굉장히 새로웠던 부분은 '북한'을 인정하는 흐름이었습니다. 제가 남북한관계를 가르치면서 항상 학생들에게 '통합·통일의 과정에서 주제, 교육, 사상, 제도, 경제 통합, 토지 등에서 하나씩 선택하여 주제발표를 하는 식'으로 여러 가지 주제의 과제를 주었습니다. 그런데 학생들이 너무 모르는 겁니다. 그러면서 왜 통일을 해야 하는지 의문을 제기하고, 주제발표를 하더라도 북한을 전혀 염두에 두지 않는 모습을 많이 봐왔습니다. 그런데 오늘 세미나에서는 굉장히 이채로운 게, 박명림 교수님을 비롯한 많은 발표자께서 북한을 하나의 주체로 인정하는 것이었습니다. 현재 통일 논의에서는 북한은 아무것도 하는 것 없이 남한에 흡수되어 따라가는 방식에서 벗어나 북한에게 자율성을 주며 스스로 어떻게 할 수 있는 여지를 주고, 무엇보다 북한이 스스로를 변혁해야 어떤 통일이 가능할 것이라는 식의 주제적 표현들을 상당히 많이 볼 수 있었습니다. 바로 그 부분이 통일을 얘기할 때 상당히 중요한 문제라고 생각합니다. 즉 첫 번째는 경제 통합을 이야기할 때 '북한을 그대로 두고 경제 통합하는 것이 옳을까, 북한이 어느 정도 경제를 발전시켜야 남한과 통합 이야기를 전개할 수 있지 않을까' 라는 것이고요. 두 번째는 우리가 북한을 있는 그대로 인정하지 않고 통합의 대상으로만 이야기하는데, 이런 관점에 따른 제안을 북한이 거절하지 않겠느냐 하는 현실인식입니다. 하다못해 핵 문제도 그렇고, 북한은 남한의 제안에 대해 여러 가지 이유와 근거를 제기하며 거부할 수 있기 때문에 통일을 논의할 때는 북한 스스로 나설 수 있는 방법에 대해 우리가 고민하고 제안해야 합니다. 그런데 박명림 교수님 논문에서 제가 의심스러웠던 부분은 북한의 변혁을 가져오는 방식, 그런 부분에 있어서 그동안 북한의 시민사회 집단들의 창출 가능성이 많이 이야기되었습니다. 어느 정도까지 변화가 이루어졌는지는 모르겠지만 그런 시장 자체는 약간 존재하는 것 같기는 합니다. 그랬을 때 앞으로의 통일 논의에 대한 주제는 북한이 스스로 변화할 수 있는 부분을 우리는 어떻게 만들어내고 제시하며 유도할 수 있을 것인가 하는 점이 될 것입니다. 우리의 강압적인 방식, 우리의 통일플랜, 통합플랜을 가져다가 제시하는 형태가 되어서는 안 될 것입니다. 임홍빈 교수님께서 좋은 말씀해주셨는데, 과거의 방식이 아니라 그들 스스로 어떻게 통일에 접근할 수 있을지를 고민하고 그에 따른 제안을 도출해야 진정한 통일이 아니겠는가 하는 생각을 했습니다.

박명규●●● : 김인영 교수님 감사합니다. 송승철 교수님 계속 하시죠.

송승철●●● : 저는 임홍빈, 김재용, 민경찬 세 분의 글에 대한 논평을 하겠습니다. 제 전공이 영문학이기 때문에 통일 문제에 대해서는 문외한입니다. 문외한은 아무 질문이나 할 수 있다는 특권이 있어서, 이 특권을 이용해 질문해 보겠습니다. 임홍빈 교수님의 글을 읽고 온당하다고 생각한 것은 이런 점입니다. 언어가 다르다고 해서 정치적 혼란이나 소통의 장애로 이어지는 것은 아니라고 하는 지적이 좋았습니다. 남북 언어의 이질화라는 것 자체가 통일을 전제로 만들어진 개념이라고 강조한 것, 이것이 굉장히 마음에 들었습니다. 다만 출발은 온당한데 결론에 이르러 가면서 저는 동의하기 힘들었습니다. 먼저 선생님께서 미래 통일국가의 형태에 대해서는 본인의 관심 밖이라는 식으로 해서 문제의 핵심을 피해가는 것이 아닌가, 다시 말해서 앞으로 통일국가의 형태에는 몇 가지 가능성이 있는데 그 가능성을 다 열어놓고 논의를 해야지, 하나만 우리 쪽 중심에 해당되는 것만 상정하고 논의를 전개한 것은 문제의 핵심을 피한 것이 아닌가 하는 느낌이 들었습니다. 두 번째, 남쪽의 맞춤법이 통일국가의 모형이 되어야 한다는 결론인데요, 두 가지 논리를 근거로 하지요. 하나는 독립운동이 정통성을 가졌다, 다른 하나는 남한이 인구가 많다는 것인데 사실 둘 다 문제가 있습니다. 특히 후자가 더 문제인데요, 인구를 가지고 문제를 삼는다면 흡수통일이 유일한 방법입니다. 모든 면에서 우리 것으로 해야 되거든요. 결국 이대로 가면 다수가 진실을 구성한다는 푸코식 비판에 노정되는 것이 아닌가 싶습니다. 그렇기 때문에 저는 어떤 의미든 과학이 필요한 것이 아닌가 생각합니다. 정치적으로 어떤 결론이 나더라도 과학적으로 비판해야 한다는 것이 제 느낌이었습니다. 마지막으로 하나, 차이가 소통의 장애로 반드시 연결되는 것은 아니지만 공식 언어는 하나 이상이어야 한다는 점도 고려를 해주셨으면 합니다.

김재용 교수님과 민경찬 교수님의 두 분의 글은 주제가 비슷해서 한꺼번에 말씀드리겠습니다. 두 분 모두 과거 북한 문화에 대한 연구가 어려울 때부터 북한의 음악과 문학의 연구에 헌신하신 데 경의를 표합니다. 사실 통합론에서 가장 중요한

통일 이후 통일을 생각한다

것은 남북이 통합되는 자체가 아니라 통합을 이룬 사회가 분
단된 상태인 지금보다 더 나아야 한다는 것, 그리고 우리가 통
합됨으로써 동북아시아의 민주주의 수준이 한 단계 올라가고
사랑이 조금 더 충만한 세계가 되어야 한다는 점이라고 생각
합니다. 즉 한국뿐만 아니라 주변국과 세계의 평화에 기여한
다는 차원에서 통합론에 대한 논의가 전개되어야 합니다. 그
냥 통합되는 것도 좋지만, 밖에서 그렇게 해주지도 않을 뿐만
아니라 그 의미가 굉장히 떨어질 것입니다. 저도 홍석중의 《황
진이》를 읽어보았습니다. '굉장한 구라다. 정말 《임꺽정》 이후
에 남한에서도 보기 드문 이 정도의 구라가 있기 힘들다' 라는
느낌을 받았습니다. 성적인 묘사도 많이 나옵니다. 성적인 묘
사를 보니까 남쪽 문학작품의 성적인 묘사는 어딘가 모르게
음습하고, 아주 개인적이고 신경질에 가까운 포르노그래피와
의 사이를 아슬아슬하게 걸어가는 은밀성이 있습니다. 그런데
이것은 아주 살냄새가 물씬 납니다. 그런데 제가 두 가지를 묻
겠습니다. 사실 북한 작가들이 체제의 요구에 따르지 않는 부
분이 있다고 말씀하셨습니다. 이 부분이 구체적으로 무엇인지
이야기를 해주었으면 하는 게 하나이고, 두 번째는 개인적인
질문인데요, 북한 작가들이 남한 작가들의 문학작품에 대해서
어느 정도 자세히 알고 있고 가늠하고 있는지에 대해서도 예
를 들어주시기 바랍니다.

민경찬 교수님에 대해서도 마찬가지입니다. 민 교수님도 통합

을 굉장히 중요시하는데요. 우선은 제가 두 가지를 말씀드리면, 먼저 음악은 역시 형식이고, 음이라고 생각합니다. 그런데 교수님께서는 음보다는 가사 중심으로 논의를 진행하고 있다는 느낌이 들었습니다. 또 하나는 말씀드린 것처럼 음악을 이야기하려면 음악 형식 중심으로 논의를 해야 하는데, 그런 면에서 우리 쪽 음악을 북한에서 상당히 많이 부르고 있다고 하셨는데, 그럴 때 형식에서 어떤 차이가 있는지 예를 몇 가지 들어서 남북 음악을 비교해주시고 이것이 왜 통합으로서 가치가 있는지 이야기해주시기 바랍니다.

박명규●●● : 송승철 선생님 감사합니다. 마지막으로 조건식 선생님 말씀해주십시오.

조건식●●● : 제가 지침을 받기로는 정치, 경제에 대해서 하라고 했는데 앞에서 김 선생님이 이야기를 하셔서 깜짝 놀랐어요. 그런데 다행히 시각이 틀려서 겹치지는 않을 것 같은데 혹시나 좀 부족하더라도 양해를 해주시기 바랍니다.

먼저 이 자리에 서니 굉장히 감회가 깊습니다. 4년 전 바로 이 자리에서 '통일 이후 사회 통합 어떻게 이룰 것인가'를 주제로 통일연구원과 한림과학원에서 공동으로 학술회의를 개최했던 기억이 새삼스럽습니다. 당시 이영선 총장님께서 직접 사회를 봐주시고 독일과 베트남 사례를 살펴가면서 시나리오를 만들

통일 이후 통일을 생각한다

어놓고 거기에서 사회 통합을 전망하고 과제를 도출했던 기억이 납니다. 우선 전반적으로 오늘 큰 제목이 '통일 후의 통일을 생각한다' 입니다. 제목에서부터 대단히 의미가 있는 것 같습니다. 제가 이 부분을 김용구 원장님께 듣고 '통일 후의 통일을 생각한다' 라는 제목을 보면서 한 가지 느낌이 오는 것이, 더 절실하게 느껴지는 것은 통일 이전인 지금, 무엇을 어떻게 할 것인가, 이것이 대단히 중요하다는 생각입니다. 그래서 결국 지금의 상황이 통일 이후의 상황을 결정하고, 지금 많이 이야기하는 통일세, 통일 비용에 직접적인 영향을 미칠 것이라는 생각이 들었습니다. 이런 면에서 통일 이전에 한해 한해 보내는 이 시간이 무척 아까운 시간이라는 생각이 들었습니다. 부족하지만 논문을 살펴보니, 제가 말씀드리기 어려울 정도로 매우 전문적이고 구체성을 많이 띠고 있어서 문제의식이 아주 깊다고 느꼈습니다. 그래서 저는 질문을 겸해서 코멘트를 드리는 식으로 질문하겠습니다. 우선 연세대 박명림 교수님께서 〈통일, 통합, 변혁 : 삼중 복합 과정의 모색〉 이렇게 논문제목을 다셨는데, 제목이 득이했습니다. 대체로 통일과 통합에 대해서는 많이 이야기해왔는데 변혁은 주로 변화, 개혁이나 개방으로 표현은 했지만, 변혁이라는 표현은 상당히 직설적인 표현으로 특이하게 느껴졌습니다. 특히 박 선생님이 통일 이전 단계, 통일 과정 단계 또 통일 이후 단계에서 각 단계별로 무엇을 준비해야 하는지, 이것을 역사적인 시각에서 아주 심층적으로 다루어주셨다고 보입니다. 이 중 가장 중요한 것은 통일 이전 단계에서 북한 내부의 민주주의를 향한 변혁이라는 부분에는 전적으로 공감합니다. 그래서 거기에서 나온 말씀 중 '역逆3대 혁명역량'은 아주 재미있게 읽었습니다. 북한 내부의 변혁역량. 여러분들께서도 일반적인 3대혁명을 잘 아실 것입니다. 여기서는 역逆3대혁명이니까, 북한 내부의 변혁역량 그리고 남한의 북한 변혁역량, 국제 사회의 북한 변혁역량, 즉 이것을 3대 통일역량이라고 하면서 이것을 강화해야 한다고 강조하셨는데 아주 흥미로운 관점이라고 봅니다. 문제는 우리가 통일 이전에 스스로 할 수 있는 것은 두 분야라고 봅니다. 바로 남한의 북한의 변혁역량, 국제 사회의 북한 변혁역량을 강화하는 노력입니다. 이것을 명확하게 하기 위해서는 구체적으로 어떻게 해야 하는지 질문과 겸하는 것인데 혹시 가능하시면 답변주시면 좋겠습니다.

그런 시각에서 볼 때, 현 정부가 남은 임기 중에 할 수 있는 조치는 무엇인지, 민간 부분에서는 어떤 역할이 필요하다고 보는지 연구자의 입장에서 말씀해주시면 개념이 명확해질 것 같습니다. 또 하나는 통일 이후의 통합은 최초의 단일 근대국가 건설과 단일 근대국민을 형성하는 단계라고 말씀하셨는데 역사상 가장 잔인한 전쟁인 한국전쟁을 우리가 치르지 않았습니까. 그래서 극도의 적대의식을 지닌 두 한국이 제도적인 토의를 한다는 것은 곧 국민 분열을 초래할 것이라는 우려를 해주셨는데, 지극히 타당한 말씀이라고 생각합니다. 그러면서 최초의

통일 이후 통일을 생각한다

단일국민을 창출하기 위한 긍정적 통합의 계기를 마련해야 한다고 언급하셨습니다. 여기서 그 대안이 뭘까 봤는데 나오는 것은 북한으로 하여금 민주주의, 민권, 평화, 자유, 개방, 평등과 같은 인류 보편가치를 수용시키는 것이라고 하셨습니다. 그런데 이 부분이 조금 걸리더라고요. 물론 지극히 당연한 결론이고 그쪽으로 가야 합니다. 그런데 너무 일방적인 조치가 아닌가, 하는 생각이 듭니다. 과연 전혀 근대국민으로서의 공통경험을 가지고 있지 못한 북한 주민에게 우리가 원하는 최선의 가치만 강조한다는 것이 가능한가, 우리도 아직 안 되었는데, 북한 주민에게 강조하고 강요한다는 것이 통일 직후의 상황을 볼 때 통일 직후의 국민 통합을 위해서 과연 바람직한가라는 의문입니다. 그래서 과도기, 중간 목표를 설정할 필요는 없을까, 좀 더 점진적이고 단계적으로 통합을 추진하는 것이 합리적이지 않을까, 라는 생각을 했습니다. 그런데 마침 박 선생님이 말씀하신 중에 북한이 옌볜하고 가까워진 것이 부정적으로 볼 필요 없다고 하셨는데 맞다고 생각했습니다. 그래서 북한이 동북3'성과 친해지는 섯이 오히려 옌볜을 통해서 보편적인 가치를 받아들일 수 있을 것이다. 그런 면에서 너무 고도의 가치는 분열이 일어날 수 있으니 이런 간접적인 방법 또는 가치체계도 조금 다운시켜서 중간 가치를 개발한다든가 할 필요가 있다고 보는데, 거기에 대해서 답변해주시면 감사하겠습니다.

그 다음에 김영윤 선생님께서 집필해주신 통일을 위한 남북한 경제 통합 논문을 봤는데, 급진통일의 경우 남북한 단일 노동 시장을 형성하는 문제 또 사유재산제를 확립하는 문제를 독일 통일의 사례를 들어서 설명을 잘해주셔서 공부가 많이 되었습니다. 특히 급진통일에 따른 경제 통합에 임할 수밖에 없다 하더라도, 제가 보았을 때 김 선생님은 급진통일론자가 아니고 점진적으로 하겠다는 입장입니다. 김 선생님께 주어진 게재가 급진통일에 대비하는 주제이기 때문에 글을 쓰신 것 같은데, 그렇게 할 수밖에 없더라도 경제 사회의 단일화 작업은 가능한 한 점진적으로 추진해야 한다고 말씀하셨습니다. 그 부분이 기본적인 입장이지만, 그렇더라도 시장경제 질서의 신속한 도입은 반드시 필요하고 특별관리가 이루어지는 동안에 북한 경제 체제가 빠르게 시장경제로 전환될 수 있도록 하는 것이 바람직하다고 하셨습니다. 그런데 이 두 가지는 모순되는 것입니다. 즉 경제 사회의 단일화 작업을 가급적 점진적으로 추진해야 하는 부분하고, 빠르게 시장경제 체제로 전환시키는 문제를 어떻게 조화시킬까 하는 문제입니다. 조화시켜야 하는데, 어떻게 실제 조치하기는 쉽지 않은 문제라고 생각합니다. 그러면서 급진통일 시 가장 시급한 문제는 대규모 인구이동 문제일 것입니다. 그래서 인구이동 문제를 어떻게 통제할 것인가 하는 것인데, 서독이 동독의 노동자 이동을 억제하기 위해서 1대 1 화폐 통합을 했는데, 이것이 오히려 동독 기업의 산업경쟁력을 약화시켜서 대량실업을 발생시키고 거꾸로 동독 주민의 서독 이주를 촉진시켰다고 평가가 되어 있습니다. 김영윤 선생님은 절반의 성공이라고 하시는데 제가 알기로는 거의 실패작이라는 혹평을 많이 받고 있습니다. 그래서 1 대 1 화폐 통합에 대해서는 비판이 많이 있다고 생각됩니다. 문제는 김 선생님께서 일정 기간 동안에 북한 지역을 하나의 특별경제 지역으로 관리하면서 남한으로 올 수 있는 자의 자격을 제한하거나 또는 북한 지역 잔류를 위한 인센티브 제도를 적극 활용하자고 하시는데, 이렇게 노력은 해야 하지만 실현 가능성이 충분한지에 대해서는 의문입니다. 기본적으로 국민의 거주 이전의 자유를 억제하고 제한하면 헌법 위반입니다. 개별소송이 들어가면 정부는 반드시 패합니다. 저도 이 문제를 다루고 있으면서 헌법 위헌 소송은 패하는데, 사전에 여기에 어떻게 대처를 해야 하느냐는 문제는 고민을 많이 했던 기억이 납니다. 이런 점을 감안해서 근본적인 해결책은 김 선생님도 시사를 하셨지만, 북한 지역의 경제개발을 신속히 추진하는 것밖에는 없는 것 같습니다. 북한은 광물자원이 많습니다. 그리고 SOC개발을 절대적으로 필요로 하고 있습니다. 그래서 남한 자본과 국제 자본 합동으로 중국과 러시아, 일본, 유럽, 미국 등하고 동북아 경제권을 염두에 둔 한반도 경제개발계획 수립, 여기에 초점을 맞추어 집중하는 것이 이런 문제를 풀 수 있는 것이 아닌가 생각합니다. 이런 문제를 사전에 구체적으로 준비할 필요가 있다고 생각하는데, 여기에 대해서 보충 설명해주시면 감사하겠습니다.

또 하나는 재산권 문제입니다. 토지, 기업의 사유재산 설립 문제는 관련 전문가들이 아주 치밀하고 기술적으로 검토를 해서 대책을 세울 것입니다. 동서독 사회처럼 재산권 반환 결정이 이루어지면, 이것이 나중에 대동독 투자가 굉장히 지연되는 것과 같은 상황을 야기할 것입니다. 그래서 이런 일이 있어서는 안 될 것입니다. 제가 2004년에 독일을 방문했을 때, 그곳 내무차관과 건설교통차관 등과 만나서 이 문제를 이야기했습니다. 마침 건설교통차관이 동독 출신입니다. 그래서 적극적으로 동서독 지역 격차를 해소하기 위해 노력하는 모습도 보고 이야기했습니다. 가장 큰 애로사항이 도시계획을 세우고 밀고나가야 하는데 못하는 것입니다. 왜 못하는가 했더니 동독 지역 개발이 시급한데 대부분 토지소유권 반환소송 문제로 십여 년 묶여 있어서 어떻게 할 수가 없다는 이야기를 들었습니다. 이런 문제를 타개하기 위해서는 김 선생님이 말씀하신 대로 토지 공개념을 바탕으로 토지 공공임대제를 실시한 후 사유화를 추진하는 방향을 적극 검토해야 하지 않겠느냐고 봅니다. 그런데 결국 이 부분도 위헌 문제에 걸립니다. 미래 국가 발전을 위해 일정 기간 현행법상 국민의 권리, 특히 재산권을 제한하는 방안을 내서 국민적인 합의를 어떻게 도출해낼 수 있을지 이것은 사전에 준비를 해야지 상황이 벌어지고 난 다음에 하면 늦습니다. 그래서 일부 실향민은 자신의 토지문서를 소각시키신 분들이 계십니다. 그런데 아직도 토지문서에 집착하고 계시는 분들도 엄청납니다. 이런 부분에 대해서 미리 준비를 하고 있지 않으면 또다시 동서독과 같은 상황이 될 수 있다고 생각합니다. 그래서 이 부분에 대해서 고견을 부탁드립니다.

그리고 이종재 명예교수님께서 하신 교육 통합 부분입니다. 통일정책, 통일방안, 통일교육이라는 근본적인 문제를 거론하시면서 남북 교육 통합 부분을 말씀하실 때 저 자신이 교육 통합 부분에 문외한이라 굉장히 어려웠습니다. 다행히 이 선생님께서 말씀하신 부분을 보니까 공감할 수 있는 내용이었습니다. 발표를 통해서 북한 교육은 교육의 보편적인 가치를 지향하는 방향으로 변화가 필요하다고 하셨는데 당연합니다. 그 다음에 교육의 억압 체제를 풀고 기본적인 인권을 보장하는 자유 속에서 다양한 개성을 신장하는 자율적인 교육 운영 체제로 전향해야 한다고 목표를 정해주셨는데 아주 공감합니다. 그러면서 북한의 교육 체제는 지금 현재 당, 수령 중심의 정치 중심의 일률적인 통치구조 속에서 정치, 경제, 행정체계와 연관관계에 있는 것으로 파악된다고 지적하셨습니다. 그러면서 북한 교육을 바로잡고 제대로 추진해야 한다고 하셨습니다. 그런데 이를 위해서는 남북 교육 통합을 위한 비전, 원칙, 전략 이런 기본구상이 수립해야 하는 것이 아닌가, 이것을 통일정책에 반영해야 하는데, 통일정책이 제대로 안 되고 있는 데 따른 안타까운 심정을 느낄 수 있었습니다. 이 선생님이 지적하신 부분에서 북한에 다가가야 한다는 그러한 뜨거운 열정을 느꼈습니다. 그러면서 남북한 간 교육 통합의 틀에 대해서 지적하셨는데, 남북 통일을 지향하는 단계의 목표와 과제를 고려해서 교육 통합의 방향과 내용, 전략을 구상해야 한다고 해서 교육 통합의 맥락으로 통일정책 수립단계와 교류협력 단계, 급변사태 이후 통일 단계를 구분해서 각각의 경우에 대한 교육 통합모형을 제시해 주셨습니다. 제가 보기에는 교류협력 단계가 가장 중요할 것 같습니다. 가장 효과적인 남북 교육 통합은 교류협력 단계에서 북한 교육 체제의 발전을 지원하는 것이라는 점은 절대적으로 공감합니다. 문제는 교류협력 단계에서 북한이 거부할 경우 어떻게 대처할 것인가 하는 것입니다. 대체로 저희 전문가가 관측하는 것은 북한은 체제 유지를 위해서, 나아가서는 통일을 위해서 핵을 포기하지 않을 것이라는 관측이 아주 우세합니다. 그래서 이런 경우 이 선생님 말씀대로 인도주의적인 차원에서 연성적인 협력과 지원을 통한 기능적인 연계를 시도해야 한다는 입장을 견지할 수 있는 것인지 어떻게 되는 것인지 궁금합니다. 교류협력 단계에서 북한이 비핵과 개방을 거부할 경우에 남북 교육 통합을 위해서 무슨 준비를 해야 되는지 하는 부분을 보충설명해주시면 감사하겠습니다.

박명규●●● : 세 분께서 말씀하신 것들 중에는 각 개인별로 중첩되는 것도 있었습니다. 발표하신 선생님들께서는 답변해 주시기 바라고, 민경찬 선생님이 제일 뒤에 하시면서 음악과

통일 이후 통일을 생각한다

함께 답변해주시기를 부탁드리겠습니다. 그럼 박명림 선생님
부터 부탁드립니다.

박명림● ●● : 먼저 이렇게 뜻깊고 중요한 학술회의에 불러주
신 이영선 총장님과 김용구 원장님께 다시 한 번 감사를 드립
니다. 그리고 토론해주신 김인영 교수님, 조건식 선생님 감사
합니다. 오늘 발표문을 준비하면서 좀 중압감을 가졌던 것이
사실입니다. 지금 단계에서 우리 사회가 나아가야 할 통일 담
론의 철학적 지형과 현실적 조건을 모두 고민해야 했기 때문입
니다. 앞으로 우리가 추구해야 할 비전과 철학을 사실적으로
담아내야 한다는 점입니다.

저는 김인영 선생님이 말씀하신 준거의 문제가 아주 중요하다
고 봅니다. 즉 독일과 1 대 1로 비교하는 것보다는 다른 요소를
고려해야 한다고 봅니다. 게다가 독일과는 동일한 분단국가이
지만 독일과 달리 우리는 전범국가가 전혀 아니었고, 또 국제
협상을 통한 분단과 전쟁을 치른 분단의 과정도 결정적으로 다
릅니다. 민족주의에 대한 인식 역시 독일에서는 부정적이었으
나 한국에서는 매우 강력하고 긍정적인 힘을 갖고 있었습니다.
나치와 식민 통치라는 반대경험 때문이었지요. 그런데 이 부정
성이 독일 통일에는 긍정적인 영향을 미쳤고, 한반도에서의 긍
정성은 통일 문제에 부정적인 영향을 미쳤습니다.

그리고 저는 국민 통합을 볼 때도 이라크, 예멘, 남아프리카공

화국 같은 외국 점령, 분단, 인종 분열 사례도 분단국가 못지않게 함께 분석해 보아야 한다고 봅니다. 이들 사례에도 정면교사나 반면교사로 배울 것이 아주 많다고 생각하기 때문입니다. 한국 문제를 객관적으로 알기 위해서도 이스라엘, 남아프리카공화국, 오스트리아, 파라과이, 스위스, 벨기에, 폴란드 등 한국처럼 강대국과 강대국, 대륙과 해양, 문명과 문명, 인종과 인종, 종교와 종교 사이에 위치한 교량국가들을 주목해야 하지 않을까 생각합니다. 그래야 우리가 통일 문제를 접근하는 데 있어, 분단국가이면서 교량국가인 독일이나 오스트리아, 베트남은 물론이지만 폴란드나 파라과이나 남아프리카공화국, 이스라엘, 벨기에, 핀란드 등이 어떤 국가전략을 사용했는지 알아야 할 것 같습니다. 저는 지금 폴란드, 파라과이, 오스트리아는 조금 집중해서 보고 있습니다. 독일 문제에 집중했던 때와는 조금 다른 것이 보이지 않는가 생각하고 있습니다. 그래서 선생님의 지적에 동의합니다. 서독과 남한, 동독과 북한에 대한 비교도 동의합니다.

다만 통일과 통합의 순서 문제는, 통일 이전의 통합과 통일 이후의 통합을 모두 말하고 있는 것이 저의 논문이라서 그런 혼선이 왔던 것 같습니다. 저는 이 문제를 기존의 통합이론은 물론 통일 이후 변혁과 통합에 대한 최근의 독일의 논의를 염두에 두면서 발표한 것입니다. 통일 이후의 통합과 변혁, 여기서 말하는 변혁은 통일 이후 독일, 특히 동독 지역의 transfor-

통일 이후 통일을 생각한다

mation을 말하는데 전환이라고 부를 수도 있을 것 같습니다. 조건식 선생님께서 변혁이 갖는 좀 강한 의미에 대해 말씀하셨는데 미국의 정권 변동을 의미하는 변혁이 아니라 통일 이후의 독일의 변혁을 유념하면서 통일 이전 단계부터 적용해보고 싶었던 것입니다.

다음으로 민족주의 문제입니다. 제가 통일 문제에 대한 민족주의적 접근을 긍정하면서도 비판하는 것은 나름의 이유가 있습니다. 민중적 민족주의가 추동한 생존과 통일에의 열정은 인정할 수 있지만, 남과 북의 민족주의는 공히 반反국제성을 초래하여 분단 문제의 국제적 본질을 깨닫지 못하게 하고 통일 문제에 대한 주변의 협조를 얻는 데 상당한 부담을 초래했다고 봅니다. 강대국들의 많은 비밀문서를 보면 이 점은 분명한 것 같습니다.

저는 한스 콘의 이론에 기반한 한국의 민족주의 논의가 잘못되었다고 생각합니다. 한국은 그가 말하는, 그리고 서구와 한국의 거의 모든 학자들이 말하는 종족적 민족주의나 시민적 민족주의이 양자 범주로는 파악되지 않는 사례라고 믿습니다. 거의 모든 학자들이 전자로 분류하고 공격하고 있으나 이는 문제를 잘 못 본 것이라고 생각합니다. 유럽의 경우에도 독일, 프랑스, 이탈리아의 민족주의자들은 민족주의와 지역주의, 민족성과 유럽성을 같이 고민하고 있습니다.

한국의 민족주의는 오랫동안 더더욱 지역성과 보편성을 내장하지 않으면 안 되었습니다. 저는 그 점에서 한말의 문건들을 다시 읽으며 한국 민족주의를 이론적으로 재구성하려 시도하고 있습니다. 최소한 시민민족주의와 종족적 민족주의와는 다른 일종의 국민민족주의plebiscitarian nationalism가 아니었나 싶습니다. 한국은 전통시대에 이미 오랫동안 한 백성, 한 국가, 한 국민으로 주어져 있었기 때문에 하나의 국민으로 의식되고 통합되기 위한 종족적·문화적 기반이나 위로부터의 동원이 거의 필요 없었다고 봅니다. 이는 한·중·일이 놓여 있던 동아시아 전통질서의 특징을 이해하지 못하면 알 수 없는 점이라고 봅니다. 서구의 학자들이 이 점을 전혀 이해하지 못하기 때문에 한국의 민족주의를 종족적이라고 유형화하고 있는 것 같습니다.

그 다음에 조건식 고문님이 말씀하신 부분은 앞의 것은 이미 말씀드린 것 같습니다. 그리고 뒷부분은 참 어려운 문제인데 저는 이것을 최대 강령적 통일과 최소 강령적 통일로 나누어서, 후자를 선택한 가운데 평화공존으로부터 출발해서 북한이 보편가치로 나아온 연후에 통일로 나아가는 경로를 생각해보고 있습니다.

저는 그런 점에서 이명박 정부 하에서의 민간과 정부의 역할에 대해서 말씀드리면 먼저 정부의 경우 서독의 콜 정부나 미국의 닉슨 정부의 사례를 따르는 것이 제일 좋다고 생각합니다. 어떻게 보수 정부가 이념이 아닌 실용주의로 나아가 중국의 문을

통일 이후 통일을 생각한다

열고 독일 통일을 달성했는지 잘 보여주고 있거든요. 저는 DJ와 노무현을 거쳤기 때문에 이명박 정부는 아주 좋은 조건을 가졌다고 생각합니다. 조금만 온건했으면 남한 보수 정부가 제시한 트랙으로 올라오지 않을 수 없는 북한 체제가 대화와 협력 이외에는 길이 없지 않았을까 생각합니다. 그러나 전혀 그렇게 하질 않았습니다. 참으로 안타깝게 생각됩니다. 기회를 놓치지 않았나 합니다. 천안함 사건 역시, YS정부 때 김일성 사망 및 조문 파동과 유사하다고 할 수 있습니다. 남북 정상회담 합의에도 불구하고 그때의 조문파동으로 인해 결국 퇴임 때까지 김영삼 정부 하에서 남북관계는 중단되고 말았는데 천안함 사건으로 인해 임기 동안 남북관계를 중단할 것인지 신중하게 생각해야 한다고 봅니다.

민간 부분의 경우 전통적인 투 트랙 접근이 좋다고 봅니다. 정부와 민간이 역할을 나누는 것이지요. 그러나 현재처럼 모든 민간 접촉과 협력을 차단하면 투 트랙 접근은 불가능하며, 막상 남북관계가 개선될 상황이 오더라도 교류협력이 정상화되려면 상당한 시간이 걸리지 않을까 싶습니다.

박명규●●● : 박 선생님 감사합니다. 김영윤 선생님 부탁합니다.

김영윤●●● : 감사합니다. 이번 심포지엄의 제목이 '통일 후의 통일을 생각한다' 입니다. 제가 생각하는 앞의 통일은 형식적, 제도적, 정치적인 것이고, 뒤의 통일은 내용적, 질적이고 사회적인 것이라고 생각합니다. 그래서 제가 논문을 쓸 때는 통일이 일단 급진적으로 되고 난 다음에 그 내용을 가지고 종합적으로 쓰려고 했습니다. 제가 생각하기에 급진적인 통일은 상당히 경계를 해야 한다고 봅니다. 그럼에도 불구하고 독일의 경우를 보면 누구도 통일을 생각하지 못했는데 통일이 되었습니다. 그 뒤를 보면 독일 통일이 우리에게 주는 교훈이 크다고 생각합니다. 통일이 된 지 20년이 되었는데 이 통일보다 더 좋은 것이 있으면 가지고 나와 봐라, 이렇게 이야기하고 싶습니다. 우리가 통일을 하기 위해서 헌법 4조에 자유민주주의의 평화통일, 시장경제를 명시해 놓았습니다. 자유민주주의 시장경제의 평화통일을 추진하는 것이 분단을 극복하는 우리의 의무입니다. 그리고 66조에는 대통령이 그것을 지향해야 한다고 되어 있습니다. 그렇다면 독일 통일을 보세요, 자유민주주의 아닙니까, 시장경제가 아닙니까, 또 평화적입니다. 기본적으로 사회주의 체제가 자본주의 체제로 전환이 되는 통일이었습니다. 이 이상 더 좋은 것이 어디 있는가 그렇게 생각합니다. 그리고 통일을 보고 배우고 교훈을 얻으려는 것이 무엇을 얻으려고 하는 것입니까. 통일의 방법, 내용, 과정 이런 것을 보고 얻을 것이 있는지 연구하는 것입니다. 그런데 독일 통일은 급작스럽게 이루어진 것 같지만 그 이전에 엄청난 교류와 협력이 있었

통일 이후 통일을 생각한다

습니다. 그리고 독일 통일에서 가장 중요한 것은 동독 주민이 그것을 원했다는 것입니다. 장벽이 무너지고 난 다음에 '우리는 한 민족이다' 라고 이야기했을 정도로 통일을 원했습니다. 그렇다면 그 사람들이 가만히 있으면서 말로만 통일하자고 했을까요. 동독 사람들은 그전에 서독이 잘 사는 모습을 목격하며 통일이 되면 우리도 잘 살 수 있다고 생각했기 때문입니다. 또 자유롭고 평화로운 곳에 살 수 있다고 생각했습니다. 그래서 콜 수상이 이야기한 10개 조항을 거부하고, 드메지에르가 조약공동체를 거부하고 통일을 이룬 것입니다. 주민이 스스로 통일을 원했습니다. 이런 것이 독일의 통일인데 우리에게 나쁜 것입니까, 저는 우리도 할 수 있다면 그렇게 해야 한다고 생각합니다. 그리고 질문하신 두 가지에 대해 말씀드리면, 그렇게 되었을 때 헌법 위반이고, 거주 이전의 자유를 제한하게 됩니다. 동서독의 경우가 그렇게 했기 때문에 문제가 있었습니다. 우리는 그것을 보고 그렇게 하지 않도록 하는 방법을 찾아야 합니다. 이는 남북한의 국경을 열고, 오고 싶은 사람 다 받아들여서 함께 안 되는 방향으로 가는 게 아닙니다. 그래서 초헌법적인 면이 발동되어야 합니다. 동독의 경우에도 조약을 체결하고 통일이 된 것입니다. 우리도 북쪽에서 계속 정부가 있으니 어떤 조약을 통해서 그때까지의 시간을 계속 연장을 시켜야 합니다. 어느 정도 통일에 필요한 조건을 충족시킬 때까지는 연장시키는 것이 좋을 것 같습니다만, 이러한 결정이 헌법에 위반되는 것인지에 대해서는 고민이 필요합니다. 만약 헌법에 위반되는 결정이라면 초헌법적인 측면에서 통일이라는 보다 큰 문제를 해결한다는 인식 하에 이러한 논란을 사전에 미리 종식시키는 노력이 필요하다고 생각합니다.

다음으로 토지문서의 같은 경우에 있어서는 그것을 인정하지 않는 방향으로 하는 것이 좋지 않겠는가 하는 생각입니다. 물론 이것도 헌법 위반이 될 수 있을 것입니다. 그러나 문제는 남한에 토지문건을 가지고 있는 사람 중에 통일된 후에 그 땅을 찾기 위해서 공증까지 받아놓은 사람도 있습니다. 그런데 나중에 통일된 후에 '이것이 당신 토지입니다' 라고 확인해줄 방법이 없습니다. 북한에 토지 원부가 있어야 하는데, 그 원부가 대조가 되어서 '당신 토지 맞습니다' 고 해야 하는데, 제가 알기로는 북한은 그러한 문서를 다 불태웠습니다. 그렇다면 확인할 수 있는 방법이 없는데 무조건 찾겠다고 하면 엄청난 부작용이 생길 것 같습니다. 따라서 공공임대제를 통해 당분간은 기존의 소유권을 유지하는 방법을 생각해왔습니다. 남쪽 사람들은 그동안 북한 체제보다는 더 좋은 체제에서 어떻게 보면 더 행복하게 살았으니 좀 양보하는 것이 좋지 않겠느냐 이런 생각 때문입니다. 여기에는 국민적인 합의 도출이 중요한데, 충분히 합의를 도출해 나갈 수 있다고 생각합니다. 정부가 어떤 집행권을 갖느냐에 따라서 다르지 않겠습니까. 박명규 교수님도 지금 이명박 대통령이 통일세를 이야기해서 통일 논의가 활성화되었다고 이야기합니다.

통일 이후 통일을 생각한다

통일세라는 말이 통일이 임박했을지도 모른다는 의미로 들립니다. 김정일의 건강, 후계체제도 삐걱거리는 등의 문제가 있으니까 그 대비적인 차원에서 우리나라 전체가 통일세 문제, 통일 비용을 생각해 보자는 분위기가 형성되었으니, 합의는 마음먹기에 따라서 할 수 있다고 생각합니다.

박명규●●● : 감사합니다. 임홍빈 교수님 부탁드립니다.

임홍빈●●● : 송승철 선생님께서 몇 가지 지적을 해주셨습니다. 우선 감사드립니다.

송선생님께서 지적하신 문제 가운데 하나는 김 선생님께서도 말씀하셨듯이 '통일 후의 통일을 생각한다' 라는 말에는 '통일'이란 말이 두 번 나타나는데 그 두 '통일'이란 말을 지금 어떻게 해석했는가 하는 것과 관련이 됩니다. 저는 먼저 형식적인 통일, 외부적인 통일이 이루어진 후에 내부적인 통합을 생각해 보는 방향으로 해석했습니다. 통일의 문제는 사실은 여러 가지 방법이 있잖아요, 전쟁으로 할 수도 있고, 이종재 선생님이 정리해주신 그런 부분도 있습니다. 그것은 남한의 유형 2의 통일 방식이 전쟁이고 유형 3이 흡수통일이고, 유형 1이 민족공동체 통일입니다. 제 발표는 그러한 단계를 타임머신으로 다 통과한 후의 이야기입니다. 어떤 경우에는 혼란이나 희생이 따를 수도 있을 것입니다. 결국 그런 과정을 다 통과한 후에 남북이라고 하는 사회적인 통합 혹은 언어적인 통합을 어떻게 할 것인가 하는 문제에 초점을 맞추었습니다. 그런데 그 경우에도 남쪽이 생각하는 통일이 이루어진 후를 생각해 보았습니다. 우리가 생각하기에 북한 주도의 통일이 이루어질 경우, 혹은 북한에서 이야기하는 유형 5의 통일이 이루어진 후의 통합에 대해서는 별로 이야기할 것이 사실 없습니다.

지금 우리가 생각해 볼 수 있는 안은 흡수통일이든지 남북공동체 통일이든지 남한 주도의 통일이 이루진 뒤의 문제입니다. 그런 상태를 가상할 때, 지금 남쪽 학자들 사이에서 흔히 이야기되고 있는 남북 언어 이질화 극복 방안이라는 것을 다시 검토해볼 필요가 있다는 것입니다. 지금 남북 언어 이질화 극복 문제를 논의하는 많은 학자들이 생각하고 있고, 또 제안하고 있는 방안은 남북한의 어문 규정들을 절충하는 방식으로 언어 통일이 이루어져야 한다고 생각하는 경향이 있습니다. 그러한 식의 이야기들을 많이 하고 있고, 그렇게 믿고 있는 사람들이 많이 있는 것으로 생각됩니다.

그러나 논의가 그런 방향으로 나가는 것을 어떻게 해서든 적극 막아야 합니다. 남북 언어 이질화를 극복하는 방안이 남북한의 어문 규정들을 절충해서 이루어지는 것은 아니라는 인식을 분명히 해야 하고, 그러한 입장을 확고히 할 필요가 있습니다. 정책 담당자들이나 입안자들이 먼저 확고한 입장에 서야 합니다. 학자들의 생각에 끌려다녀서는 안 됩니다. 학자들은 자유입니다. 무슨 이야기든 할 수 있습니다. 그것이 통일조국에 해가 될 수 있을지도 모르는 안을 마음대로 제안할 수 있습니다. 지금은 통일이 된 것도 아니기 때문에, 그것이 어떠한 폐해나 부작용을 가져올지도 모르니까 더 마음대로 안을 제시하는 것입니다. 남한의 맞춤법보다 북한의 맞춤법이 훨씬 더 과학적이고 논리적이라고 생각하는 사람들까지 있습니다.

그러나 정책을 추진하는 입안자들은 맞춤법 규정으로 선택할 수 있는 후보 대상은 둘 밖에 없다는 것을 확실히 알아야 합니다. 남쪽이 통일을 했을 때 무엇을 선택할 것인가? 물론 당연히 남쪽 것을 선택해야 합니다. 남쪽이 통일을 주도했는데 무엇 때문에 북쪽 것을 선택하겠습니까? 하지만 이런 반론을 할 사람이 있을지도 모릅니다. 북쪽 것이 훨씬 더 과학적이니까 그것을 선택할 수도 있다고 말합니다. 그러나 맞춤법에 관한 한 과학적이라고 하는 것이 절대적인 기준에 의해서 결정될 수는 없는 문제입니다. 양적인 논쟁이나 질적인 논쟁에서 어느 쪽이 상대쪽을 확실히 능가할 수 있는 것은 아닙니다. 둘 다 이길 수 없습니다. 예를 들어, 사이시옷을 북한은 전혀 쓰지 않습니다. 그러나 한국은 사이시옷을 받침이 없을 때만 쓰고, 받침이 있을 때는 쓰지 않습니다.

그러니 통일이 된 참에 남한의 맞춤법도 아니고 북한의 맞춤법도 아닌 것으로 합리적인 것으로 정하자고 제안할 수 있습니다. 그러나 그것은 현실을 고려하지 않는 학자나 이상을 우선시하는 사람이 제안하는 것이지 현실은 그렇지 않습니다. 현실은 비용을 지불해야 합니다. 통일한국이 남한의 맞춤법을 선택한다고 했을 때는 북쪽 맞춤법으로 된 책은 모두 남쪽이 만들어주어야 합니다. 북쪽 맞춤법으로 된 사전은 전부 폐기하고 남쪽이 모든 사전을 다 만들어주어야 합니다. 그렇게 되어야 하는 범위는 사전이나 교과서 정도에 그치는 것이 아닙니다. 남쪽은 여행 티켓을 사는 데도 인터넷을 이용하는데 거기에는 가나다순이 작용합니다. 남쪽 것이 선택되었을 때는 북쪽의 가나다순이 작용하는 모든 소프트웨어를 우리가 다 바꿔줘야 한다는 것입니다. 남한의 인구가 많기 때문에 그쪽으로 통합이 되어야 한다는 것을 의미합니다만, 그것 이상을 의미합니다. 인구나 어문 규정 기반 소프트가 많은 쪽으로 통합되는 쪽이 비용이 덜 든다는 뜻입니다.

그리고 그 비용이 덜 든다는 식의 효율성에 기반한 인식은 세계가 통합될 시 인구가 가장 많은 중국을 기준으로 하는 것이 좋을 것이라는 식의 단순 논리와 다를 바 없습니다. 만약 중국을 기준으로 나머지 언어를 모두 통합한다면, 중국이 그 비용을 모두 감당해야 합니다. 단순히 중국과 다른 나라를 비교하는 식이 되어서는 안 됩니다. 중국과 나머지 세계를 비교해서 중국의 인구와 나머지 세계 인구를 비교해야 합니다. 즉 나머지 세계 전체가 많은지 중국이 많은지를 비교해서 어떤 언어로 바꾸어야 하는지를 결정해야 할 것입니다. 이것은 순수히 이론

통일 이후 통일을 생각한다

적인 문제입니다. 이는 전혀 현실적인 문제가 아닙니다. 송승철 선생님이 지적하신 바와 같은 그런 문제는 사실 발생하지 않을 것입니다. 동기가 전혀 없기 때문입니다. 세계를 통합시켜야 한다고 하는 가상을 할지 몰라도 그런 모티베이션은 생기지 않을 것이라고 봅니다. 맞춤법 혹은 국가적인 언어적 규범에 관한한 과학성을 따져서 네가 옳고, 내가 옳다는 식으로 생각하기 쉽습니다. 그러나 그런 것이 아닙니다. 어떤 것은 맞춤법이 틀린 것도 있습니다. 그런데 그러한 것이 혹 있다고 하더라도, 가능한 한 고치지 말자는 것이 맞춤법의 대원칙입니다. 맞춤법의 원칙은 과학적으로 가장 옳은 것을 정한다는 것이 아니라, 일단 정해진 것은 과학적으로 다소 문제가 있어도 그냥 지켜나간다는 것입니다. 예를 들어 '서술격 조사' 는 과학적으로 보면 온당한 것이 아닙니다. 그런데 일단 '서술격 조사' 를 바꾸면 나머지 과학적으로 문제가 되는 부분을 다 바꾸어야 합니다. 그래서 얻는 결과가 무엇인가를 생각해보아야 합니다. 무엇 때문에 그것을 바꾸느냐 하는 것입니다. 이론적인 효과가 없지는 않을 것입니나만, 비용이 너무 많이 듭니다. 그런데 이상한 것은 최근에 와서 '서술격 조사' 도 괜찮다고 하는 학자들이 생겨나기 시작했습니다. 제일 처음에 강조하려고 하는 것은 통일되었을 때 어떤 사람이 어떤 순간에 무엇인가 정책을 결정하고 실행시켜나갈 것인데, 이때 자칫 판단 착오를 일으켜서 민족을 영원히 헤어나올 수 없는, 혹은 헤어나오기 힘든 구렁

텅이로 몰고 갈 수가 있다는 것입니다. 자기것이 최고라고 생각해서 그쪽으로 밀고 갈 가능성이 있는데, 이런 경우 어떻게 그 해악이나 폐해를 막을 것인가 하는 큰 문제가 발생합니다. 이것은 정책을 담당하는 사람들이 가장 현명한 위치에서 결정을 해야 하고 결정을 하기 전에 상당한 식견을 가져야 하고, 또 상당한 정도의 실험도 해 보아야 합니다.

박명규●●● : 감사합니다. 김재용 선생님 부탁드립니다.

김재용●●● : 송 교수님의 논평 감사합니다. 두 가지 정도 말씀해주셨는데 아는 범위 내에서 말씀드리겠습니다. 하나는 체제를 따르지 않는 작가를 말씀하셨는데, 오늘 홍석중의 《황진이》, 그리고 그와 전혀 반대되는 《폭풍이 큰 돛을 펼친다》라는 한 작가가 썼다고 하기에는 어려울 정도의 두 작품을 소개한 이유는 바로 그런 점 때문입니다. 제가 이전에 제일 많이 듣는 질문은 '왜 북한 문학을 공부하는가' 는 눈초리입니다. 왜냐하면 북한 문학은 개인숭배문학인데, 그런 개인숭배문학을 한 연구자가 한평생을 걸고 연구하는 것이 안타까워서 그런 것 같습니다. 저는 그래서 《황진이》를 소개한 측면이 강합니다. 저는 그러한 인식이 냉전구조에서, 본의이든 아니든, 왜곡된 것이 얼마나 만연하고 있는지를 반증하기 위해서 소개한 것입니다. 《황진이》를 소개하니까 또 어떤 현상이 있느냐, '북한에 반체제가 참 많네' 라고 물어봅니다. 저는 전혀 없다고 말씀드립니다. 바로 《황진이》를 쓴 사람이 바로 《폭풍이 큰 돛을 펼친다》라는 책을 씁니다. 그러니 어떻게 반체제가 가능하겠습니다. 사실은 '북한 문학 뭐가 있는가', '북한에 반체제가 많은가' 라는 식의 우리가 가지고 있는 남한 사회의 경직성을 느낍니다. 북한도 경직되어 있지만 남한도 상당히 경직되고 편협하다고 느낍니다. 제가 북한과 통일문학을 통해 교류하면서 북한 작가를 만날 때 듣는 이야기는 저도 놀라울 정도입니다. 옆에 안내원이 없을 때 하는 이야기들은 굉장합니다. '그런 말을 하고도 살아남을 수 있나' 라는 생각이 들 정도입니다. 물론 거기에는 홍석중의 《황진이》가 소개된 이후에 홍석중씨가 번 돈이 엄청나다는 것을 본 경험도 작용합니다. 남쪽의 인세, 영어, 중국어 그리고 일본의 인세, 그리고 남쪽에서 영화화 할 때 시나리오 인세가 있어서 돈이 엄청납니다. 그런데 상당 부분이 당으로 들어가더라도, 사실 밑으로 준 돈이 있기 때문에 그 돈은 전적으로 홍석중 돈입니다. 그래서 북한작가동맹 안에서는 홍석중의 돈 번 이야기는 아주 쟈다합니다. 그리고 홍석중씨가 돈을 벌었기 때문에 이 책을 소개한 남쪽의 저를 만나면 자신의 작품을 소개해달라고 부탁합니다. 그분들의 신변보호 때문에 많이 들은 것들을 글로 옮겨 소개하지 못하는 안타까움도 있습니다. 제가 거기서 느낀 것은 남쪽에서 통일이나 분단을 연구하시는 분들이나 사회과학하시는 분들의 많은 관심이 과연 북한에 시민사회가 있는가, 시민사회가 지금은 없지만 가능하겠는가에 쏠려 있다는 것입니다. 저는 그런 말을 들을 때마다 북한 내의 문학으로 대표되고 있는 지식인들에 대한 내면을 검토하지 않고서는 향후 시민사회적 가능성이나 북한 내부의 변화 가능성을 예측하기 어렵지 않겠는가 생각합니다. 그런 점에서 북한 작가들의 내면은 굉장히 좋은 자료라고 생각합니다. 그래서 아까 그런 발표를 했던 것입니다. 유감스럽게 북한 작가들의 이른바 반체제적 발언을 다 소개 못하는 것을 양해해 주시기 바랍니다.

그 다음에 남한작가의 반응인데 《통일문학》이라는 잡지를 하면서 얻는 효과가 여러 가지가 있지만 북쪽 내부의 효과, 영향이라고 한다면 다음과 같은 부분이 중요하다고 생각합니다. 하나는 전통적으로 북한의 작가들마저도 남쪽 작품을 읽을 수 없었습니다. 마치 과거 냉전시대에 남쪽에서 북한 작품을 읽기 어려웠던 것과 같습니다. 그런데 유일하게 북쪽에서 작가들 중에서 남쪽 작품을 읽을 수 있는 사람들은 통일전선부에 배치된 사람들입니다. 그들은 매일 하는 일이 남쪽 사람들의 작품을 읽는 작업입니다. 그런 작가들만 읽었는데, 《통일문학》 잡지를 하게 되면서 부터는 통전부에 소속되어 있는 작가 말고도 일반 작가들도 남한의 작품을 읽게 되는 효과가 있었습니다. 북쪽도 통일문학이 제도화되면서 그것을 방지하거나 금지할 수 없는 명분이 없기 때문에 그런 점에서 일반 작가들도 남쪽 작품을

통일 이후 통일을 생각한다

읽는 의도하지 않았던 효과를 확인했습니다. 이럴 경우 북쪽 작가들이 남쪽 작품을 읽은 소감을 편집회의 때 들으면, 북쪽 작가들의 남쪽 작가에 대한 부러움, 자유에 대한 부러움이 있습니다. 남쪽 문학 작품에 대한 경이로움을 많이 토로합니다. 그래서 저는 교류가 중요하다고 생각합니다. 《통일문학》이라는 잡지가 없었더라면 통전부 소속이 아닌 일반 작가들이 어떻게 남쪽 작품을 마음 편하게 감상할 수 있는 기회가 있었겠는가 하는 점에서 이 잡지가 중요하다고 생각합니다.

마지막으로 김인영 선생님께서 이야기하셨는데, 통일과 통합에 대해 덧붙이겠습니다. 저는 교류 과정 속에서 통일과 통합을 구분하지 않고서는 2000년대 남북의 현실에서 어렵다고 생각합니다. 그래서 통일과 통합을 분리시켜야 한다고 생각합니다. 과거에는 통합이라는 말을 썼지만, 그 통합이라는 것은 일방적인 통합입니다. 남쪽에서 북쪽을 놓고 통합하는 작업이기 때문에 일방적일 수밖에 없습니다. 물론 일방적이라는 것 자체도 의미가 있지만 그것은 한 측면일 뿐이지 쌍방의 교류를 통한 통합이 더욱 중요한 것입니다. 일방적인 통합에서는 자칫 잘못하면 타자와의 위험이 상존하고 있습니다. 그런데 쌍방형 통합은 상당한 타자의 위험이 있더라도 최소화할 수 있는 가능성이 있습니다. 저는 그런 점에서 통일과 통합을 구분하고, 통합을 전통적인 의미의 통합보다는 쌍방적인 통합 쪽으로 해야 한다고 생각합니다. 이것이 처음에 송 교수님 말씀처럼 '우리는 이제 통일이 왜 중요한가, 통합이 왜 중요한가' 에 대한 답이 될 수 있습니다. 이것은 보다 나은 가치, 즉 보다 민주적으로 자유롭게 보다 인간적으로 살 수 있는 그 가치가 결합되어야 하기 때문입니다. 이럴 경우 통일이라는 것은 물론 어떤 통일이냐에 따라서 그 가치가 결정되기도 하지만, 통일은 궁극적으로 힘의 문제, 냉엄한 부분들, 현실정치의 냉혹성을 인정할 수밖에 없다고 한다면 저는 오히려 선생님이 말씀하신 그런 가치의 문제는 통일보다는 통합의 영역 속에서 훨씬 구현될 가능성이 높다고 생각합니다. 그런 점에서 송 교수님이 말씀하신 첫 대목에서의 중요한 말씀을 그런 점 때문에 오히려 쌍방향 통합에 좀 더 관심을 기울여야 한다는 생각을 가지고 있습니다.

박명규●●● : 감사합니다. 이종재 교수님 부탁드립니다.

이종재●●● : 조건식 고문의 코멘트 대단히 감사합니다. 말씀해주신 내용 중에 아무리 좋은 그림을 가지고 있다고 하더라도 교류협력 단계에서부터 북한이 수용하지 않으면 실효를 거두기 어려울 텐데 어떻게 하면 좋겠는가라고 하셨습니다. 제가 보기에 거기에 대해서 더 드릴 말씀은 없습니다. 그런데 북한도 일종의 하나의 체제이기 때문에, 자신의 행태를 수정할 수 있는 논리가 있는 체제가 아닐까라는 생각이 듭니다. 그래서 무언가 북한의 행태를 변경시킬 수 있는 법칙이 존재할 것이라

통일 이후 통일을 생각한다

고 보아서 그런 면에 대한 연구가 필요하고 만약에 그것이 되어 있다면 그에 따라서 우리들 각자의 행태라는 것이 북한의 행태 변화에 주는 영향이 어떤 것인가, 라는 점을 반성적으로 볼 필요가 있다고 생각합니다. 오늘 저는 일송학술대회에 와서 여러 선생님들 말씀을 들으면서 우리가 생각한 것보다는 굉장히 다각적인 교류협력의 길이 있고, 그에 따라 무언가 만들어지고 있다는 이야기를 들었습니다. 그래서 북한과의 교류협력에서 주민들에게까지 무언가 전달될 수 있도록 교류협력의 채널을 다각화시키는 것이 중요하고, 북한이 그것을 받아들일 수 있는 여건을 만들면 좋은 효과를 기대할 수 있을 것 같다는 생각이 듭니다. 이런 차원에서 보면 대북관계에서 지금 북한이 어떻게 하는지는 모르겠지만 컨트롤타워에서 일사분란하게 돌아가는 체제가 있을 수도 있지만 명시적인 컨트롤은 없다고 하더라도 묵시적인 연계 속에서 무언가 이루어질 수 있을 것입니다. 그것을 일종의 행정적인 통제에 의해서 하기보다는 협력적, 통치적인 관계에서 이루어지는 시스템을 생각한다면 우리는 대북관계에서 교류협력의 다각화를 통해 북한이 받아들일 수 있는 여건을 만들면서 굉장히 다양한 노력을 전개하는데 그 노력이라는 것이 우리가 생각하고 있는 가치와 연결될 수 있도록 하는 접근이 필요하다고 생각이 듭니다. 오늘 저는 문학 쪽에서는 《통일문학》 잡지를 한다는 이야기를 처음 들었는데, 이런 것들이 구체적인 예가 되지 않을까 생각합니다.

박명규●●● : 감사합니다. 마지막으로 민경찬 선생님께서 음악과 함께 답변을 준비해주시기 바랍니다.

민경찬●●● : 매곡마다 1절씩만 듣도록 하겠습니다. 맨 처음은 대부분 잘 아는 동요이기 때문에 다 아시는 곡들입니다. 〈개구리〉는 홍난파 선생님이 작곡을 했고, 1930년대 동요입니다. 이런 동요들은 북한에서는 거의 그대로 불리고 있다고 생각하시면 됩니다. 들어보겠습니다.

이 곡은 〈남과 북이 함께 부르는 노래〉라는 제목으로 KBS에서 다큐멘터리로 제작했습니다. 다시보기는 KBS에서 보실 수 있습니다. 다음으로는 가곡 하나를 들어보겠습니다. 〈동무생각〉입니다.

이 노래는 역사적인 배경을 가지고 있습니다.

1923년에 작곡되었으며 우리나라에서는 1940년대 광복 후에 최초의 음악교과서가 나오는데, 그때 이 곡이 수록되었고 오늘날까지 유일하게 한 번도 빠진 적이 없습니다. 여기서 '청라언덕 위에 백합 필적에' 라는 말이 있는데, 청라언덕은 작곡가 박태준의 고향입니다. 푸른 담쟁이 집이 있는 언덕이라는 뜻인데 선교사가 있는 집을 가리킵니다. 선교사들이 우리나라에 와서 3대사업을 했습니다. 교회를 지어 복음을 전파하고, 학교를 지어 가르치고, 병원을 세워 치료했는데, 그것이 모두 모여 있는 언덕이 청라언덕입니다. 동무생각이라는 것도 사실은 첫사랑

통일 이후 통일을 생각한다

을 생각한다는 뜻입니다. 청라언덕은 대구에 있는데 그곳에 동산병원하고, 제일 교회, 신명여학교가 위치합니다. 작곡가는 그곳에서 본 교복을 입은 여학생이 백합처럼 너무 아름답다고 노래를 만든 것인데 이것은 짝사랑입니다. 이 짝사랑의 고백을 마산의 이은상 선생님이 가사로 표현해주셨습니다. 두 분은, 그때 창신학교에 계셨는데, 한 분은 음악선생님이고 한 분은 국어선생님이셨습니다. 이렇게 작곡가의 첫사랑을 동무생각이라는 시상으로 다듬어주신 것입니다. 동무생각이라고 했기 때문에 학교에서는 우정을 나누는 노래로 해석이 되어 지금까지 수록이 되었는데 사실은 첫사랑의 노래입니다. 동무생각은 남쪽 버전이나 북쪽 버전이 여러 가지가 있습니다. 북쪽 버전을 들을 때는 북쪽 사람이 남쪽 사람을 위해서 노래를 부른다고 생각하고 듣기를 바랍니다. 우리도 북쪽 친구를 위해 부르는 노래가 많으면 좋겠습니다.

다음에 분단 이후의 노래를 감상해보시면, 〈아침이슬〉입니다. 이 노래는 남쪽 사람보다 더 많이 알고 있습니다. 다음으로 〈필승코리아〉라는 노래를 들어보겠습니다.

다음은 남한의 대중가요인데, 북한에도 한류가 있습니다. 북한판 한류의 하나인데 굉장히 파격적이었습니다. 북한의 음악적 퍼포먼스의 역사를 많은 바꾼 곡입니다. 김연자라는 가수입니다. 이런 곡이 통합니다. 그리고 김연자의 복장이 통합니다. 굉장히 자본주의적으로 모습이 많이 바뀌었고, 앞으로도 굉장히 많이 바뀔 것입니다. 김연자가 북한에 가서 염려하신 분들이 굉장히 많은데, 김연자가 가서 그만큼 변화를 시켜놓고 그 후에는 걸 그룹이 한 번 가서 몇 번 휘저어놓으면 북한이 엄청 변화가 있지 않을까 생각합니다. 김연자의 공연은 고정관념을 깼습니다. 매번 의상을 갈아입었고, 가수는 항상 무대 위에서 부르고 청중을 객석에서 듣는다는 고정관념을 깨고 객석을 돌아다닙니다. 같이 노래 부르고 하는 모습이 충격적이었습니다. 이렇게 저는 단편적인 것을 말씀드렸는데 한류라는 것이 우리가 알게 모르게 북쪽에서 유행하고 있습니다. 단지 경우에 따라 남쪽인 것을 모르는 경우도 있고, 옌볜가요 혹은 외국가요라고 알려진 경우도 있습니다. 목록은 발제문에 있으니 참고하시기 바랍니다. 젝스키스가 공연했을 때에는 난리가 났었습니다. 이제는 남쪽 음악체계로 갈 수밖에 없습니다. 음악은 결국은 체제의 산물이 아니라, 취향과 성격의 문제라는 것입니다. 언어를 예로 들 때도 남쪽 언어, 북한 언어와 제주도 언어를 비교할 때 저는 동감을 했습니다. 우리 안에서도 계층이 다양하고 취향이 다양합니다. 이것이 음악이 가지고 있는 속성 중 하나입니다. 결국은 음악은 선택의 문제가 되지 않을까 생각합니다. 단 몇 가지는 금지될 수도 있을 것입니다. 보편적 가치를 추구하는 측면에서, 음악에서 금지하는 것은 세 가지입니다. 마약 예찬, 근친상간 예찬, 폭력 예찬인데 한 가지 더 추가가 된다면 상대방에게 자극을 줄 수 있는 애매모호한 것이 추가되면서 통합이 되지 않을

통일 이후 통일을 생각한다

까 생각이 듭니다. 결국은 남북한의 음악은 소리의 문제가 아니라 가사와 기능의 문제로 갑니다. 그 문제만 통제되면 나머지는 선택의 문제로 가지 않을까 생각합니다. 음악을 다양한 문화의 흐름으로 받아들이는 것이 좋지 않을까 생각합니다. 이 글이 미완성이라서 좀 더 구체적인 사례를 들어가면서 완성도를 높이려고 했었습니다. 송 선생님이 지적하신 관점에서 글을 전개시켜보면 재미있는 글이 될 것이라고 봅니다. 구체적인 내용은 나중에 완결본을 참고해주시면 감사하겠습니다.

박명규●●● : 지금부터는 청중 여러분의 질문과 코멘트의 시간을 갖도록 하겠습니다. 그런데 먼저 서울대 홍재성 교수님께 간단한 코멘트를 부탁드리고요. 그리고 사실 총장님으로 앉아 계시지만 이영선 총장님이 통일 문제 전문가이십니다. 총장님께도 종합토론에 대한 총평이나 코멘트를 듣도록 하겠습니다.

홍재성●●● : 그저 평범한 시민으로서 통일 문제에 관심을 안 가질 수는 없습니다. 이 사리에 여러 선생님의 전문적인 발표를 들으면서 여러 생각을 했습니다. 먼저, 통일 문제를 민족 문제로 접근하는 것은 지양하고, 국제 문제로 봐야하며 북한을 인정하고 두 국가 간의 통일로 접근하는 것이 바람직하다는 발표가 많았습니다. 이 경우 이런 학술적인 모임의 전제가 '통일이 필요하다, 통일은 우리에게 당위' 라는 것입니다. 그런데 보통 통일을 해야겠다는 경우 대부분은 민족주의적 접근이 많다고 알고 있었습니다. 북한은 극단적인 민족 문제로 다루고 있습니다. 이것을 국가 간의 문제로 접근한다면 가장 근본적인 문제가 '왜 통일을 해야 하는가' 입니다. 유럽이 유럽연합을 구성한 것과는 전혀 다른 동기가 있을 것으로 생각합니다. 발표하신 선생님 중에서 이것을 국제 문제로 접근했을 때 통일의 당위성을 명료하게 표현해주시면 좋겠다고 생각했습니다.

그 다음에 실제로 통일 논의를 하는데 북쪽이 전혀 다른 정권을 고수하고 있는 경우에 어떻게 해야 할까 하는 질문입니다. 그 대답을 듣기 전에 제가 언어 문제를 공부하는 사람으로서 임홍빈 선생님께 제 의견과 질문을 드립니다. 저는 남북한의 언어 문제가 이질화라든가 이렇게 과장하고 싶지 않으며, 임 선생님께서 분석한 바가 상당히 정확하다고 생각합니다. 분단 상황이 반 세기가 지났어도 음운체계나 문법구조상에는 변화가 없습니다. 그러니까 언어학적인 관점에서 남한의 한국어나 북한의 한국어나 단일어라는 것은 자명합니다. 그런데, 그럼에도 남북 간 차이는 분명히 있습니다. 그 차이의 층위나 양상을 여러 가지로 분석해볼 수 있습니다. 제가 보기에 방언적인 차이나 문화적 차이나 이것은 심각하다고 생각하지 않습니다. 중요한 것은 이념적 이질성이나 체제적 이질성이라고 표현한 것이 결국은 통일한다면 한국어가 둘이 된다는 것입니다. 그 차이를 최소화한다고까지는 아니더라고 접근시키는 것은 필요하다고 했을 때 가

통일 이후 통일을 생각한다

장 문제가 되는 것이 체제적 이질성, 이념적 이질성, 어휘 차원
에서 나타나는 단순히 어휘 차원이 아닙니다. 전혀 다른 의미로
사용하기 때문에 이 문제가 상당히 어려운 문제로 대두될 것 같
습니다. 이 문제는 다시 언어 문제가 아니라 정치, 사회, 이념적
인 문제로 회귀하기 때문에 고답적인 문제가 되어버렸습니다.
그런데 사실 저는 여전히 유효하고 중요하다고 생각합니다. 이
것과 관련해서 말씀을 드리겠습니다. 통일을 논의할 때 남북한
언어의 통일이나 통합이라고 하는 것은 성립될 수 없는 표현이
고 남북한 언어의 차이를 줄이는 것의 문제라고 봅니다. 그리고
언어 규범을 통일해야 하는 것은 박명림 선생님이 발표에서 표
현했듯이 통일국가를 이루었을 당시의 문제가 되는 것이고, 그
때의 문제를 임홍빈 선생님이 논리적으로 분석을 하신 것으로
보고 동의한 부분도 많습니다. 그런데 그 단계가 가기 전까지,
임 선생님 표현으로 말씀드리자면 통일에 대비하는 남북한 언
어의 차이의 문제를 다루어야 하지 않겠는가, 라고 생각됩니
다. 첫째는 맞춤법 규정 통일 그것도 중요하지만 언어 사용자
기 제일 중요합니다. 한마디로 남북한이 소통을 잘하기 위해서
는 교류를 해야 되는데 서로 말과 글을 주고받고, 그것을 통해
서 서로를 이해하고, 최소한 서로 이해하고, 인정하는 것이 중
요합니다. 그리고 서로를 신뢰하고 통일 논의를 하는 단계를
거친다면, 최소한 공존의 단계까지는 가야 하는데, 그것을 위
해서는 지금까지 막혀 있는 커뮤니케이션의 장벽을 어떻게 해

서든 완화시키고 해소시키는 것이 중요하다고 생각합니다.

이런 의미에서 현재 가시적인 국가정책으로 결정되어서 추진되는 것이 《겨레말큰사전》이라고 해서 남북한 통일 대사전을 편찬하는 작업을 2004년부터 시작했습니다. 국회에서 법인도 설립하고 예산 지원도 결정해서 2013년에 완간을 계획하고 작업 중입니다. 독일은 통일되기 이전에 100년에 걸쳐서 19세기에 시작한 통일 독일어사전 편찬 작업을 완성해서 출간했습니다. 최종적으로는 단일로 출간하지 못하고 통일되기 전에 동독과 서독 따로따로 발간을 했습니다. 지금 《겨레말큰사전》의 내용을 정확히는 모르지만, 계획상으로는 2013년에 완간하는 것으로 작업을 진행하고 있습니다. 여기에서 이런 작업의 의의나 의도는 통일에 대비해서 중요하지만 그것을 구체적으로 실현하기 위해서 '어떤 사전을 만들 것인가'와 더불어 사전의 모형이나 설계가 제대로 된 것인지에 대해 여러 가지로 평가할 수 있다고 생각됩니다. 2013년에 결과물이 정말 나올 수 있는가는 다른 문제라고 봅니다. 임홍빈 선생님께 통일을 대비해서 구체적으로 이루어지고 있는 《겨레말큰사전》 편찬 사업에 대해서 어떻게 생각하시는지 묻고 싶습니다.

임홍빈●●● : 홍재성 선생님께서는 두 가지 문제를 지적해주셨습니다. 하나는 남북의 언어가 체제와 관련된 이질성을 많이 가지고 있는데 그것을 어떻게 하는가 하는 문제이고, 다른 하나는 《겨레말큰사전》 편찬을 어떻게 생각하는가 하는 것입니다. 어휘의 문제에 대해서는 '해방처녀'와 관련해 부분적으로는 발표에서 말씀드렸습니다. 남쪽과 북쪽 언어 사이의 문법적인 이질성은 거의 없는 편입니다. 있다고 해도 그것은 극히 일부분에 지나지 않습니다. 기초 어휘도 상당히 일치하는 편입니다. 기초 어휘에 관한 한, 그리고 문법적인 사항에 관한 한, 남북의 언어는 거의 완전한 동질성을 유지하고 있다고 할 수 있습니다. 남북 언어 이질화에 대해 다소 낙관적으로 말씀드린다면, 이 완전한 동질성이 체제적 이질성을 극복하는 원동력이 되는 것이라고 할 수 있습니다. 이 원동력에 의해 체제적 이질화를 겪은 단어라도 그 의미를 파악하는 데 큰 어려움을 겪지 않게 될 것으로 생각합니다. 남북 언어 이질화를 인정하지 않는 분들도 적지 않은데, 그분들이 말하고 있는 것은 이 부분이라고 생각됩니다.

이 외에 어휘적 측면에서 북한어가 가지는 체제적 이질성은 자연 언어적인 것이 아니라 인위적으로 강제되거나 강요된 것입니다. 그렇기 때문에, 남북이 통일된다는 것은 일단은 그러한 외부적이며 인위적인 강제가 없어진다는 것을 의미하기 때문에, 체제적 이질성은 아마도 쉽게 극복될 수 있을 것으로 생각합니다. 물론 그렇게 쉽게 없어지지 않을 단어나 의미도 있을 것입니다. 그것은 역사적 단어나 의미로 남게 될 것입니다.

《겨레말큰사전》에 대해서도 부분적으로는 발표에서 언급했습니다. 이 사전 편찬에 대해 저는 잘 알지 못합니다만, 남북이 분단된 이래 남북의 학자들이 서로 얼굴을 맞대고 언어 문제를 이야기하면서 남북의 통일사전을 만들기 위한 작업을 한다는 일 자체는 민족의 통일을 위해 매우 큰 의미를 가진다고 생각합니다. 이 사전 편찬 과정을 통해 남북의 학자들은 서로 알지 못하던 것을 알게 될 것이고, 서로의 언어에 대해서도 이전에 알지 못하던 것을 더 많이 알게 될 것입니다. 사전 편찬의 경험도 서로 나눌 수 있고, 그러한 과정에서 부분적으로 이질성을 극복하려는 노력도 하게 될 것입니다. 이러한 일련의 작업은 통일을 위해 매우 큰 의의가 있는 일이라 할 수 있습니다.

그러나 개인적으로 이 일은 아무래도 통일을 '위한' 밑거름과 같은 성격을 가지는 것이라고 생각합니다. 어떤 이는 이 편찬 작업을 통해 남북의 통일에 '대비한' 어떤 구체적인 결정을 해 나가는 것으로 언급하고 있습니다. 그러나 여기에는 원리적인 큰 차이가 있는 것으로 생각합니다. 가장 중요한 것은 어문 규정입니다. 《겨레말큰사전》을 편찬하면서, 실제로 통일한국이 쓸 어문 규정을 만들어나간다는 것은 불가능한 일은 아니라고 하더라도 원리적으로 받아들이는 것이 어려운 것은 아닐까 하는 것입니다. 왜냐하면, 통일한국에는 남과 북이 따로 없는 것이기 때문입니다. 그것은 우리나라가 남북의 대치가 첨예화된 지금과는 전혀 다른 상황에 있게 된다는 것을 의미합니다.

남북의 대치가 없어진 뒤의 어문 규정을 남북이 대치한 상태에

있는 남북 관계자가 만든다는 것은 지나친 낙관론이거나 월권
이라는 생각을 떨쳐버릴 수 없습니다. 발표에서도 말씀드렸습
니다만, 남북이 지금 어문 규정을 만들면 반드시 절충식이 됩
니다. 그러나 그것은 발표에서 말씀드린 바와 같이 필연적으로
남쪽의 것도 다 못 쓰게 만들고 북쪽의 것도 다 못 쓰게 만드는
방식이 됩니다. 이 점을 관계자나 담당하시는 분들이 명심하고
있어야 할 것이라고 생각합니다. 그것은 불필요한 비용을 너무
많이 들이는 것입니다. 그러나 통일한국이 그처럼 어리석은 선
택을 하리라고는 생각되지 않는 것입니다.

박명규●●● : 감사합니다. 총장님 말씀 듣기 전에 학생 중에 질
문하실 분 해주시고, 마지막으로 총장님 말씀을 들을까 합니다.

청중질문●●● : 한림대 사학과 학생입니다. 남북 협력에서 단
계별로 많은 정책들을 말씀하셨는데, 중요한 것은 그것을 막고
있는 3대 세습이 이루어지고 있는 '왕족국가' 인 북한이 있다는
사실입니다. 아무리 우리가 북한 주민에게 변화를 주려고 하지
만 억제하고 있는 북한의 통치기제를 어떤 방식으로 무너뜨리
거나 혹은 내부에서 무너지게 하는 방법을 찾아야 할 텐데, 그
방법론에서 우리가 북한에서 연대할 수 있는 흐름을 만들려면
어떤 방법이 있는지 궁금합니다.

박명규●●● : 감사합니다. 종합토론을 끝내고 시원하게 해답을 얻고 가는 심포지엄보다는 답답하고, 할 일을 가지고 가는 것이 한국의 학계와 미래를 위해서는 좋다고 생각합니다. 그런 점에서 여러분은 답을 얻지 못하는 부분은 너무 속상해하지 마시고, 여러분이 스스로 그 답을 찾아주시고, 한림대학교가 그 답을 찾는 자리가 되기를 부탁드립니다. 마지막으로 이영선 총장님의 총평을 듣고 종합토론을 마치겠습니다.

이영선●●● : 제가 총평할 수 있는 준비가 되어 있지는 않습니다. 박명규 교수님은 제가 예전에 통일에 대해서 얘기도 하고 생각하는 것을 알고 계셔서 기회를 주셨는데 3분만 이야기하겠습니다. 제가 1991년에 독일이 통일된 모양을 몇 교수님들과 가서 보았습니다. 그런데 그때 제가 지금 그분의 이름을 대면 다 아시는 분께서 그걸 보고 흥분하셔서 우리나라도 곧 통일된다고 하셨습니다. 제가 생각하기에는 아니라서 내기했습니다. '앞으로 10년 안으로 통일이 되면 내가 한달치 월급을 주고, 아니면 나에게 한달치 월급을 줘라' 약속했습니다. 제가 10년 전에 이겼습니다. 그분의 관점은 동독이 너무나 못 살아서 이렇게 되었는데 북한은 더 못 사는데 어떻게 지탱이 되겠는가는 식의 경제적 관점에만 초점을 두었다고 봅니다. 제가 경제학을 하지만 꼭 그것 때문만은 아닐 것이라는 생각으로 저는 20년이 지나도 안 된다고 봤습니다. 저의 관점은 통일 문제가

통일 이후 통일을 생각한다

결코 경제, 정치적 문제에 국한된 것은 아니고 우리 사회의 모든 측면에 포괄적인 문제이고, 그런 접근이 되어야 통일에 대한 연구를 할 수 있을 것이라고 생각했습니다.

그런 생각을 가지고 연세대학교에서 통일연구원을 만들고 한동안 원장을 했습니다. 그러면서 통일 비용에 대한 추산도 해보고, 제도도 제시해보고 했는데 느낀 것은 중요한 과제임에도 불구하고 우리가 공부할 수 있는 자료가 너무 깊이가 없고 충분치 않아서 학문적으로 더 깊게 연구하는 데 장애가 있었습니다. 그래서 하던 말 반복하게 되고, 이런 것이 학자로서 좌절감을 느끼는 부분이었습니다. 그러다가 통일원 원장을 그만두고 연세대에 보직 교수로 있었는데, 마침 서울대에서 통일연구소를 만드신다고 하시면서 10억이란 돈을 정운찬 총장이 걸어놓고 박 교수님 보고 맡으라고 하셨습니다. 그런데 개소식에서 연설을 해달라고 해주셔서 갔는데, 속으로는 기가 죽었습니다. 서울대가 상당한 투자도 하고 광범위하게 통일 문제를 다루기 시작했다는데 축하드리고 기대할 수 있겠다고 생각했습니다. 그 후로 저는 통일 문제에 대해서 손을 놨습니다. 그런데 오늘 말씀을 듣고 보니까, 지금의 통일 논의가 현실적이고 다방면적이고 여러 가지 객관적인 발전이 이루어지고 있다는 느낌을 받았습니다. 결국 이러한 연구와 노력이 앞으로 통일 비용을 크게 줄이는 결과를 가져올 수 있다고 봅니다. 그런 면에서 오늘 참 좋은 학술대회를 가졌다는 생각이 듭니다. 여러분들께 감사를 드립니다.

박명규●●● : 감사합니다. 자리를 지켜주시고 좋은 말씀해주셨습니다. 홍재성 선생님의 질문과 청중의 질문에 대해서 좋은 답변을 들어야 함에도 불구하고, 자리를 옮겨서 끝까지 말씀을 해주셨으면 합니다. 죄송합니다. 이것으로 종합토론을 마쳐야 할 것 같습니다. 오늘 행사의 뜻 깊음과 많은 과제를 확인했고, 이런 과제를 실현하기 위해서는 많은 주체들의 노력이 필요하다고 생각했습니다. 무엇보다도 한림대학교가 병원이 있고, 학교가 있고, 북한에 대한 열정이 있으니 춘천의 청라언덕이 되어 남북을 잇는 새로운 기지가 되는 데 이 행사가 디딤돌이 되리라고 믿고 여기서 모자란 것은 각자의 맡은 영역에서 해나갈 것을 약속하면서 이상으로 심포지엄과 종합토론을 마치겠습니다. 대단히 감사합니다.

통일 이후 통일을 생각한다

통일 이후 통일을 생각한다

● 2011년 3월 18일 초판 1쇄 인쇄
● 2011년 3월 23일 초판 1쇄 발행
● 기획　　　　　일송기념사업회
● 글쓴이　　　　김학준, 박명림, 김영윤, 임홍빈, 김재용, 민경찬, 이종재
● 발행인　　　　박혜숙
● 편집인　　　　백승종
● 영업 · 제작　　변재원
● 인쇄　　　　　백왕인쇄
● 제본　　　　　경일제책
● 종이　　　　　화인페이퍼
● 펴낸곳　　　도서출판 푸른역사
　　　　　　우 110-040 서울시 종로구 통의동 82
　　　　　　전화: 02)720 - 8921(편집부) 02)720 - 8920(영업부)
　　　　　　팩스: 02)720 - 9887
　　　　　　전자우편: 2007history@naver.com
　　　　　　등록: 1997년 2월 14일 제13-483호

ISBN　　978-89-94079-46-2　　93900